考虑产出滞后性的
农业科技投入效率测度研究

董奋义　齐　冰◎著

中国农业出版社

北　京

图书在版编目（CIP）数据

考虑产出滞后性的农业科技投入效率测度研究 / 董
奋义，齐冰著 . —北京：中国农业出版社，2021.1
ISBN 978-7-109-27747-2

Ⅰ.①考⋯ Ⅱ.①董⋯ ②齐⋯ Ⅲ.①农业投资－技
术投资－投资效率－研究－中国 Ⅳ.①F323.9

中国版本图书馆 CIP 数据核字（2021）第 006304 号

中国农业出版社出版

地址：北京市朝阳区麦子店街 18 号楼
邮编：100125
责任编辑：司雪飞 郑 君
责任设计：杜 然 责任校对：赵 硕
印刷：北京中兴印刷有限公司
版次：2021 年 1 月第 1 版
印次：2021 年 1 月北京第 1 次印刷
发行：新华书店北京发行所
开本：700mm×1000mm 1/16
印张：13.75
字数：270 千字
定价：58.00 元

前　言

在我国现代化进程中，建立起高度发达的现代农业具有特别重要的意义。农业科技投入是农业发展的原动力，是农业现代化的必然要求。通过增加农业科技投入、优化农业科技投入的结构和功能，可以有效地推进我国农业现代化。因此，对我国农业科技投入效率进行评价，正确认识我国农业发展所处状态，不仅可以使各级政府能够根据其制订出科学合理、切实可行的农业现代化发展计划，而且可以对各区域内科技资源进行更合理的配置、提升农业科技资源的使用效率、加速农业转型有着积极的现实意义。

由于我国幅员广阔，农业发展条件差异巨大，区域间要素禀赋相对丰裕度的不同，导致农业技术变迁的路径存在差异。在市场经济条件下，要素价格变化会通过利益驱动，促使农民致力于寻求那些能够替代日益稀缺的生产要素的技术。这就意味着生产要素禀赋与技术变迁路径的选择具有因果关系，具有不同生产要素禀赋的地区应该发展适于本国或本地区要素禀赋特征的农业技术，进而决定农业科技投入效率。

农业科技投入是国内外学术界在农业经济管理和科研管理领域的热点研究问题。随着我国农业现代化进程的加快和创建创新型国家战略的实施，越来越多的学者把精力投放到对农业科技投入的研究。本文对我国农业科技投入效率进行研究。考虑到农业科技投入系统是多输入多输出系统，宜采用 DEA 方法进行研究。DEA 方法由 Charnes A，Cooper W，Rhode E 三位学者于 1978 年提出。它把单输入、单输出的工程效率概念推广到了多输入、多输出的同类型决策单元的有效性评价中。由于不需要预先估计参数，避免了主观因素和简化了算法、减少了误差，应用 DEA 方法对社会经济系统多投入和多产出有效性评价具有独特优势。DEA 方法已经引起国内外学者的广泛关注，理论研究和实践应用方兴未艾。

在现实经济运行的过程中，投入与产出之间存在着滞后效应，即投入与产出存在着时间差。因此，对投入与产出之间存在的滞后时间进行量化，对于投入产出效率的测算显得尤为重要。而在实际农业科技投入与产出效率评价中，两者之间的滞后往往会被忽略。测算农业科技投入与产出之间存在的滞后性，可以更科学地评价农业科技投入效率。由于农业科技投入的产出具有时滞性，作者考虑在产出时滞性 DEA 方法进行研究。而利用时滞性 DEA 方法对我国农业科技投入效率的研究尚没有相关文献。本文正是在此学术路径下尝试解决我国的农业科技投入效率问题。由于 DEA 方法测度的是决策单元间的相对效率，作者以我国具体地理农业区域为基本决策单元，测度其相对效率。

本书在现有研究的基础上构建了测算农业科技效率的投入产出指标体系，运用复相关系数法测算了农业科技产出的滞后期，在基于滞后期的基础上对各省区市农业科技产出的实际值进行测算，进而构建含有滞后因素的 DEA 模型。然后分别基于农业科技投入的直接产出指标和间接推动产出指标维度、基于产出总量指标维度的两个维度形成的三个视角，依次构建农业科技投入 DEA 效率评价模型并进行测度。为了了解我国各省区市农业科技投入效率的发展情况以及发展趋势，分别对 2007 年、2010 年、2013 年三个视角下的农业科技投入效率进行测算，并对 2007 年、2010 年、2013 年三个视角下的农业科技投入效率进行静态比较分析。接着基于灰色预测建模技术，对农业科技投入和产出数据进行发展预测，在预测数据的基础上基于上述两个维度形成的三个视角测算 2017 年、2020 年、2023 年农业科技投入效率并进行分析。最后，对三个视角下测算得出的 2017 年、2020 年、2023 年农业科技投入效率与 2007 年、2010 年、2013 年农业科技投入效率测度结果进行纵向比较分析，得出三个视角下我国农业科技 DEA 效率随着时间的变化将呈下降的发展趋势，有效省区市的数量在不断减少，但不同视角下导致综合技术效率下降的侧重点不同，且规模效率对于综合效率的影响更为强烈等结论，深刻剖析导致农业科技非 DEA 有效的原因，提出合理配置农业科技资源等发展思路。由于数据收集难度较大，没有及时更新，请读者见谅。

目 录

1 绪 论

1.1 问题的提出

我国正处于传统农业向现代农业的转型过程中，农业现代化水平相比于发达国家仍然有很大的差距[1]。在我国现代化过程中，建立起高度发达的现代农业具有特别重要的意义。农业科技投入是农业发展的原动力，是农业现代化的必然要求。通过增加农业科技投入、优化农业科技投入的结构和功能，可以有力地推进我国农业现代化。加大农业科技投入是实现农业现代化的必然要求，能有力地促进我国农业现代化进程。我国幅员辽阔，不同地区农业发展条件有很大的差异。区域间要素禀赋相对丰裕度的不同，导致农业技术变迁路径存在差异。在市场经济条件下，要素价格变化会通过利益驱动，促使农民致力于寻求那些能够替代日益稀缺的生产要素的技术，这就意味着生产要素禀赋与技术变迁路径的选择具有因果关系。具有不同生产要素禀赋的地区应该发展适于本地区要素禀赋特征的农业技术，进而提高农业科技投入效率。

由于农业科技投入系统是多输入多输出系统，我们采用数据包络分析（Data Envelopment Analysis，DEA）方法进行研究。在经济发展的过程中，投入与产出之间存在着滞后效应，投入的作用可能会经过一段时期才会显现，因此，对投入与产出之间存在的滞后时间进行量化，对于投入产出效率的测算具有重要作用。而在投入与产出效率评价中，投入与产出之间存在的滞后往往被忽略。由于农业科技投入的产出具有时滞性，本文考虑在产出时滞性 DEA 方法进行研究，而利用时滞性 DEA 方法对我国农业科技投入效率的研究尚没有相关文献。由于 DEA 方法测度的是决策单元间的相对效率，本文以我国具体地理农业区域为基本决策单元，测度其相对效率。在扩大农业规模化经营和提高农户收入为目的条件下，以提高农业科技投入效率和协调区域农业科技投入发展为目标，对我国农业科技投入效率进行评价、预测与区域比较，能有效解决农业科技投入效率的度量和我国区域农业科技投入的协调性发展等科学问题。

1.2　国内外研究现状

农业科技投入是国内外学术界在农业经济管理和科研管理领域的热点研究问题。随着我国农业现代化进程的加快和创建创新型国家战略的实施，越来越多的学者把精力投放到对农业科技投入的研究中去。

1.2.1　农业科技投入研究动态

由于农业科技投入带有开放系统的特征，世界各国对农业科技投入的统计口径差异较大，国内外很多学者也对农业科技投入的各个方面进行了大量研究。本研究界定农业科技投入为特定区域在一定时期内每年投入到农业科学研究等农业科技活动中的一切人力、物力和财力的总和。

从农业科技投入的总量方面来说，Alston、Pardey 和 Roseboom[2]对世界各大洲多数国家的研究表明，农业科研投入强度（指农业科研投入）占农业 GDP 的比重在 1971—1985 年间呈普遍上升的趋势。王平、杨巍[3]的研究表明，20 世纪 80 年代以来，发展中国家的农业科研投入增长速度和农业科研人员人均科研支出均呈下降趋势。陈世军[4]，黄季焜、胡瑞法等[5]和高启杰[6]通过对农业部、财政部等部门的调查，得出中国农业技术推广投入强度呈非常低的水平，且在下降中徘徊的结论。王宁、刘黎明等[7]结合灰色系统理论对农业科技投入总量进行了预测，结果表明现有的农业科技投入增长速度不能满足国家对粮食综合生产能力的最低需求。

从农业科技投入的结构来看，David、Hall 和 Toole[8]回顾了自 1957 年以来的文献后发现，多数文献支持公共农业科研投入和私人科研投入是互补关系。此外，Pray 和 Echeverria[9]通过调查发现私人农业科研投入具有一定的偏向性，主要集中在科研收益易于获取的领域。Bulter 和 Marion[10]认为，最有活力的农业科技投入体系是私人部门和公共部门之间的联合和协作。Besley 和 Ghatak[11]的研究发现，公共部门和私人部门的合作比任何两者的独立行动会更加有效率。McIntire[12]从世界范围对农业科研投入的结构进行了研究，研究表明，在世界范围内，尤其是发达国家，农业科研公共投入的增长速度有减缓的迹象，私人部门对农业科研投入有所增加，而且投入的增长速度也远远超过公共部门。刘晓昀、辛贤[13]认为，私人农业科研支出在农业科研总经费中的比例相对较低的国家，私人农业科研支出的增长速度相对较快。马发展[14]对中国农业科研投入结构的研究表明，中国非政府农业科研投入在农业科研总投入中的比重并不低，是发展中国家里最高的，到 1996 年，中国非政府农业科研投入占农业科研总投入的比例已达到 47.7%。朱亮[15]的研究发现，通过农业科研投入在农林牧渔业各部门间的投资状况与国内外市场需求的直接对比，表明政府的农业科研投入在农业各部门内部出现了一定程度上的不协调。

从农业科技投入的效益分析方面来看，Giliches[16]发现，美国的杂交玉米技术具有很高的社会回报率；Akino、Masakatsu 和 Yujiro Hayami[17]发现即使在发达国家，例如日本和美国，品种改良研究的社会回报率相当高。从农业科研投入回报率的国际比较来看，学者 Evenson[18]通过对全世界 375 项农业科研投入回报率的研究结果进行考察，得出农业科研投入的回报率高达 49%。樊胜根[19]分别采用可变系数模型和固定系数模型对中国农业科研投入的效益进行了测算，得出中国农业科研投入的年收益率为 44%～169%。黄季焜、胡瑞法[20]采用 CAPSIM 模型对农业科研投入的效率进行模拟推算得出，在市场开放条件下，中国农业科研投入回报率达到 59.6%，而在市场不开放的条件下，农业科研投入回报率也达到 55.8%。赵芝俊、张社梅[21]采用 C-D 生产函数计算了农业科研投入的总收益、边际收益和长期边际收益，计算结果表明中国农业科研投入带来的总收益呈逐年递增趋势，但边际收益和长期的边际收益呈现逐年下降的趋势。杨剑波[22]利用协整分析方法、向量误差修正模型等证明了农业科技投入的变化会导致粮食产量的重大变化。张红辉、李伟[23]采用分布滞后模型等方法证明了农业科技投入与农业经济增长之间存在长期的稳定均衡关系。黄敬前、郑庆昌[24]也利用协整理论分析了我国农业科技投入与农业科技进步之间长期的均衡关系。刘敦虎、赖廷谦和王卿[25]利用动态计量分析模型研究了四川省农业科技投入与农业经济增长的动态关系，证明了四川省农业科技投入对其农业经济增长具有重要作用。

从农业科技投入与现代化发展的关系来看，高布权[26]论述了农业科技创新的内涵及其在农业现代化中的功效。董明涛[27]利用综合发展水平评价模型和协调发展度模型，对 2002 年以来我国科技创新资源配置与农业现代化的协调发展度的时空分布进行了测算。邢晓柳[28]利用我国 1990—2012 年的宏观样本数据建立向量误差修正（VEC）模型，对我国农业科技创新资源投入与农业现代化的关系进行了实证研究。任佳敏、张琦[29]从研究从农业现代化的含义出发，并基于 1996—2015 年的时间序列数据实证研究了农业现代化与农业经济发展的互动关系。董江爱、张嘉凌[30]分析了农业政策、科技驱动与农业现代化之间的关联。王雅鹏、吕明、范俊楠和文清[31]提出我国现代农业发展亟待实现创新驱动和内生增长，而我国现代农业科技创新体系正面临着农业科技创新体制与管理机制障碍、农业科研与农业生产脱节等现实困境。刘克非[32]基于计量模型分析了科技创新以何种方式的运作机制来推动农业产业化与现代化，并探讨了当前农业企业科技创新过程中存在的问题及其应对策略。程长明、陈学云和郑峰[33]利用 DEA 和 Malmquist 指数法分析不同地区的农业科技创新支持效率，探究了科技创新资源在农业现代化建设中的促进作用。

1.2.2 DEA 模型在效率评价方面的研究动态

数据包络分析（Data Envelopment Analysis，DEA）是一种根据决策单元的多输入指标、多输出指标，应用数学规划对决策单元的相对有效性进行综合评价的方法。其显著特点是不需要预先估计参数，在避免主观因素、简化运算和减少误差等方面有着不可低估的优越性。DEA 方法以其独有的特点和优势受到广泛的关注，无论在理论研究还是在实际应用方面都得到迅速发展，都成为管理科学、系统工程和决策分析、评价技术等领域中一种常用而且重要的分析工具和研究手段。众多学者运用 DEA 模型在不同领域进行了效率测算。

对不同行业效率的研究。曲雯毓[34]等运用的 DEA 模型对工业企业经济效益问题进行了探讨。王军霞[35]运用复合 DEA 方法提出了测度和评价企业知识管理绩效的方法；刘肖肖等[36]基于 DEA 方法对 2013 年中国 29 个省份的科技企业孵化器进行了全面的效率评估。江曙霞等[37]对福建省的民营与港澳台及外商投资科技企业 2006 年的科技投入产出效率进行测度。李培哲、菅利荣、刘勇[38]采用 DEA 模型及 Malmquist 指数分解法测算了我国 30 个省级行政区域及三大地区（东、中、西部）高技术产业创新过程中的技术效率、技术进步及全要素生产率增长情况。李籽墨、余国新[39]运用 DEA 方法对我国粮油加工业上市公司融资效率进行了实证分析。朱尔茜、刘嘉玮[40]采用 DEA 方法构建 BCC 模型和 Malmquist 指数模型测算出我国 31 个省份的文化金融服务体系的宏观效率并进行静态和动态分析。路华、王世成、曹志鹏[41]采用 DEA 模型对鞋业投入产出效率进行对比分析。杜童、任轶男、张超[42]运用两阶段 DEA 方法对 45 家电商平台的顾客响应及收益转化两阶段效率进行测算。彭小珈、周发明利用 DEA 效率方法从经营效率角度对由电商经济推动的农村社会消费品零售企业进行了研究。张玥[43]采用 DEA 方法对我国 31 个省的卫生服务效率进行评价。胡剑芬、饶烜[44]运用数据包络法测算了生产性服务业融资效率。刘德光、朱茜[45]利用数据包络分析法对 2010—2015 年我国景区类上市公司营销的投入和产出数据进行效率研究。尹秀珍、高峰[46-47]运用三阶段 DEA 模型对中国 50 家农业上市公司的技术效率进行了测度和分析，并且基于 2016 年的面板数据对中国 23 家生态农业上市公司的技术效率进行了测度和分析。石瑞琪[48]采用数据包络分析法对我国 11 家商业银行的效率进行了实证研究。李玲玲、杨坤、杨建利[49]根据我国农村产业融合发展的投入产出指标数据，利用 DEA 方法对我国 31 个省区市农村产业融合效率进行了科学的分析与测算。

对科技效率等方面的研究。冯锋[50]等采用链式网络 DEA 方法对我国 29

个省市的科技投入产出效率进行了分析。刘杰等[51]用改进的 CCR 模型对江苏省 1996—2008 年的科技投入产出效率进行了分析与评价。方爱平等[52]运用 DEA 模型测度了西部地区 12 个省区市的科技投入产出效率。侯启娉[53]应用 DEA 方法对高校科研绩效进行了实证研究。易小丽、陈伟雄[54]运用 DEA 方法和 Malmquist 指数对部分国家的创新绩效进行评价。马雄亚、董纪昌、李秀婷[55]采用 DEA 结合 Malmquist 指数方法对新疆 14 个地州市科技与金融结合的效率进行测度。刘广斌、李建坤[56]采用三阶段 DEA 模型对 2008—2015 年 31 个省区市的科普资源配置和利用效率进行了研究。黄寰、王玮、曾智[57]运用数据包络模型对川、滇、黔等 7 个省和全国科技创新产业马氏距离和科技创新产业的全要素生产效率进行测算。睢党臣、董玉迪[58]采用 DEA-Malmquist 指数方法对中国新丝绸之路经济带的科技投入产出效率进行了测度及分解。肖阳、朱立志[59]采用三阶段 DEA 模型对甘肃省定西市和临夏县 290 个样本农户家庭经营技术效率进行实证分析。邓敏慧、杨传喜[60]运用超效率 DEA 对中国 31 个区域的面板数据进行农业科技资源配置效率的全面评估。胡扬名、陈军[61]运用超效率 DEA-Tobit 模型对 2012—2013 年农村科技服务绩效及影响因素进行了研究。陈振、郑锐、李佩华、黄松[62]基于河南省 2015 年 18 地市农业数据，运用 DEA 模型对河南省 18 地市农业科技创新效率进行测算及分析。

对农业效率等方面的研究。李许卡、高卓[63]利用超效率 DEA 模型对我国 12 个省市（2008—2015 年）的各城镇化效率进行了评价。王刚毅、刘杰[64]运用非参数 DEA 和 Malmquist 指数测度东北三省 36 个城市农业部门 2000—2015 年生产效率及其变化趋势。许罗丹、张媛[65]基于 DEA 方法运用 2005—2016 年省级面板数据计算了我国 12 年间的 31 个省区市的生态效率。郭建平、常菁、黄海滨[66]选用 DEA 方法对 2016 年广东等 8 省市不同技术领域的高新技术企业进行 DEA 效率测算与评价。刘其涛[67]利用数据包络分析中的 BCC 模型和 Malmquist 生产率指数分析了 2007—2013 年我国 31 个省区市农田水利基础设施投资的综合技术效率和动态效率。于晓秋、任晓雪、野金花、田宏[68]采用 DEA 方法建模和"投影"方法优化对黑龙江省 13 个地区农业循环经济的 DEA 有效性和规模收益情况进行了实证分析。谌贻庆、王华瑞、陶春峰[69]采用超效率 DEA 视窗分析、Malmquist 指数分析和规模收益分析评价和探讨了江西省 2009—2014 年 11 个地市的农业生产效率情况。孙慧波[70]等学者通过使用 DEA-Tobit 模型论证了全国农业科技服务对农业生产效率的影响。石风光[71]利用非径向超效率 DEA 模型测算了中国 1998—2007 年各省区的技术效率，研究发现我国所有地区技术效率水平均呈现稳步下降趋势。万程成、周葵、王超、张鋆[72]选取 DEA 数据包络分析法对 2014 年我国 31 个省区市的农业循环经济发展效率展开实证分析。吴小庆[73]等运用生态效率理论，采用基于层次分析法（AHP）的 DEA 模型对 1998—2008 年无锡市农业生态效率进行了评价。陈遵一[74]利用 DEA 模型构建了投入产出指标对安徽省 2009 年度 17 个地市的农业生产数据进行了分析。何伟[75]基于 DEA 方法对北京市 13 个县区农业科技园区投入产出效益进行了评价。杜娟[76]对我国 23 个省市 2010 年的农业科技投入产出效率进行实证分析。马剑锋，佟金萍、王慧敏、王圣[77]基于全局 DEA 方法测算了 1997—2015 年长江经济带 11 个省市的农业用水全局技术效率。王海力、韩光中、谢贤健[78]以西南地区 4 省市 2000 年、2005 年、2010 年和 2015 年 4 个年度的相关数据为基础，利用 DEA 模型估算了耕地利用效率。冯俊华、刘静洁[79]运用 DEA 模型和 Malmquist 指数模型对陕西农业生产效率分别进行静态与动态测算与分析。华吉庆、叶长盛[80]采用 CCR 模型、超效率 DEA 模型和 Malmquist 指数等方法对 2006—2015 年广东省城市土地利用效率进行了分析。李子君[81]利用 DEA-BCC 模型和超效率 DEA 模型对辽宁省 14 个地级市的农业投入产出有效性进行分析。崔宁波、张正岩[82]基于黑龙江利用超效率 DEA 模型和 Malmquist 指数分别对黑龙江省农业生产效率进行了静态、动态的测度与分析。

1.2.3 产出滞后性研究动态

同期各方面因素会影响到一个社会经济变量，过去时期各方面因素也同样会影响经济变量，这是客观存在的普遍现象。因此，对如何确定不同经济变量滞后期，学者们展开了研究。吴敏[83]等学者选用复相关系数 R 来确定滞后长度，并对不同时期的复相关系数大小进行比较检验以确定真正的滞后长度。范德成等[84]利用以复相关系数为基准测算的滞后期，解决了产业结构演化评价中投入和产出之间的滞后性问题。江期武[85]等利用主成分分析消除多重共线性并利用逐步回归筛选出对因变量有影响的变量进行回归拟合，得到含有滞后变量预测模型。张虹敏[86]结合统计学等学科的理论与方法，通过自主论证的形式确定了一种基于方差和协方差的滞后性分析方法。熊俊[87]定义了中国城市化水平的相对滞后率＝（基准国的城市化率－中国的城市化率）/基准国的城市化率，以此作为中国城市化发展滞后程度的衡量。陶建格[88]通过计算不同省份城市化与工业化其灰色绝对关联度，得出了城市化滞后工业化的时间。冉江宇、戴彦欣[89]针对一票制公共交通 IC 卡刷卡系统存在的滞后时间问题，提出基于特征子序列修正的时差匹配推算方法。董奋义、李学明、韩咏梅等[90]对河南省产业结构和就业结构 Moore 值进行计算的基础上，利用灰色关联分析测度了河南省就业结构滞后产业结构的时间。王庆丰[91-92]运用灰色关联分析方法测算我国农村劳动力转移滞后时间。运用灰色关联分析方法，通过计算产业结构与就业结构的灰色绝对关联度，测算我国三次产业就业结构滞后时间。罗富民[93]基于分布滞后模型，从理论层面探讨了城镇化发展对农业供给侧结构变动的影响。杨晓晨[94]运用偏离值指标，以 2012 年的数据，得出了我国大陆地区（不包括港澳台）31 个省区市的健身消费水平和经济发展水平之间的滞后期。冯秀珍[95]等利用投入产出变量间的协整关系和因果关系，构建了具有滞后影响的贡献度模型，考察了 2001—2011 年北京市高技术产业技术转移中各投入要素对经济发展的贡献。杜凤莲[96]等通过构建滞后变量模型对中国丰裕的自然资源以及对自然资源的依赖是否增加腐败的发生进行研究，得出了资源丰裕度在滞后 3 期的情况下与腐败有正相关关系的结论。胡振华[97]等基于阿尔蒙法的滞后期模型对我国 30 个省市的科研投入促进经济增长的绩效进行了比较分析。贾友红[98]运用因子分析、多元线性回归分析等方法，研究研发投入对医药制造企业综合绩效的滞后性影响。周宁[99]等运用分布滞后模型实证分析了我国农业科研机构投资的时滞问题。

通过众多学者的研究，滞后期可以通过多种方法进行确定，根据不同的经济变量，可以选择不同的方法。但不可否认的是，经济变量滞后期的测算对于经济变量效率的研究至关重要。

从上述文献不难发现，国内外学者分别从不同角度对农业科技投入的总量、结构、效益、政府投入与非政府投入的关系以及农业科技投入不足的原因进行了大量的研究，研究成果颇为丰富。但存在以下问题：①大多数研究表现为对现象罗列多，对深层问题探讨较少，研究问题的深度有待进一步提高；②有些研究存在较多的部门倾向，为增加农业科技投入而增加农业科技投入的问题比较严重。对于如何改善农业科技投入的分配使用、如何强化不同利益相关者的分工协作关系重视不够；③从农业科技投入结构来看，几乎没有研究关注农业科技投入方向和中国要素禀赋的结合问题；④科技投入与产出之间存在滞后效应，大多数学者或是没有考虑到产出滞后性的问题，或是单纯的只把产出时间推后几年，只有少数学者对产出的滞后时间进行了测算，其测算精度也有待检验。

1.3 研究内容和创新之处

1.3.1 研究内容

结合农业科技投入产出的特点，本书拟构建农业科技投入效率评价体系，应用 DEA 理论模型对农业科技投入效率进行评价，并考虑产出具有时滞性的问题，将滞后因素和 DEA 模型相结合，在 DEA 模型中增添了滞后因素，可使结果更加符合实际。本书将通过确定农业科技产出的滞后期，测算实际的农业科技产出。利用改进后的 DEA 模型和比较静态分析法，对省级农业科技投入效率进行评价，分析近年来我国农业科技投入产出情况，总结其发展趋势，找出其中阻碍农业科技发展的弊端，并根据相关问题提出对应的建议。本书总共分为八个部分：

第一部分：对本书的研究背景、目的及意义进行阐述，对关于农业科技投入的研究、DEA 模型在效率方面的应用以及关于产出滞后性的研究动态进行综述，并对研究的内容进行结构安排。

第二部分：首先介绍了产出滞后性的基本概念，然后详细介绍了用复相关系数以及灰色关联分析方法测算产出滞后期的过程，并对两个方法进行了测算农业科技产出滞后期的实证分析。通过比较两种方法的优劣，最后确定了运用复相关系数法测算农业科技产出的滞后期。

第三部分：首先对研究模型进行了详细介绍，构建了测算农业科技效率的投入产出指标体系，并对其进行详细的解释，以及充分的阐述了农业科技投入产出数据的来源。因我国地大物博，各地区自然禀赋大不相同，且为了减少计算量，对我国各省区市进行划分，并确定代表省市。随后对代表省市的直接产出指标与间接产出指标的滞后期进行测算。

第四部分：对各省区市农业科技产出的实际值测算方法进行介绍。按照农业科技产出实际值的测算方法测算各省区市的农业科技产出的滞后影响系数与实际值。然后构建含有滞后因素的 DEA 模型，为下文省级农业科技投入效率的测算提供条件。

第五部分：分别基于农业科技投入的直接产出指标和间接推动产出指标维度、基于产出总量指标维度的两个维度形成的三个视角，依次构建农业科技投入 DEA 效率评价模型并进行测度。为了了解我国各省区市农业科技投入效率的发展情况以及发展趋势，分别对 2007 年、2010 年、2013 年三个视角下的农业科技投入效率进行测算与分析，并对 2007 年、2010 年、2013 年三个视角下的农业科技投入效率进行比较静态分析。

第六部分：首先对预测模型进行介绍，然后收集整理农业科技投入的相关数据，并基于灰色预测建模技术，对农业科技投入和产出数据进行发展预测，得到农业科技投入产出的预测数据。然后在预测数据的基础上基于上述两个维度形成的三个视角测算 2017 年、2020 年、2023 年农业科技投入效率，并进行大致分析，掌握农业科技投入效率的大致发展趋势。

第七部分：基于农业科技投入的直接产出指标和间接推动产出指标维度和产出总量指标维度的两个维度形成的三个视角测算得出的 2017 年、2020 年、2023 年农业科技投入效率与 2007 年、2010 年、2013 年农业科技投入效率测度结果进行比较分析，得出十年来基于上述两个维度形成的三个视角下的农业科技投入效率发展状况与发展趋势。本书研究内容结合历史与未来，使得整个研究更加完整。

　　第八部分：本部分是全书的结尾部分，是对整个研究进行总结。根据以上部分得出的我国农业科技发展过程中出现的问题提出相关的建议与对策。同时指出了本研究中的不足之处，并对今后的研究内容提出了展望，探讨农业科技投入效率问题进一步研究的方向。

1.3.2　技术路线和创新之处

　　根据上文的研究思路，可得到本研究的技术路线图。见图 1-1。

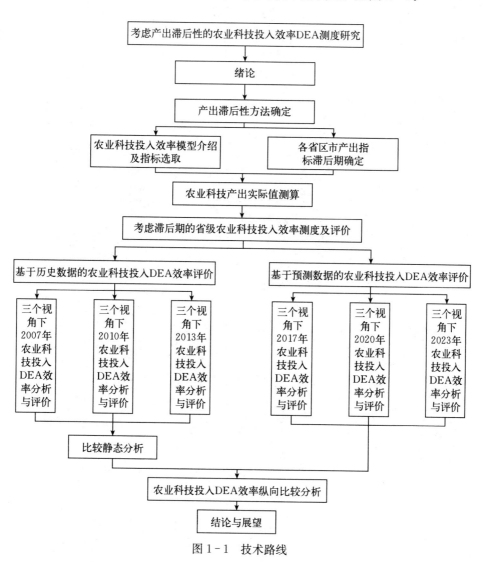

图 1-1　技术路线

　　本书的创新点主要集中在以下三个方面：①考虑农业科技产出滞后问题，在对各个产出指标滞后期的测算，建立了含有滞后变量的农业科技投入 DEA 效率评价模型。②基于不同视角对农业科技投入 DEA 效率进行测算。分别基于农业科技投入的直接产出指标和间接推动产出指标维度、基于产出总量指标的两个维度形成的三个视角，构建了 DEA 效率评价模型，对农业科技投入 DEA 效率进行测算。③对各省区市的农业科技将来的发展进行预测。运用灰色预测理论模型对农业科技投入进行预测，并对预测数据进行 DEA 效率测度。

2　农业科技产出滞后期测算方法比较

2.1　产出滞后性

滞后有两种含义：一是指一种现象与另一密切相关的现象相对而言的落后迟延，尤指物理上因没有及时导致果出现，或指示器对所记录的变化情况反应迟缓，如：电流滞后于电压。二是事物落后于形势的发展，其广泛存在于市场经济中，如市场调节是一种事后调节，即当某种商品供求不平衡导致价格上涨或下跌后经济活动参加者才做出增加或减少这种商品供应的决定。也就是，市场的供求变化会影响商品做相应的调整，必然需要经过一个时间过程，即有一定的时间差。

可以从滞后的含义延伸得到产出滞后的含义，即产出滞后是投入与产出存在着时间差，投入的作用会经过一段时期才会显现。在经济发展的过程中，不管生产何种类型的产品，都需要经过一定的过程。一个社会经济变量不仅受到同期各方面因素的影响，也受到过去时期各方面因素的影响。因此，产出不仅受到当前各因素的影响，也受到过去各种因素的作用。对不同时期的产出作用的投入进行影响因素测算，能够对产出进行更加准确的认识。

因此，对农业科技投入与产出之间存在的滞后时间进行量化，能够对农业科技产出进行更加准确地定位，得出更加精确地农业科技投入效率，也能在变幻莫测的经济形势下，对农业科技投入产出进行更加及时地把控与调整。利用复相关系数或灰色关联分析方法测算滞后期，是常见的两种方法。这里分别对这两种测算方法进行滞后期的确定分析。

2.2　复相关系数法的滞后期确定分析

复相关系数 R 是反映一个因变量与一组自变量（两个或两个以上）之间相关程度的指标，是度量复相关程度的指标。复相关系数越大，表明要素或变量之间的线性相关程度越密切。因此，可以利用复相关系数研究单个产出对于所有投入指标的相关程度的优势。借鉴已有学者的研究，可以通过以下过程确定农业科技投入与产出之间存在的滞后期。

首先，确定农业科技投入产出指标体系，并求出单个产出指标对于投入指标的滞后期数的复相关系数。然后对计算得到的复相关系数进行显著性检验。考虑样本数据是小样本，所以采用 T 检验进行显著性检验。为了满足 T 检验的检验条件，对计算得出的复相关系数进行峰度系数和偏度系数的检验，检验其是否服从正态分布。如果检验结果不为正态分布，则需要对复相关系数进行Fisher 转换（该变换生成一个正态分布而非偏斜的函数。使用此函数可以完成相关系数的假设检验），使转换后的数据符合 T 检验的条件。然后，对滞后 0 期到滞后若干期复相关系数 R 进行配对样本 T 检验。对滞后 0 期到滞后若干期复相关系数进行两两配对计算均值之差，然后对均值之差进行假设检验。检验的原假设为滞后 0 期的产出与当期投入的复相关系数与滞后 1 期的农业科技产出与当期投入的复相关系数无显著差异。以此类推，直到拒绝原假设，确定滞后期。

投入并不单单只对滞后影响最大的那期产出有影响，对滞后期之前的产出也有一定影响。因此，我们需要研究的是在确定滞后期之后，确定投入对滞后期及之前历年产出的影响程度。我们把这种影响程度叫作滞后影响系数，用 α_i 表示，且 $\sum \alpha_i = 1$。由此，我们可以推理得出一般性的结论为：滞后期为 i，农业科技投入所产生的实际产出为 $\sum \alpha_i O_i$。

测算农业科技投入效率，不仅可以清楚了解我国农业科技发展程度，而且对于掌握农业科技水平的薄弱方面，优化农业科技投入结构，提高农业科技资源的配置效率，推进我国农业现代化发展起着重要的作用。农业科技投入效率测算是一个复杂的过程，遵守数据的可获取性、连贯性、综合性、客观性等指标选取原则，本书选取农用机械总动力 X_1（亿瓦），从事农业科技活动人员 X_2（人），农业研究与开发机构经费支出总额 X_3（万元）作为投入指标，农林牧渔业总产值 Y_1（亿元），主要粮食产量 Y_2（万吨），农业技术市场合同成交额 Y_3（万元）作为产出指标，计算我国 2000—2015 年我国农业科技产出相对于投入的滞后期，并以 DEA 模型为基础，测算 2000—2015 年我国农业科技投入的实际效率。数据均来源《中国统计年鉴》《中国科技统计年鉴》《中国农村统计年鉴》（表 2 - 1）。

表 2 - 1 2000—2015 年我国农业科技投入产出数据

年份	X_1	X_2	X_3	Y_1	Y_2	Y_3
2000	5 257	62 303	458 923	249 158	46 218	1 616 872
2001	5 517	60 317	503 303	261 796	45 264	1 848 411
2002	5 793	63 392	627 240	273 908	45 706	1 989 701

（续）

年份	X_1	X_2	X_3	Y_1	Y_2	Y_3
2003	6 039	62 481	675 801	296 918	43 070	2 343 576
2004	6 403	65 287	694 044	362 390	46 947	2 987 884
2005	6 840	68 093	745 372	394 509	48 402	3 267 311
2006	7 252	68 921	793 588	408 108	49 804	3 381 423
2007	7 659	71 158	1 098 712	488 930	50 160	4 028 443
2008	8 219	72 564	1 246 663	580 022	52 871	4 838 236
2009	8 750	98 259	701 503	603 610	53 082	5 254 855
2010	9 278	99 636	810 574	693 198	54 648	6 556 493
2011	9 774	98 241	883 664	813 039	57 121	7 915 296
2012	10 256	98 365	1 060 115	894 530	58 958	10 655 992
2013	10 391	97 175	1 134 735	969 953	60 194	12 170 968
2014	10 806	95 987	1 204 149	1 022 261	60 703	13 615 636
2015	11 173	95 169	1 443 180	1 070 564	62 144	15 360 690

首先，根据表2-1数据，计算我国2000—2010年滞后0～5期农业科技投入与产出的复相关系数 R。鉴于篇幅，本书只给出我国农林牧渔总产值与滞后0～5期农业科技投入的复相关系数 R（表2-2）。

表2-2　2000—2010年滞后0～5期农林牧渔总产值与当期农业科技投入复相关系数 R

年份	lag0	lag1	lag2	lag3	lag4	lag5
2000	0.991 9	0.968 9	0.992 3	0.993 6	0.976 3	0.988 8
2001	0.978 9	0.995 4	0.984 4	0.996 1	0.988 4	0.997 5
2002	0.985 5	0.997 3	0.984 2	0.997 4	0.991 9	0.997 3
2003	0.988 3	0.981 5	0.995 6	0.994 5	0.993 8	0.991 4
2004	0.991 9	0.986 0	0.999 8	0.995 4	0.995 3	0.994 2
2005	0.992 7	0.986 0	0.999 4	0.995 9	0.995 3	0.986 8
2006	0.998 9	0.987 7	0.999 7	0.998 2	0.999 3	—
2007	0.999 9	0.991 2	0.999 5	0.994 8	—	—
2008	0.995 9	0.997 9	0.997 6	—	—	—
2009	0.996 4	0.996 9	—	—	—	—
2010	0.990 9	—	—	—	—	—

对我国 2000—2010 年滞后 0～5 期农林牧渔总产值与当期农业科技投入复相关系数 R 进行配对样本 T 检验，得出滞后期。首先对计算得出的复相关系数进行峰度和偏度检验，检验其是否符合 T 检验的条件。结果表明其不为正态分布，对其进行 Fisher 转换，使其服从正态分布，再对其进行配对样本 T 检验，结果见表 2-3。

表 2-3 农林牧渔总产值与当期投入的复相关系数的配对样本 T 检验

配对组	滞后期之差	均值	双侧检验
Pair1	Lag0－lag1	0.3192	16.65%
Pair2	Lag1－lag2	−0.7574	3.4%
Pair3	Lag2－lag3	0.3702	13.95%
Pair4	Lag3－lag4	0.2000	12.35%
Pair5	Lag4－lag5	−0.1532	24.15%

表 2-3 中以第一行的数据为例，检验的原假设为滞后 0 期的产出与当期投入的复相关系数与滞后 1 期的产出与当期投入的复相关系数无显著差异。经计算其单侧检验值为 16.65%，因而在显著性水平为 15% 的条件下我们接受原假设，认为滞后 0 期的农林牧渔总产值与当期农业科技投入的复相关系数 R 和滞后 1 期的农林牧渔总产值与当期农业科技投入的复相关系数 R 无显著差异。以此类推，直到拒绝原假设。由表格中数据可以得到，在显著性水平为 15% 的条件下拒绝原假设，认为滞后 1 期的农林牧渔总产值与当期农业科技投入的复相关系数和滞后 2 期的农林牧渔总产值与当期农业科技投入的复相关系数有显著差异。因此，可以得出结论：农林牧渔总产值与当期农业科技投入的滞后期为 2。

同理可以得出，粮食总产量对于农业科技三个投入指标的滞后期为 2，农业技术合同成交额对于农业科技三个投入指标的滞后期为 1。

2.3 灰色关联分析法的滞后期确定分析

灰色系统理论是近些年新兴的理论模型，因其独特的优势在经济领域中得到了广泛应用。其中，灰色关联分析是灰色系统理论中得到最广泛运用的灰色模型之一，其基本思想是通过确定系统行为序列和若干个相关因素序列的几何形状相似程度来判断其联系是否紧密。它弥补了采用数理分析方法进行系统分析所导致的缺憾，不仅对样本量的多少和有无明显规律都同样适用，且计算量不大，十分方便，通常不会出现量化结果与定性结果分析不符的现象[19]。灰色绝对关联度可以计算出相关因素序列与系统行为序列的几何相似程度，是测算系相关因素序列与系统行为序列是否联系紧密的一个重要数量指标。因此，可以用灰色绝对关联度来确定农业科技产出相对于农业科技投入的滞后期，具体过程如下：

首先，建立农业科技投入产出矩阵。考虑到测度产出相对于投入的滞后性需要若干年份的产出投入指标，为方便起见，记 $A = \{A_1, A_2, \cdots, A_m\}$ 表示 m 个年份的集合；记 $C = \{C_1, C_2, \cdots, C_n\}$ 表示 n 个投入产出指标的集合。因此，科技投入产出指标矩阵可以表示为表 2-4：

表 2-4 科技投入产出指标矩阵

年份	C_1	C_2	...	C_n
A_1	x_{11}	x_{12}	...	x_{1n}
A_2	x_{21}	x_{22}	...	x_{2n}
$\vdots$	$\vdots$	$\vdots$	$\vdots$	$\vdots$
A_m	x_{m1}	x_{m2}	...	x_{mn}

然后，计算科技投入与历年产出的灰色绝对关联度。设投入指标 $X_i = [x_i(1), x_i(2) \cdots x_i(n)]$ 为系统行为序列。产出指标 $Y_j = [y_j(1), y_j(2), \cdots, y_j(n)]$ 为相关因素序列，计算投入指标与产出指标的灰色绝对关联度。其计算公式如下：

(1) 计算投入指标 $X_i = [x_i(1), x_i(2) \cdots x_i(n)]$ 与产出指标 $Y_j = [y_j(1), y_j(2) \cdots y_j(n)]$ 的始点零化像，记为：

$X_i^0 = X_i D = [x_i^0(1), x_i^0(2), \cdots, x_i^0(n)]$,

其中 $X_i D = [x_i(1)d, x_i(2)d, \cdots, x_i(n)d]$, $x_i(k)d = x_i(k) - x_i(1)$, $(k=1, 2, \cdots, n)$,

(2) 计算灰色绝对关联度 ε_{ij}

$$\varepsilon_{ij} = \frac{1 + |s_i| + |s_j|}{1 + |s_i| + |s_j| + |s_i - s_j|}$$

其中 $s_i = \int_1^n (X_i - x_i(1)) \, dt$, $s_j = \int_1^n (Y_j - y_j(1)) \, dt$, $s_i - s_j = \int_1^n (X_i - Y_j) \, dt$。通过以上计算过程可以计算出当年农业科技投入与滞后若干年的灰色绝对关联度。

再次，对计算出的灰色绝对关联度进行显著性检验。考虑样本是小样本，故采用 T 检验。为了满足 T 检验的检验条件，对灰色绝对关联度进行峰度系数和偏度系数的检验，检验其是否服从正态分布。如果检验结果不为正态分布，则需要对灰色绝对关联度进行 Fisher 转换，使转换后的数据呈正态分布。然后，对滞后 0 期到滞后若干期灰色绝对关联度进行配对样本 T 检验。对滞后 0 期到滞后若干期灰色绝对关联度进行两两配对计算均值之差，然后对均值之差进行假设检验。检验的原假设为滞后 0 期的农业科技产出与当期投入的灰色绝对关联度和滞后 1 期的农业科技产出与当期投入的灰色绝对关联度无显著差异。并以此类推，直到拒绝原假设，确定滞后期。

选取农用机械总动力 X_1（亿瓦），从事农业科技活动人员 X_2（人），农业研究与开发机构经费支出总额 X_3（万元）作为投入指标，农林牧渔业总产值 Y_1（亿元），农村居民人均可支配收入 Y_2（元），主要粮食产量 Y_3（万吨）作为产出指标，测算我国 2000—2015 年我国农业科技产出相对于投入的滞后期以及滞后影响系数。由于可得的最近《中国科技统计年鉴》《中国农村统计年鉴》为 2017 年，所以最近数据为 2016 年。数据均来源《中国科技统计年鉴》《中国农村统计年鉴》。构建投入产出指标体系见表 2-5。

表 2-5　农业科技投入产出指标体系

年份	X_1	X_2	X_3	Y_1	Y_2	Y_3
2000	5 257	62 303	458 923	249 158	2 253	46 218
2001	5 517	60 317	503 303	261 796	2 366	45 264
2002	5 793	63 392	627 240	273 908	2 476	45 706
2003	6 039	62 481	675 801	296 918	2 622	43 070
2004	6 403	65 287	694 044	362 390	2 936	46 947
2005	6 840	68 093	745 372	394 509	3 255	48 402
2006	7 252	68 921	793 588	408 108	3 587	49 804
2007	7 659	71 158	1 098 712	488 930	4 140	50 160
2008	8 219	72 564	1 246 663	580 022	4 761	52 871
2009	8 750	98 259	701 503	603 610	5 153	53 082
2010	9 278	99 636	810 574	693 198	5 919	54 648
2011	9 774	98 241	883 664	813 039	6 977	57 121
2012	10 256	98 365	1 060 115	894 530	7 917	58 958
2013	10 391	97 175	1 134 735	969 953	8 896	60 194
2014	10 806	95 987	1 204 149	1 022 261	10 489	60 703
2015	11 173	95 169	1 443 180	1 070 564	11 422	62 144
2016	9 725	93 946	1 581 432	1 120 913	12 363	61 625

根据表 2-5 中我国农业科技投入产出数据，可以计算得到农业科技投入与历年产出的灰色绝对关联度（表 2-6）。

表2-6　2000—2015年滞后1～5期投入与产出的灰色绝对关联度

年份	lag0	lag1	lag2	lag3	lag4	lag5
2000	0.907 4	0.886 0	0.868 2	0.837 0	0.774 5	0.751 5
2001	0.913 0	0.893 9	0.860 5	0.793 6	0.769 1	0.760 2
2002	0.977 7	0.937 2	0.856 1	0.826 3	0.815 5	0.761 5
2003	0.964 5	0.878 3	0.846 7	0.835 2	0.777 9	0.733 3
2004	0.889 3	0.856 8	0.845 0	0.785 9	0.740 0	0.730 5
2005	0.881 5	0.868 8	0.805 7	0.756 6	0.746 4	0.713 9
2006	0.889 6	0.823 0	0.771 1	0.760 3	0.725 9	0.692 1
2007	0.932 4	0.863 0	0.848 5	0.802 5	0.757 2	0.733 5
2008	0.907 4	0.891 2	0.839 6	0.788 7	0.762 0	0.741 4
2009	0.749 4	0.716 5	0.684 1	0.667 1	0.653 9	0.646 0
2010	0.743 9	0.707 3	0.688 2	0.673 4	0.664 5	0.657 0
2011	0.721 9	0.701 4	0.685 5	0.676 0	0.668 0	0.660 4
2012	0.735 0	0.716 5	0.705 4	0.696 1	0.687 1	
2013	0.729 2	0.717 4	0.707 6	0.698 1	—	
2014	0.728 4	0.718 1	0.708 1	—	—	
2015	0.755 9	0.744 2	—	—	—	
2016	0.765 6					

确定农业科技投入滞后期与滞后影响系数。对我国农业科技投入产出灰色绝对关联度进行配对样本T检验，得出滞后期。首先对计算得出的灰色绝对关联度进行峰度和偏度检验，结果表明其不为正态分布，对其进行Fisher Z转换，使其服从正态分布，并对其进行配对样本T检验，结果见表2-7。

表2-7　灰色绝对关联度的配对样本T检验

配对组	滞后期之差	均值	双侧检验
Pair1	Lag0—lag1	0.192 69	0.004%
Pair2	Lag0—lag2	0.268 68	0.001%
Pair3	Lag0—lag3	0.284 41	0.000%
Pair4	Lag0—lag4	0.299 86	0.000%
Pair5	Lag0—lag5	0.320 84	0.000%

以表2-7第一行的数据为例，检验的原假设为滞后0期的产出与当期投入的灰色绝对关联度和滞后1期的产出与当期投入的灰色绝对关联度无显著差

异。经计算其双侧检验值为 4%，因而在显著性水平为 5% 的条件下我们拒绝原假设，认为滞后 0 期的产出与当期投入的灰色绝对关联度和滞后 1 期的产出与当期投入的灰色绝对关联度有显著差异。由此，可以得出结论，农业科技投入与产出的滞后期为 1。

2.4 本章小结

滞后性广泛存在于现实生活中，影响着生活中的方方面面。对滞后期进行准确的测算，能够帮助我们对事物进行更加深刻的认识。利用灰色绝对关联度和统计学知识对农业科技产出的滞后期进行度量，一方面，灰色关联分析方法的研究对象为"小样本、贫信息"的不确定系统信息问题，对于研究某些数据不完整的行业具有优势；另一方面，灰色关联分析方法所确定的滞后期是在假设检验的基础上对滞后期进行的测度，具有客观性。但文中提出的运用灰色绝对关联度的方法测算农业科技投入与产出的滞后期也有一定的局限性，计算灰色绝对关联度要求系统行为序列与相关因素序列长度相等，即投入指标与产出指标数量相等，虽然可以采取措施补齐数量不等的投入产出指标，但一般会影响灰色绝对关联度的准确性，导致后续的计算产生一定的误差。

而利用复相关系数 R 和统计学知识对农业科技产出的滞后期进行度量，一方面，利用复相关系数 R 与显著性检验确定农业科技投入与产出的滞后期，而不是单纯根据复相关系数的大小，得出的结论具有客观性与可信性；另一方面，各产出指标的滞后期是不尽相同的，利用复相关系数法确定产出的滞后期，可以得到各个产出的滞后期，相对于灰色绝对关联度，得出的滞后期更加清晰准确。因此，在对本研究进行了充分梳理后，在下文的研究中对我国各省区市进行的滞后期测算将统一使用复相关系数法。

3 产出滞后期的测算

3.1 DEA 方法介绍

对于科技投入产出效率的评价方法，包括以随机前沿分析法（SFA）、自由分布法（DFA）为代表的参数法与以数据包络分析（DEA）为代表的非参数法等，考虑到投入与产出的关系可能适用于不同的函数形式，且参数法的赋值方法带有主观性，采用非参数法进行分析更具有客观性。在非参数法中，数据包络分析（DEA）是目前投入产出效率评价应用最广泛的方法之一，在效率分析领域中具有重要价值。鉴于 DEA 对科技投入产出效率评价的优越性，本文采用 DEA 模型作为主要研究方法。

1978 年，著名运筹学家、美国得克萨斯大学教授 A. Charnes 及 W. W. Cooper 和 E. Rhodes 发表了一篇重要论文《Measuring the efficiency of decision making units》（决策单元的有效性度量），刊登在权威的《欧洲运筹学杂志》上[99]。正式提出了运筹学的一个新领域：数据包络分析（Data Envelopment Analysis，简称 DEA）。DEA 是一种用于评价多投入—多产出的同类决策单元（Decision Making Unit，简称 DMU）之间相对有效性的非参数的数学规划方法，其基本模型是 C^2R 模型（由 Copper、Charnes、Rhodes 提出，简称 C^2R）和 BC^2 模型（由 Banker、Charnes、Copper 提出，简称 BC^2）。C^2R 模型的基本假设是规模报酬不变，但在现实中决策单元并没有全部处于最优规模的生产状态，因此 C^2R 模型得出的技术效率包含着规模效率的成分。而 BC^2 模型的基本假设为规模报酬可变，即决策单元有可能出现规模报酬递增（Increase，简称 IRS）或者是规模报酬递减（Decrease，简称 DRS），认为综合技术效率是由纯技术效率和规模效率共同决定的。

1984 年 Banker，Charnes，Cooper 给出了 BC^2 模型（Input-BC^2 模型），则 BC^2 模型的线性规划（$P_{BC^2}^I$）为：

$$(P_{BC^2}^I) \begin{cases} \max\mu^T Y_0 + \mu^0, \\ \omega^T X_j - \mu^T Y_j - \mu^0 \geqslant 0, \ j=1, 2, \cdots, n, \\ \omega^T X_0 = 1, \\ \omega \geqslant 0, \ \mu \geqslant 0, \end{cases}$$

其对偶规划 BC^2 模型为：

$$(D_{BC^2}^I)\begin{cases} \min\theta, \\ \sum\limits_{j=1}^{n} X_j\lambda_j \leqslant \theta X_0, \\ \sum\limits_{j=1}^{n} Y_j\lambda_j \geqslant Y_0, \\ \sum\limits_{j=1}^{n} \lambda_j = 1, \\ \lambda_j \geqslant 0, j = 1,2,\cdots,n, \end{cases}$$

为了更容易对 BC^2 模型进行求解，引入非阿基米德无穷小量 ε 与松弛变量 s^-、s^+ 的对偶 BC^2 优化模型表示为：

$$(D_\varepsilon^I)\begin{cases} \min[\theta - \varepsilon(\hat{e}^T s^- + e^T s^+)], \\ \sum\limits_{j=1}^{n} X_j\lambda_j + s^- = \theta X_0, \\ \sum\limits_{j=1}^{n} Y_j\lambda_j - s^+ = Y_0, \\ \sum\limits_{j=1}^{n} \lambda_j = 1, \\ s^- \geqslant 0, s^+ \geqslant 0, \lambda_j \geqslant 0, j = 1,2,\cdots,n, \end{cases}$$

其中：$\hat{e}^T = (1, 1, \cdots, 1) \in E^m$，$e^T = (1, 1, \cdots, 1) \in E^s$。$\theta$ 为被评价决策单元 DMU_{j0} 的有效值（指投入相对于产出的有效利用程度），即效率值；λ 是相对于 DMU_{j0} 重新构造一个有效的 DMU 中 n 个决策组合单元的组合比例；s^-，s^+ 为松弛变量。

对偶规划 (D_ε^I) 的最优解（顶点）为 λ_0，S^{-0}，S^{+0}，θ^0：

（1）若 $\theta^0 < 1$，则 DMU_{j0} 不为弱 DEA 有效（BC^2）；

（2）若 $\theta^0 = 1$，$\hat{e}^T s^{-0} + e^T s^{+0} > 0$，则 DMU_{j0} 仅为弱 DEA 有效（BC^2）；

（3）若 $\theta^0 = 1$，$\hat{e}^T s^{-0} + e^T s^{+0} = 0$，则 DMU_{j0} 为 DEA 有效（BC^2）。

判断一个决策单元是否为 DEA 有效，本质上是判断该决策单元是否落在生产可能集的生产前沿面上。则 $\hat{X}_0 = \theta_0 X_0 - S^{-0} = \sum\limits_{j=1}^{n} X_j\lambda_j^0$，$\hat{Y}_0 = \hat{Y}_0 + S^{+0} = \sum\limits_{j=1}^{n} Y_j\lambda_j^0$，称 $(\hat{X}_0, \hat{Y}_0)$ 为 DMU_{j0} 在 DEA 相对有效面上的"投影"。

3.2 农业科技投入效率评价指标体系构建及数据来源

3.2.1 指标体系构建

根据科技投入的定义可得，科技投入为两种，一种为支持开展科技活动的投入，另一种为展开生产活动所付出的生产性投入。因此，农业科技投入应包括直接支持农业科技活动的指标，也应该包括间接辅助生产性指标。农业科技发展主要来源于农业研究与发展机构及高等院校，鉴于高等院校的农业科技研究相对于研究与发展机构的农业科技研究对于农业发展的影响较为滞后，因此，本文所有农业相关数据为农业研究发展机构数据。对于农业科技 DEA 效率的测算，根据可获取性、客观性、代表性等指标选取原则，并根据以往研究，选取农业机械总动力（万千瓦）、农业技术人员（人）、研究与试验发展人员（人）、研究与试验发展（R&D）经费支出（万元）作为农业科技投入指标。而科技的产出分为直接产出与间接产出，科技的直接产出指的是知识性产出，主要包括科技论文与专利产出，科技间接产出指的是科技成果转化，包括科技活动所产生的经济效益与社会效益。因此选取发表农业科技论文（篇）作为农业科技的直接产出指标，技术市场合同成交额（万元）、农林牧渔业总产值（亿元）作为农业科技的间接产出指标。产出总量指标为直接产出指标与间接产出指标的结合。本文所选取的农业科技指标体系包含了直接与间接的生产性投入和农业科技的直接、间接产出，完整地涵盖了一个地区的农业科技生产过程。见表 3-1。

表 3-1 农业科技效率测算指标体系

	一级指标	二级指标
投入指标	生产型指标	农业机械总动力（万千瓦）
		农业技术人员（人）
	研究型指标	研究与试验发展人员（人）
		R&D 经费支出（万元）
产出指标	直接产出指标	发表农业科技论文（篇）
	间接产出指标	技术市场合同成交额（万元）
		农林牧渔业总产值（亿元）

下面将对各个指标进行解释：

农业机械总动力（万千瓦）主要指用于农、林、牧、渔业的各种动力机械的动力总和。包括耕作机械、排灌机械、收获机械、农用运输机械、植物保护机械、牧业机械、林业机械、渔业机械和其他农业机械，按功率折成千瓦计算。

农业技术人员（人）是用来反映科技人力资源情况。专业技术人员指从事专业技术工作和专业技术管理工作的人员，即企事业单位中已经聘任专业技术职务从事专业技术工作和专业技术管理工作的人员，以及未聘任专业技术职务现在专业技术岗位上工作的人员，包括工程技术人员、农业技术人员、科学研究人员、卫生技术人员、教学人员等十七个专业技术职务类别。

研究与试验发展人员（人）指调查单位内部从事基础研究、应用研究和试验发展三类活动的人员。包括直接参加上述三类项目活动的人员以及这三类项目的管理人员和直接服务人员。为研发活动提供直接服务的人员包括直接为研发活动提供资料文献、材料供应、设备维护等服务的人员。

研究与试验发展（R&D）经费支出（万元）指调查单位在报告年度用于内部开展R&D活动的实际支出。包括用于R&D项目（课题）活动的直接支出，以及间接用于R&D活动的管理费、服务费及与R&D有关的基本建设支出以及外协加工费等。不包括生产性活动支出、归还贷款支出以及与外单位进行R&D活动而转拨给对方的经费支出。

发表农业科技论文（篇）指在学术刊物上以书面形式发表的最初的科学研究成果。应具备以下三个条件：①首次发表的研究成果；②作者的结论和试验能被同行重复并验证；③发表后科技界能引用。

技术市场合同成交额（万元）指登记合同成交总额中，明确规定属于技术交易的金额。即从合同成交总额中扣除所提供的设备、仪器、零部件、原材料等非技术性费用后实际技术交易额，但合理数量的物品并已直接进入研究开发成本的除外。

农林牧渔业总产值（亿元）指以货币表现的农林牧渔业全部产品和对农林牧渔业生产活动进行的各种支持性服务活动的价值总量，它反映一定时期内农林牧渔业生产总规模和总成果。

3.2.2 数据来源

本书所采用的指标数据均来自《中国统计年鉴》《中国科技统计年鉴》《中国农村统计年鉴》以及各地方统计年鉴。在数据搜集过程中发现，我国关于农业科技的数据不仅不完整且有些地区数据多年不变，这在现实经济活动中是不可能存在的。因此，为了更好反映出各地区农业科技发展水平，了解各地区农业科技发展状况，本文所用数据已事先经过整理处理，处理方法为：对于缺失的数据，均采用灰色系统理论中的GM（1，1）预测模型对数据进行补齐，但有些省市数据大量缺失的、无法采用灰色GM（1，1）预测模型对数据进行补齐的，采用数据折算方法进行整理，具体为：搜集所有行业同类型的总数据作为原始数据对农业方面数据进行折算，某年折算数据＝某年所有行业同类型总数据×（某年农林牧渔总产值/某年地区生产总值）。经过处理的数据在进行计算时可能会对结果产生影响，但也消除了数据的部分波动性。

因在本书编写时，我国最新的《中国科技统计年鉴》《中国农村统计年鉴》以及各省市年鉴的年份为 2017 年，所以最新的数据为 2016 年，即研究年限最新为 2016 年。由于西藏自治区与海南省数据缺失，因此本书的研究对象为除去西藏自治区与海南省的 29 个省区市。

3.3　中国地理区域划分及代表省市选择

中国幅员广阔，各省区市在自然禀赋、经济发展状况上存在较大差别。单纯计算某一个省市农业科技产出的滞后期来代表所有的省市是不可取的。首先，单纯计算某一个省市农业科技产出的滞后期来代表所有省市，容易导致测算出来的效率产生误差。其次，各省市发展状况不同，农业发展结构不同，说服力不足。最后，也是最重要的一点，中国幅员辽阔，究竟选取哪个省才能代表所有省市而没有异议，答案是未知的。

但是，如果将所有省市的农业科技产出的滞后期都进行测算，工作量巨大，要耗费大量的人力。因此，笔者决定根据中国的经济区域分区，找出各区域内具有代表性的城市，进行农业科技产出滞后期的测算，然后以本区域内代表省市的农业科技产出的滞后期代替区域内其他省市的农业科技产出的滞后期。同区域内的自然、经济状况相差不大，因此，利用测算出的代表省市的农业科技产出的滞后期代替本区域内的其他省市的农业科技产出的滞后期，这样不仅能够减少工作量，而且所得出的滞后期也更具有代表性。

3.3.1　中国地理区域划分

中国地理区划即国家地理区域划分，是指按照某些特点，将国家的全部国土划分为几个区域，目的是在对各区域的地理、气候、经济和行政管理等方面进行研究和管理时提供方便。中国区域地理的划分多种多样，且有不同主题和重点。目前普遍使用的划分形式是分为七大自然地理分区，见表 3-2。

根据表 3-2 可以看出，目前普遍使用的地理分区已经不合时宜，而且在同一地理分区的省（自治区）内自然条件、经济发展程度以及社会结构是不一样的。所以七大自然地理分区是不满足本书对农业科技滞后期区域测算的要求的。

表3-2 七大自然地理分区

区域	省区市
东北	黑龙江、吉林、辽宁
华东	上海、江苏、浙江、安徽、福建、江西、山东、台湾
华北	北京、天津、山西、河北、内蒙古
华中	河南、湖北、湖南
华南	广东、广西、海南、香港、澳门
西南	重庆、四川、贵州、云南、西藏
西北	陕西、甘肃、青海、宁夏、新疆

还有一种区域划分方式是按照经济发展状况进行划分。经济区划要遵循两个重点：第一是要遵循区域经济发展的一般规律，第二是区域的划分能为区域发展问题的解决和区域政策的实行提供方便。且经济区域划分必须遵循空间上相互毗邻、自然资源禀赋结构相近、经济发展水平接近、经济上相互联系密切或面临相似的发展问题、社会结构相仿、区块规模适度、保持行政区划的完整性以便于进行区域研究和区域政策分析等原则。2003年国务院发展研究中心李善同和侯永志等研究员完成的"中国（大陆）区域社会经济发展特征分析"报告中提出了中国区域划分新方法，即在对中国大陆的社会经济发展状况进行分析的基础上，将中国大陆划分为八大经济区域，见表3-3。

表3-3 八大经济区域

区域	省区市
东北综合经济区	辽宁、吉林、黑龙江
北部沿海综合经济区	北京、天津、河北、山东
东部沿海综合经济区	上海、江苏、浙江
南部沿海综合经济区	福建、广东、海南
黄河中游综合经济区	陕西、山西、河南、内蒙古
长江中游综合经济区	湖北、湖南、江西、安徽
西南综合经济区	云南、贵州、四川、重庆、广西
大西北综合经济区	甘肃、青海、宁夏、西藏、新疆

由表3-3可以得出，本书研究的重点对象为偏向于经济的农业科技，所以本书拟沿用经济区域的划分标准。固然八大经济区的划分符合区域划分原则，且区域内的省区市整体发展水平相差无几，但是，本书主要的研究对象是各省市的农业科技产出效率，八大经济区只是为了适应区域研究和区域政策分

析之需，更注重经济，显然不符合本书的研究主题。因此本书将按照此划分的基础上，在对各省市的农业发展水平进行比较分析的条件下，经过与专家学者的充分讨论，为服务于本书的研究内容，对八大经济区做出调整，将八大经济区重新划分为七个部分（除去西藏自治区与海南省），虽然部分地区的划分违背了空间上相互毗邻的原则，但是其省市内农业科技的发展水平更加接近，因而可以使本研究更符合中国农业发展状况。具体见表 3-4。

表 3-4　区域调整情况

区域	省区市
一区	辽宁、吉林、黑龙江
二区	北京、天津、河北、重庆
三区	上海、江苏、浙江、福建、广东
四区	陕西、山西、河南、山东
五区	湖北、湖南、江西、安徽
六区	云南、贵州、四川、广西
七区	甘肃、青海、宁夏、新疆、内蒙古

因此，根据表 3-4，本书将按照此划分方式挑选出各区域内具有代表性的城市，进行农业科技产出滞后期的测算。

3.3.2　代表省市确定

根据八大经济区调整之后的七个部分的省市组成虽然空间上不相互毗邻，地理环境、自然禀赋都会产生差距，但本书的研究主题对各省市的农业科技，地理环境、自然禀赋等这些因素的作用影响相对较小，因此，为了更好地研究各省市的农业科技发展水平，本研究将按照调整后的七大分区进行代表省市的选择。根据七大分区（下文将七大分区分别称为一区、二区、三区、四区、五区、六区、七区，各区即代表相应分区的省市，下文将不再说明）的省市分布状况、农业发展现状以及农业科技数据的完整性，通过比较分析与咨询，遂选定以下省市作为代表。具体为：一区的代表省市为黑龙江，二区的代表省市为重庆，三区的代表省市为广东，四区的代表省市为河南，五区的代表省市为湖北，六区的代表省市为云南，七区的代表省市为宁夏。

3.4　省级农业科技直接产出滞后期测算

在投入与产出效率评价中，投入与产出之间存在的滞后往往被忽略。特别是在农业生产系统中，农业科技投入与产出之间的滞后性更加明显。因此，要想得到准确的农业科技投入效率，必须科学地对农业科技投入与产出之间存在的滞后期进行测量。滞后期的测算对于农业科技效率的准确得出具有重要作用。对各省区市分别进行各产出滞后期测算，可以对各个区域内的农业科技产出进行准确的度量与分析。

根据上文，本研究所设定的农业科技产出的直接产出指标为农业科技论文。根据科技论文投稿的一般流程，一般核心期刊审稿时间在1～3个月，顶级期刊一般是6～12个月，从投稿到录用到见刊，大致要等待12～15个月。因此，科技论文的产出滞后期是有迹可循的，各省区市的滞后期大致为1年左右。为了验证科技论文的滞后期与本书推算是否相符，将选择黑龙江与广东的农业科技论文产出滞后期进行验证。

根据黑龙江省原始数据（表3-9），能够得到2000—2011年黑龙江省农业科技投入与滞后0～5期农业科技论文产出的复相关系数R（表3-5）。

表3-5　黑龙江省2000—2011年滞后0～5期农业科技论文
与当期农业科技投入的复相关系数R

年份	lag0	lag1	lag2	lag3	lag4	Lag5
2000	0.903 465	0.975 328	0.488 821	0.964 151	0.962 692	0.771 672
2001	0.886 813	0.815 000	0.996 021	0.973 133	0.988 275	0.791 946
2002	0.986 348	0.993 198	0.975 955	0.999 702	0.942 805	0.913 600
2003	0.998 997	0.997 307	0.987 618	0.956 080	0.967 298	0.945 509
2004	0.999 996	0.979 628	0.999 820	0.999 702	0.750 007	0.901 385
2005	0.990 108	0.992 484	0.646 215	0.948 524	0.881 999	0.985 522
2006	0.995 704	0.999 231	0.796 952	0.930 667	0.988 260	0.997 905
2007	0.891 427	0.998 583	0.924 289	0.903 315	0.995 174	—
2008	0.991 200	0.995 533	0.982 049	0.849 005	—	—
2009	0.972 947	0.985 959	0.989 799			
2010	0.998 947	0.937 737				
2011	0.999 526	—				

根据上文所列步骤，对黑龙江2000—2011年滞后0～5期发表农业科技论文与当期农业科技投入指标的复相关系数R进行配对样本T检验，可以得出滞后期。结果见表3-6。

表3-6 黑龙江省发表农业科技论文与当期投入的复相
关系数 *R* 的配对样本 T 检验

配对组	滞后值之差	均值	单侧检验
Pair1	Lag0—lag1	0.197 24	35.4%
Pair2	Lag1—lag2	0.613	14.25%
Pair3	Lag2—lag3	−0.245 4	26.95%
Pair4	Lag3—lag4	0.441 82	24.55%
Pair5	Lag4—lag5	0.067 88	42.8%

根据上文，对滞后0～5期的复相关系数进行显著性检验。由表3-5数据可以得到，在显著性水平为15%的条件下拒绝原假设，认为黑龙江省滞后0期的发表农业科技论文与当期农业科技投入的复相关系数和滞后1期的发表农业科技论文与当期农业科技投入的复相关系数有显著差异。因此，可以得出结论：黑龙江省发表农业科技论文与当期农业科技投入的滞后期为1。

下面，将对广东省农业科技论文产出滞后期进行测算。根据原始数据（见附录），能够得到2000—2011年广东省农业科技投入与滞后0～5期农业科技论文产出的复相关系数 *R*（表3-7）。

表3-7 广东省2000—2011年滞后0～5期农业科技论文与当期农业
科技投入的复相关系数 *R*

年份	lag0	lag1	lag2	lag3	lag4	Lag5
2000	0.922 492	0.997 678	0.999 6	0.904 413	0.990 642	0.975 027
2001	0.839 504	0.999 904	0.860 118	0.951 172	0.985 141	0.875 756
2002	0.938 791	0.981 081	0.795 912	0.968 592	0.947 029	0.895 613
2003	0.999 98	0.996 434	0.960 353	0.952 734	0.866 334	0.945 587
2004	0.999 731	0.997 169	0.951 631	0.852 769	0.932 851	0.977 643
2005	0.998 818	0.983 882	0.907 105	0.847 321	0.943 085	0.908 936
2006	0.991 197	0.924 355	0.771 343	0.920 739	0.887 361	0.985 067
2007	0.748 516	0.945 17	0.797 238	0.998 105	0.909 234	—
2008	0.918 841	0.858 11	0.909 194	0.970 785	—	—
2009	0.893 302	0.967 815	0.963 308	—	—	—
2010	0.949 118	0.999 687	—	—	—	—
2011	0.982 932	—	—	—	—	—

根据上文所列步骤，对广东省 2000—2011 年滞后 0～5 期发表农业科技论文与当期农业科技投入指标的复相关系数 R 进行配对样本 T 检验，可以得出滞后期，结果见表 3-8。

表 3-8　广东省发表农业科技论文与当期投入的复相关系数 R 的配对样本 T 检验

配对组	滞后值之差	均值	单侧检验
Pair1	Lag0－lag1	−0.331 57	28.5%
Pair2	Lag1－lag2	0.869 42	2.55%
Pair3	Lag2－lag3	−0.152 78	37.5%
Pair4	Lag3－lag4	0.028 89	46.7%
Pair5	Lag4－lag5	0.016 32	47.75%

根据上文，对滞后 0～5 期的复相关系数进行显著性检验。由表 3-8 数据可以得到，在显著性水平为 5% 的条件下拒绝原假设，认为广东省滞后 0 期的发表农业科技论文与当期农业科技投入的复相关系数和滞后 1 期的发表农业科技论文与当期农业科技投入的复相关系数有显著差异。因此，可以得出结论：广东省发表农业科技论文与当期农业科技投入的滞后期为 1。

根据以上验证，可以充分验证农业科技论文的产出滞后期为 1 年。因此，本研究假定各省市的直接产出指标即农业科技论文产出的滞后期为 1 年。

3.5　代表省市农业科技间接产出滞后期测算

农业科技的间接产出，指的是农业科技成果转化，包括农业科技活动所产生的经济效益与社会效益。因此本研究选取技术市场合同成交额（万元）、农林牧渔业总产值（亿元）作为农业科技的间接产出指标。鉴于篇幅有限，下文只罗列出代表省市的农业科技间接产出指标的滞后期测算过程，其他省区市的滞后期将按照各区代表省市的滞后期数进行下一步的研究。

3.5.1　黑龙江省农业科技间接产出滞后期测算

本小节将根据搜索查询出来的数据，对一区代表省市黑龙江省的农业技术市场合同成交额与农林牧渔总产值进行滞后期测算。黑龙江省的农业科技投入产出指标原始数据见表 3-9。

表 3 - 9　黑龙江省原始数据

年份	农业机械总动力（万千瓦）	农业技术人员（人）	R&D人员（人）	R&D经费内部支出（万元）	技术市场合同成交额（万元）	发表科技论文（篇）	农林牧渔业总产值（亿元）
2000	1 614	31 134	2 063	13 359	30 226	483	625
2001	1 648	29 905	2 097	17 028	23 287	393	711
2002	1 742	29 564	2 362	17 647	25 649	631	777
2003	1 808	30 731	2 363	20 230	26 975	670	903
2004	1 952	28 149	2 398	21 424	30 078	703	1 137
2005	2 234	28 008	2 553	23 667	33 473	650	1 294
2006	2 571	28 653	2 428	24 187	35 144	613	1 391
2007	2 785	32 285	2 668	37 584	83 835	714	1 701
2008	3 018	34 084	2 899	54 479	105 364	886	2 123
2009	3 401	35 310	1 977	53 998	128 074	987	2 251
2010	3 736	36 220	1 855	34 502	129 431	815	2 536
2011	4 098	36 121	1 904	29 976	159 018	913	3 224
2012	4 549	38 198	2 151	51 507	289 957	953	3 952
2013	4 849	40 763	2 347	98 718	326 223	1 040	4 633
2014	5 156	43 438	2 585	91 290	391 462	1 098	4 895
2015	5 443	40 564	2 597	86 045	425 647	990	5 045
2016	5 634	41 555	2 414	55 450	425 014	1 015	5 198

首先，测算农业技术市场合同成交额的滞后期。根据原始数据（表 3 - 9），能够得到 2000—2011 年黑龙江省农业科技投入与滞后 0～5 期农业技术市场合同成交额和滞后 0～5 期农林牧渔总产值的复相关系数 R（表 3 - 10）。

表 3 - 10　黑龙江省 2000—2011 年滞后 0～5 期农业技术市场合同成交额与当期农业科技投入的复相关系数 R

年份	lag0	lag1	lag2	lag3	lag4	lag5
2000	0.923 215	0.985 639	0.963 609	0.989 03	0.968 005	0.961 892
2001	0.999 682	0.977 628	0.974 793	0.999 718	0.999 171	0.950 210
2002	0.992 137	0.994 284	0.999 984	0.999 606	0.939 000	0.998 932
2003	0.988 112	0.999 726	0.999 831	0.999 387	0.989 867	0.978 813
2004	0.998 305	0.980 914	0.990 491	0.998 327	0.999 999	0.999 798

（续）

年份	lag0	lag1	lag2	lag3	lag4	lag5
2005	0.999 987	0.991 948	0.994 627	0.994 339	0.960 218	0.998 658
2006	0.991 726	0.985 418	0.997 965	0.999 973	0.985 307	0.998 725
2007	0.978 676	0.994 608	0.995 069	0.998 203	0.958 255	—
2008	0.980 906	0.993 451	0.998 343	0.999 605	—	—
2009	0.994 070	0.990 108	0.996 245	—	—	—
2010	0.992 873	0.997 478	—	—	—	—
2011	0.990 129	—	—	—	—	—

然后，对得出的黑龙江省 2000—2011 年滞后 0～5 期农业技术市场合同成交额与当期农业科技投入的复相关系数 R 进行配对样本 T 检验得出滞后期。首先对计算得出的复相关系数进行峰度和偏度检验，检验其是否符合 T 检验的条件。结果表明其不为正态分布，对其进行 Fisher 转换，使其服从正态分布，然后对其进行配对样本 T 检验，Fisher 转换结果见表 3-11。

表 3-11 黑龙江省农业技术市场合同成交额复相关系数 Fisher 转换结果

年份	lag0	lag1	lag2	lag3	lag4	lag5
2000	1.610 372	2.464 590	1.994 109	2.600 119	2.059 598	1.970 620
2001	4.373 224	2.240 922	2.180 549	4.433 305	3.894 011	1.833 939
2002	2.767 397	2.927 386	5.868 031	4.266 055	1.729 527	3.767 290
2003	2.559 706	4.447 696	4.689 337	4.044 993	2.640 013	2.268 432
2004	3.536 186	2.321 179	2.671 949	3.542 724	7.254 329	4.600 145
2005	5.971 851	2.755 474	2.958 413	2.932 234	1.948 698	3.653 035
2006	2.741 819	2.456 898	3.444 694	5.606 404	2.453 079	3.678 659
2007	2.265 175	2.956 643	3.001 446	3.506 942	1.924 115	—
2008	2.320 968	2.859 155	3.547 532	4.264 787	—	—
2009	2.908 954	2.652 109	3.137 967	—	—	—
2010	2.816 721	3.337 294	—	—	—	—
2011	2.653 177	—	—	—	—	—

对黑龙江省 2000—2011 年滞后 0～5 期农业技术市场合同成交额与当期农业科技投入指标的复相关系数 R 进行 Fisher 转换后的结果进行配对样本 T 检验，可以得出滞后期结果见表 3-12。

表 3-12 黑龙江省农业技术市场合同成交额与当期投入的
复相关系数 R 的配对样本 T 检验

配对组	滞后值之差	均值	单侧检验
Pair1	Lag0−lag1	0.223 000	31.20%
Pair2	Lag1−lag2	−0.541 200	5.00%
Pair3	Lag2−lag3	−0.537 940	11.20%
Pair4	Lag3−lag4	0.878 680	13.45%
Pair5	Lag4−lag5	0.029 590	48.35%

由表 3-12 数据可以得到，在显著性水平为 5% 的条件下拒绝原假设，认为黑龙江省滞后 1 期的农业技术市场合同成交额与当期农业科技投入的复相关系数和滞后 2 期的发表农业技术市场合同成交额与当期农业科技投入的复相关系数有显著差异。因此，可以得出结论：黑龙江省农业技术市场合同成交额与当期农业科技投入的滞后期为 1。

然后，测算黑龙江省农林牧渔总产值的滞后期，根据原始数据（表 3-9），能够得到 2000—2011 年黑龙江省农业科技投入与滞后 0～5 期农林牧渔总产值的复相关系数 R 结果见表 3-13。

表 3-13 黑龙江省 2000—2011 年滞后 0～5 期农林牧渔总产值与
当期农业科技投入的复相关系数 R

年份	lag0	lag1	lag2	lag3	lag4	lag5
2000	0.990 045	0.973 505	0.999 760	0.999 817	0.973 471	0.985 562
2001	0.999 057	0.984 287	0.997 592	0.998 469	0.990 267	0.988 035
2002	0.997 109	0.997 066	0.998 007	0.998 230	0.997 041	0.997 853
2003	0.999 336	0.990 063	0.998 310	0.998 586	0.996 656	0.999 721
2004	0.999 910	0.999 635	0.999 994	0.997 686	0.999 997	0.998 158
2005	0.990 814	0.999 972	0.997 940	0.983 443	0.997 913	0.998 009
2006	0.999 293	0.998 025	0.999 898	0.994 543	0.998 795	0.999 316
2007	0.999 713	0.999 200	0.998 187	0.991 175	0.982 210	—
2008	0.999 759	0.999 921	0.997 890	0.997 440		
2009	0.999 770	0.999 729	0.998 900	—		
2010	0.999 803	0.994 862	—			
2011	0.999 321	—				

然后，对得出的黑龙江省 2000—2011 年滞后 0～5 期农林牧渔总产值与当

期农业科技投入的复相关系数 R 进行配对样本 T 检验得出滞后期。首先对计算得出的复相关系数进行峰度和偏度检验，检验其是否为正态分布。结果表明其不为正态分布，对其进行 Fisher 转换，使其服从正态分布，然后对其进行配对样本 T 检验，Fisher 转换结果见表 3 - 14。

表 3 - 14　黑龙江省农林牧渔总产值复相关系数 Fisher 转换结果

年份	lag0	lag1	lag2	lag3	lag4	lag5
2000	2.648 919	2.155 305	4.513 949	4.649 540	2.154 655	2.461 897
2001	3.829 560	2.419 263	3.360 451	3.587 108	2.660 251	2.556 458
2002	3.268 927	3.261 534	3.455 132	3.514 519	3.257 285	3.417 878
2003	4.005 022	2.649 828	3.537 664	3.626 886	3.196 031	4.438 653
2004	5.004 402	4.304 289	6.358 448	3.380 384	6.705 022	3.494 565
2005	2.689 309	5.588 220	3.438 583	2.392 890	3.432 065	3.455 635
2006	3.973 637	3.459 673	4.941 817	2.950 636	3.706 910	3.990 179
2007	4.424 516	3.911 823	3.502 506	2.709 446	2.356 666	—
2008	4.511 870	5.069 585	3.426 579	3.329 807	—	—
2009	4.535 232	4.453 202	3.752 521	—	—	—
2010	4.612 678	2.980 833	—	—	—	—
2011	3.993 849	—	—	—	—	—

对黑龙江省 2000—2011 年滞后 0～5 期农林牧渔总产值与当期农业科技投入指标的复相关系数 R 进行 Fisher 转换后的结果进行配对样本 T 检验，可以得出滞后期，结果见表 3 - 15。

表 3 - 15　黑龙江省农林牧渔总产值与当期投入的
复相关系数 R 的配对样本 T 检验

配对组	滞后值之差	均值	单侧检验
Pair1	Lag0—lag1	0.295 500	22.50%
Pair2	Lag1—lag2	−0.301 490	27.30%
Pair3	Lag2—lag3	0.710 430	4.70%
Pair4	Lag3—lag4	−0.082 180	44.75%
Pair5	Lag4—lag5	0.185 280	36.95%

由表 3 - 15 数据可以得到，在显著性水平为 5% 的条件下拒绝原假设，认为黑龙江省滞后 2 期的农林牧渔总产值与当期农业科技投入的复相关系数和滞后 3 期的农林牧渔总产值与当期农业科技投入的复相关系数有显著差异。因

此，可以得出结论：黑龙江省农林牧渔总产值与当期农业科技投入的滞后期为 2。

因此，根据代表省市黑龙江的测算结果，本研究假定辽宁、吉林的农业技术市场合同成交额滞后期为 1、农林牧渔总产值滞后期为 2。

3.5.2　重庆市农业科技间接产出滞后期测算

本小节将根据搜集到的数据，对二区代表省市重庆市的农业技术市场成交额以及农林牧渔总产值的滞后期进行测算。重庆市的农业科技投入产出指标原始数据见表 3-16。

表 3-16　重庆市原始数据

年份	农业机械总动力（万千瓦）	农业技术人员（人）	R&D 人员（人）	R&D 经费内部支出（万元）	技术市场合同成交额（万元）	发表科技论文（篇）	农林牧渔业总产值（亿元）
2000	586	12 109	1 418	12 812	68 332	157	413
2001	628	11 899	1 239	10 928	63 138	159	431
2002	666	13 367	1 116	10 220	84 528	160	461
2003	696	12 606	931	8 961	106 113	158	489
2004	728	13 313	993	8 677	120 388	177	613
2005	776	14 585	965	10 751	68 184	179	662
2006	820	16 324	799	7 073	81 486	147	575
2007	860	15 794	869	10 210	60 982	164	721
2008	903	15 374	863	11 323	93 534	170	871
2009	967	14 445	435	9 445	53 578	155	913
2010	1 071	13 848	468	11 674	102 352	168	1 021
2011	1 141	13 567	534	19 495	86 128	181	1 265
2012	1 162	13 173	667	22 506	66 379	196	1 402
2013	1 199	13 461	689	15 136	106 901	203	1 514
2014	1 243	14 732	421	9 677	174 676	179	1 595
2015	1 300	14 637	546	19 860	63 297	199	1 738
2016	1 319	14 646	671	23 559	163 302	290	1 968

首先，测算重庆市农业技术市场合同成交额的滞后期。根据原始数据（表 3-16），能够得到 2000—2011 年重庆市农业科技投入与滞后 0～5 期农业技术市场合同成交额与滞后 0～5 期农林牧渔总产值的复相关系数 R，结果见表 3-17。

表 3 - 17　重庆市 2000—2011 年滞后 0～5 期农业技术市场合同成交额与
当期农业科技投入的复相关系数 R

年份	lag0	lag1	lag2	lag3	lag4	lag5
2000	0.884 426	0.968 899	0.821 928	0.942 335	0.839 185	0.984 058
2001	0.824 110	0.997 699	0.994 030	0.827 170	0.965 064	0.718 388
2002	0.996 007	0.848 918	0.985 701	0.992 798	0.944 100	0.876 667
2003	0.969 279	0.854 803	0.752 746	0.912 070	0.960 068	0.759 978
2004	0.965 916	0.786 897	0.716 511	0.929 283	0.952 625	0.946 161
2005	0.953 114	0.786 475	0.462 058	0.881 043	0.959 471	0.853 957
2006	0.919 708	0.742 976	0.525 093	0.974 592	0.969 010	0.921 993
2007	0.907 522	0.675 980	0.974 164	0.994 884	0.883 914	—
2008	0.803 657	0.897 404	0.992 011	0.992 007	—	—
2009	0.999 767	0.997 153	0.880 229	—	—	—
2010	0.995 460	0.985 602	—	—	—	—
2011	0.958 026	—	—	—	—	—

然后，对得出的重庆市 2000—2011 年滞后 0～5 期农业技术市场合同成交额与当期农业科技投入的复相关系数 R 进行配对样本 T 检验得出滞后期。首先对计算得出的复相关系数进行峰度和偏度检验，检验其是否符合 T 检验的条件。结果表明其不为正态分布，对其进行 Fisher 转换，使其服从正态分布，然后对其进行配对样本 T 检验，Fisher 转换结果见表 3 - 18。

表 3 - 18　重庆市农业技术市场合同成交额复相关系数 Fisher 转换结果

年份	lag0	lag1	lag2	lag3	lag4	lag5
2000	1.395 734	2.073 995	1.162 731	1.758 498	1.218 412	2.411 971
2001	1.169 494	3.383 204	2.905 583	1.179 108	2.014 881	0.904 306
2002	3.107 181	1.252 267	2.466 769	2.811 468	1.774 495	1.361 182
2003	2.080 238	1.273 721	0.979 261	1.539 700	1.946 778	0.996 163
2004	2.027 443	1.063 230	0.900 438	1.653 109	1.859 418	1.793 808
2005	1.864 731	1.062 123	0.499 925	1.380 410	1.939 206	1.270 588
2006	1.587 129	0.957 090	0.583 346	2.176 526	2.075 811	1.602 160
2007	1.513 295	0.821 674	2.168 066	2.982 984	1.393 388	—
2008	1.108 854	1.458 721	2.759 417	2.759 166	—	—
2009	4.528 751	3.276 606	1.376 784	—	—	—
2010	3.042 851	2.463 294	—	—	—	—
2011	1.921 321	—	—	—	—	—

对重庆市 2000—2011 年滞后 0～5 期农业技术市场合同成交额与当期农业科技投入指标的复相关系数 R 进行 Fisher 转换后的结果进行配对样本 T 检验，可以得出滞后期。结果见表 3-19。

表 3-19　重庆市农业技术市场合同成交额与当期投入的
复相关系数 R 的配对样本 T 检验

配对组	滞后值之差	均值	单侧检验
Pair1	Lag0－lag1	0.394 53	13.20%
Pair2	Lag1－lag2	0.082 03	40.60%
Pair3	Lag2－lag3	−0.423 94	10.10%
Pair4	Lag3－lag4	0.157 43	30.60%
Pair5	Lag4－lag5	0.355 55	13.30%

由表 3-19 数据可以得到，在显著性水平为 15% 的条件下拒绝原假设，认为重庆市滞后 0 期的农业技术市场合同成交额与当期农业科技投入的复相关系数和滞后 1 期的发表农业技术市场合同成交额与当期农业科技投入的复相关系数有显著差异。因此，可以得出结论：重庆市农业技术市场合同成交额与当期农业科技投入的滞后期为 2。

然后，测算重庆市农林牧渔总产值的滞后期。根据重庆市原始数据（表 3-16），能够得到 2000—2011 年重庆市农业科技投入与滞后 0～5 期农林牧渔总产值与滞后 0～5 期农林牧渔总产值的复相关系数 R，见表 3-20。

表 3-20　重庆市 2000—2011 年滞后 0～5 期农林牧渔总产值
与当期农业科技投入的复相关系数 R

年份	lag0	lag1	lag2	lag3	lag4	lag5
2000	0.992 548	0.947 298	0.999 934	0.958 519	0.984 734	0.931 874
2001	0.962 263	0.998 610	0.990 143	0.999 891	0.987 794	0.999 576
2002	0.975 243	0.939 480	0.969 982	0.999 137	0.997 614	0.991 017
2003	0.995 873	0.959 812	0.999 856	0.991 129	0.994 974	0.997 097
2004	0.998 071	0.979 292	0.999 364	0.993 361	0.995 931	0.998 789
2005	0.988 508	0.997 688	0.998 795	0.980 854	0.996 234	0.998 105
2006	0.996 857	0.997 210	0.999 244	0.988 852	0.999 793	0.999 563
2007	0.996 698	0.997 029	0.999 090	0.987 288	0.999 591	—
2008	0.983 503	0.999 924	0.991 662	0.981 041	—	—
2009	0.999 993	0.997 526	0.998 710	—	—	—
2010	0.998 672	0.998 455	—	—	—	—
2011	0.995 711	—	—	—	—	—

然后，对得出的重庆市 2000—2011 年滞后 0～5 期农林牧渔总产值与当期农业科技投入的复相关系数 R 进行配对样本 T 检验得出滞后期。首先对计算得出的复相关系数进行峰度和偏度检验，检验其是否为正态分布。结果表明其不为正态分布，对其进行 Fisher 转换，使其服从正态分布，然后对其进行配对样本 T 检验，Fisher 转换结果见表 3-21。

表 3-21　重庆市农林牧渔总产值复相关系数 Fisher 转换结果

年份	lag0	lag1	lag2	lag3	lag4	lag5
2000	2.794 344	1.804 772	5.159 485	1.927 354	2.433 806	1.672 443
2001	1.975 606	3.635 452	2.653 890	4.908 628	2.546 427	4.229 356
2002	2.189 669	1.733 601	2.091 991	3.873 906	3.365 045	2.700 533
2003	3.090 643	1.943 518	4.769 386	2.706 835	2.991 881	3.266 853
2004	3.471 468	2.279 987	4.026 571	2.852 308	3.097 734	3.704 425
2005	2.576 744	3.380 816	3.706 910	2.319 595	3.136 502	3.480 368
2006	3.227 076	3.286 732	3.940 119	2.592 026	4.587 918	4.214 253
2007	3.202 361	3.255 259	3.847 379	2.525 990	4.247 369	—
2008	2.394 721	5.088 943	2.737 951	2.324 549		
2009	6.281 372	3.346 914	3.672 808	—		
2010	3.658 282	3.582 553	—			
2011	3.071 351	—	—			

对重庆市 2000—2011 年滞后 0～5 期农林牧渔总产值与当期农业科技投入指标的复相关系数 R 进行 Fisher 转换后的结果进行配对样本 T 检验，可以得出滞后期，结果见表 3-22。

表 3-22　重庆市农林牧渔总产值与当期投入的复相关系数 R 的配对样本 T 检验

配对组	滞后值之差	均值	单侧检验
Pair1	Lag0－lag1	0.138 52	38.40%
Pair2	Lag1－lag2	−0.685 05	11.40%
Pair3	Lag2－lag3	0.766 94	11.35%
Pair4	Lag3－lag4	−0.337 51	25.25%
Pair5	Lag4－lag5	0.224 83	32.25%

由表 3-22 数据可以得到，在显著性水平为 15% 的条件下拒绝原假设，认为重庆市滞后 2 期的农林牧渔总产值与当期农业科技投入的复相关系数和滞后 3 期的农林牧渔总产值与当期农业科技投入的复相关系数有显著差异。因

此，可以得出结论：重庆市农林牧渔总产值与当期农业科技投入的滞后期为2。

因此，根据代表省市重庆市的测算结果，本研究假定北京、天津、河北的农业技术市场合同成交额滞后期为2、农林牧渔总产值滞后期为2。

3.5.3 广东省农业科技间接产出滞后期测算

本小节将对三区代表省市广东省的农业技术市场成交额以及农林牧渔总产值的滞后期进行测算。广东省的农业科技投入产出指标原始数据见表3-23。

表3-23　广东省原始数据

年份	农业机械总动力（万千瓦）	农业技术人员（人）	R&D人员（人）	R&D经费内部支出（万元）	技术市场合同成交额（万元）	发表科技论文（篇）	农林牧渔业总产值（亿元）
2000	1 764	15 083	3 149	75 919	76 383	1 043	1 701
2001	1 671	14 151	3 040	60 972	77 213	771	1 722
2002	1 779	13 386	3 058	73 726	90 294	835	1 781
2003	1 800	12 575	2 712	56 346	97 059	774	1 909
2004	1 856	17 321	2 650	52 560	65 410	847	2 155
2005	1 782	17 407	2 731	52 078	122 039	973	2 448
2006	1 963	16 999	2 779	57 773	102 094	944	2 536
2007	1 847	17 311	2 937	96 616	117 943	1 121	2 821
2008	1 989	16 701	3 048	79 414	180 718	1 204	3 298
2009	2 085	15 805	3 040	106 554	144 503	1 353	3 338
2010	2 253	14 084	3 040	106 554	192 403	1 353	3 755
2011	2 415	13 475	3 026	104 660	226 496	1 183	4 384
2012	2 497	12 256	3 101	127 249	297 381	1 224	4 657
2013	2 565	12 538	3 541	151 912	419 179	1 482	4 947
2014	2 632	12 772	3 438	149 259	318 984	1 505	5 234
2015	2 697	16 076	3 502	184 868	502 310	1 519	5 520
2016	2 391	16 681	3 455	199 140	514 895	1 539	6 078

首先，测算广东省农业技术市场合同成交额的滞后期。根据原始数据（表3-23），能够得到2000—2011年广东省农业科技投入与滞后0~5期农业技术市场合同成交额的复相关系数R结果见表3-24。

表 3 - 24　广东省 2000—2011 年滞后 0～5 期农业技术市场合同成交额
　　　　　与当期农业科技投入的复相关系数 R

年份	lag0	lag1	lag2	lag3	lag4	lag5
2000	0.990 28	0.827 389	0.847 533	0.962 906	0.945 259	0.980 114
2001	0.197 798	0.954 244	0.972 633	0.764 438	0.968 914	0.862 008
2002	0.451 675	0.991 803	0.853 247	0.879 987	0.999 678	0.863 059
2003	0.999 363	0.996 633	0.945 016	0.999 488	0.966 794	0.998 388
2004	0.998 473	0.995 933	0.967 379	0.997 564	0.990 049	0.997 617
2005	0.997 398	0.992 063	0.999 515	0.998 783	0.912 557	0.953 526
2006	0.965 987	0.958 808	0.989 554	0.975 368	0.999 462	0.962 392
2007	0.941 357	0.942 404	0.988 229	0.996 302	0.998 886	—
2008	0.987 503	0.949 481	0.964 879	0.999 931	—	—
2009	0.987 703	0.994 594	0.999 903	—	—	—
2010	0.962 784	0.947 799	—	—	—	—
2011	0.968 020	—	—	—	—	—

　　然后，对计算得出的广东省 2000—2011 年滞后 0～5 期农业技术市场合同成交额与当期农业科技投入的复相关系数 R 进行配对样本 T 检验得出滞后期。首先对计算得出的复相关系数进行峰度和偏度检验，检验其是否符合 T 检验的条件。结果表明其不为正态分布，对其进行 Fisher 转换，使其服从正态分布，然后对其进行配对样本 T 检验，Fisher 转换结果见表 3 - 25。

表 3 - 25　广东省农业技术市场合同成交额复相关系数 Fisher 转换结果

年份	lag0	lag1	lag2	lag3	lag4	lag5
2000	2.660 922	1.179 801	1.247 329	1.984 363	1.785 269	2.300 447
2001	0.200 440	1.877 218	2.138 893	1.006 807	2.074 240	1.301 108
2002	0.486 803	2.746 514	1.267 972	1.375 710	4.366 973	1.305 212
2003	4.025 785	3.192 598	1.782 992	4.135 039	2.040 715	3.561 310
2004	3.588 417	3.097 981	2.049 751	3.354 663	2.649 121	3.365 675
2005	3.321 660	2.762 695	4.162 133	3.701 952	1.542 605	1.869 249
2006	2.028 503	1.930 924	2.624 723	2.192 232	4.110 265	1.977 351
2007	1.749 837	1.759 114	2.564 680	3.145 630	3.746 194	—
2008	2.534 573	1.826 484	2.012 193	5.137 258	—	—
2009	2.542 690	2.955 343	4.966 949	—	—	—
2010	1.982 690	1.809 677	—	—	—	—
2011	2.059 836	—	—	—	—	—

对广东省 2000—2011 年滞后 0~5 期农业技术市场合同成交额与当期农业科技投入指标的复相关系数 R 进行 Fisher 转换后的结果进行配对样本 T 检验，可以得出滞后期，结果见表 3-26。

表 3-26　广东省农业技术市场合同成交额与当期投入的
复相关系数 R 的配对样本 T 检验

配对组	滞后值之差	均值	单侧检验
Pair1	Lag0—lag1	−0.001 46	49.85%
Pair2	Lag1—lag2	−0.148 89	34.80%
Pair3	Lag2—lag3	−0.687	8.75%
Pair4	Lag3—lag4	−0.177 37	39.60%
Pair5	Lag4—lag5	0.412 69	26.75%

由表 3-26 数据可以得到，在显著性水平为 10% 的条件下拒绝原假设，认为广东省滞后 2 期的农业技术市场合同成交额与当期农业科技投入的复相关系数和滞后 3 期的发表农业技术市场合同成交额与当期农业科技投入的复相关系数有显著差异。因此，可以得出结论：广东省农业技术市场合同成交额与当期农业科技投入的滞后期为 2。

然后，测算广东省农林牧渔总产值的滞后期。根据广东省原始数据（表 3-23），能够得到 2000—2011 年广东省农业科技投入与滞后 0~5 期农林牧渔总产值与滞后 0~5 期农林牧渔总产值的复相关系数 R，见表 3-27。

表 3-27　广东省 2000—2011 年滞后 0~5 期农林牧渔总产值与
当期农业科技投入的复相关系数 R

年份	lag0	lag1	lag2	lag3	lag4	lag5
2000	0.990 029	0.987 691	0.974 215	0.936 77	0.969 51	0.989 036
2001	0.926 717	0.974 336	0.932 874	0.892 555	0.986 558	0.926 645
2002	0.922 967	0.964 078	0.892 083	0.909 015	0.974 506	0.891 604
2003	0.999 987	0.998 594	0.981 274	0.999 969	0.999 742	0.972 465
2004	0.999 954	0.998 558	0.986 378	0.999 564	0.999 733	0.974 844
2005	0.999 96	0.995 901	0.992 408	0.993 2	0.999 157	0.998 358
2006	0.982 44	0.994 884	0.991 411	0.999 914	0.996 727	0.993 616
2007	0.990 002	0.999 543	0.988 337	0.997 014	0.995 481	—
2008	0.994 267	0.996 452	0.997 982	0.999 996	—	—
2009	0.999 499	0.993 078	0.993 273	—	—	—
2010	0.999 940	0.997 477	—	—	—	—
2011	0.977 710	—	—	—	—	—

然后，对得出的广东省 2000—2011 年滞后 0～5 期农林牧渔总产值与当期农业科技投入的复相关系数 R 进行配对样本 T 检验得出滞后期。对计算得出的复相关系数进行峰度和偏度检验，结果表明其不为正态分布，对其进行 Fisher 转换，使其服从正态分布，然后进行配对样本 T 检验，Fisher 转换结果见表 3-28。

表 3-28 广东省农林牧渔总产值复相关系数 Fisher 转换结果

年份	lag0	lag1	lag2	lag3	lag4	lag5
2000	2.547 086	2.282 752	3.359 205	5.409 879	6.155 714	4.077 871
2001	3.988 719	1.499 285	1.350 262	2.600 348	4.068 377	2.209 984
2002	4.573 630	1.719 942	1.756 235	4.323 848	4.600 145	2.249 744
2003	3.488 354	1.966 742	2.126 720	4.280 216	5.756 458	2.341 330
2004	3.645 634	1.980 232	1.582 086	2.150 660	2.430 943	2.411 466
2005	4.096 512	2.891 257	2.738 614	6.705 022	3.036 272	1.836 354
2006	2.070 139	1.702 236	2.018 521	5.934 797	1.047 629	0.946 794
2007	2.162 469	1.866 338	1.977 487	3.135 041	1.229 031	—
2008	3.009 335	2.538 615	1.936 318	2.581 890	—	—
2009	1.822 016	0.570 448	0.830 565	—	—	—
2010	2.044 310	3.046 730	—	—	—	—
2011	1.784 246	—	—	—	—	—

对广东省 2000—2011 年滞后 0～5 期农林牧渔总产值与当期农业科技投入指标的复相关系数 R 进行 Fisher 转换后的结果进行配对样本 T 检验，可以得出滞后期。结果见表 3-29。

表 3-29 广东省农林牧渔总产值与当期投入的复相关系数 R 的配对样本 T 检验

配对组	滞后值之差	均值	单侧检验
Pair1	Lag0—lag1	0.576 11	9.60%
Pair2	Lag1—lag2	0.575 27	0.70%
Pair3	Lag2—lag3	−1.163 53	2.15%
Pair4	Lag3—lag4	−0.036 59	46.10%
Pair5	Lag4—lag5	0.911 71	3.10%

由表 3-29 配对样本 T 检验结果可以得到，在显著性水平为 1% 的条件下拒绝原假设，认为广东省滞后 1 期的农林牧渔总产值与当期农业科技投入的复相关系数和滞后 2 期的农林牧渔总产值与当期农业科技投入的复相关系数有显

著差异。因此，可以得出结论：广东省农林牧渔总产值与当期农业科技投入的滞后期为1。

因此，根据代表省广东省的测算结果，本研究假定上海、江苏、浙江、福建的农业技术市场合同成交额滞后期为2、农林牧渔总产值滞后期为1。

3.5.4 河南省农业科技间接产出滞后期测算

本节将四区的代表省市河南省的农业技术市场成交额以及农林牧渔总产值的滞后期进行测算。河南省的农业科技投入产出指标原始数据见表3-30。

表3-30 河南省原始数据

年份	农业机械总动力（万千瓦）	农业技术人员（人）	R&D人员（人）	R&D经费内部支出（万元）	技术市场合同成交额（万元）	发表科技论文（篇）	农林牧渔业总产值（亿元）
2000	5 781	26 645	5 868	4 516	7 803	779	1 982
2001	6 079	28 071	5 689	5 411	8 558	730	2 103
2002	6 548	28 270	5 996	6 483	9 386	682	2 192
2003	6 953	30 345	5 324	7 769	10 294	575	2 193
2004	7 521	29 460	5 692	9 309	11 290	795	2 964
2005	7 934	27 869	5 258	11 154	12 382	936	3 310
2006	8 309	26 950	4 332	12 389	13 849	880	3 349
2007	8 719	27 417	4 026	17 698	11 128	828	3 880
2008	9 429	28 570	4 086	18 542	18 793	919	4 670
2009	9 818	27 573	2 871	23 091	22 004	920	4 872
2010	10 196	21 175	2 846	27 641	16 558	869	5 734
2011	10 516	30 769	2 770	29 057	10 614	850	6 219
2012	10 873	27 112	2 794	37 202	18 157	787	6 679
2013	11 150	33 498	3 081	40 848	29 306	811	7 198
2014	11 477	29 917	3 159	41 626	23 592	767	7 549
2015	11 710	30 465	3 181	47 236	23 400	713	7 641
2016	9 855	32 359	2 973	69 452	30 373	635	7 800

首先，测算河南省农业技术市场合同成交额的滞后期。根据原始数据（表3-30），能够得到2000—2011年河南省农业科技投入与滞后0～5期农业技术市场合同成交额的复相关系数 R（表3-31）。

表 3 - 31　河南省 2000—2011 年滞后 0～5 期农业技术市场合同成交额与当期农业科技投入的复相关系数 R

年份	lag0	lag1	lag2	lag3	lag4	lag5
2000	0.999 934	0.999 784	0.979 85	0.919 65	0.985 943	0.875 051
2001	0.999 973	0.999 431	0.993 913	0.963 731	0.983 443	0.906 386
2002	0.999 368	0.989 666	0.923 566	0.945 034	0.979 017	0.999 721
2003	0.992 803	0.991 67	0.888 341	0.977 477	0.983 093	0.999 999
2004	0.947 1	0.939 479	0.359 808	0.953 59	0.493 785	0.999 802
2005	0.931 977	0.939 056	0.348 29	0.977 11	0.515 405	0.999 983
2006	0.899 494	0.812 725	0.880 049	0.803 082	0.998 825	0.964 159
2007	0.424 051	0.926 001	0.662 122	0.917 225	0.879 796	—
2008	0.915 704	0.749 518	0.980 569	0.898 735	—	—
2009	0.997 165	0.885 678	0.987 488	—	—	—
2010	0.952 634	0.999 809	—	—	—	—
2011	0.898 607	—	—	—	—	—

　　然后，对计算得出的河南省 2000—2011 年滞后 0～5 期农业技术市场合同成交额与当期农业科技投入的复相关系数 R 进行配对样本 T 检验得出滞后期。首先对计算得出的复相关系数进行峰度和偏度检验，检验其是否符合 T 检验的条件。结果表明其不为正态分布，对其进行 Fisher 转换，使其服从正态分布，然后对其进行配对样本 T 检验，Fisher 转换结果见表 3 - 32。

表 3 - 32　河南省农业技术市场合同成交额复相关系数 Fisher 转换结果

年份	lag0	lag1	lag2	lag3	lag4	lag5
2000	5.159 485	4.566 636	2.293 786	1.586 753	2.475 364	1.354 243
2001	5.606 404	4.082 246	2.895 849	1.995 819	2.392 890	1.506 892
2002	4.029 726	2.630 141	1.612 754	1.783 160	2.273 321	4.438 653
2003	2.811 817	2.738 433	1.414 002	2.237 520	2.382 343	7.254 329
2004	1.802 847	1.733 592	0.376 665	1.869 955	0.541 053	4.610 146
2005	1.673 227	1.730 001	0.363 496	2.229 346	0.570 062	5.837 718
2006	1.469 563	1.135 004	1.375 985	1.107 233	3.719 523	2.001 863
2007	0.452 621	1.629 575	0.796 583	1.571 254	1.374 864	—
2008	1.561 753	0.971 854	2.312 135	1.465 601	—	—
2009	3.278 721	1.401 512	2.533 969	—	—	—
2010	1.859 515	4.628 144	—	—	—	—
2011	1.464 936	—	—	—	—	—

对河南省 2000—2011 年滞后 0～5 期农业技术市场合同成交额与当期农业科技投入指标的复相关系数 R 进行 Fisher 转换后的结果进行配对样本 T 检验，可以得出滞后期。结果见表 3-33。

表 3-33　河南省农业技术市场合同成交额与当期投入的复相关
系数 R 的配对样本 T 检验

配对组	滞后值之差	均值	单侧检验
Pair1	Lag0—lag1	0.223 5	29.20%
Pair2	Lag1—lag2	0.664 38	5.40%
Pair3	Lag2—lag3	−0.267 26	22.90%
Pair4	Lag3—lag4	−0.168 55	36.50%
Pair5	Lag4—lag5	−1.807 04	8.25%

由表 3-33 的结果可以得到，在显著性水平为 10% 的条件下拒绝原假设，认为河南省滞后 1 期的农业技术市场合同成交额与当期农业科技投入的复相关系数和滞后 2 期的发表农业技术市场合同成交额与当期农业科技投入的复相关系数有显著差异。因此，可以得出结论：河南省农业技术市场合同成交额与当期农业科技投入的滞后期为 1。

然后，测算河南省农林牧渔总产值的滞后期。根据河南省原始数据（表 3-30），能够得到 2000—2011 年河南省农业科技投入与滞后 0～5 期农林牧渔总产值与滞后 0～5 期农林牧渔总产值的复相关系数 R，结果见表 3-34。

表 3-34　河南省 2000—2011 年滞后 0～5 期农林牧渔总产值与
当期农业科技投入的复相关系数 R

年份	lag0	lag1	lag2	lag3	lag4	lag5
2000	0.982 179	0.983 164	0.967 724	0.998 941	0.980 346	0.995 857
2001	0.985 094	0.988 981	0.978 867	0.999 445	0.986 995	0.996 188
2002	0.999 99	0.996 789	0.999 99	0.997 809	0.994 115	0.994 474
2003	0.999 94	0.993 205	0.999 053	0.997 738	0.991 71	0.995 544
2004	0.999 391	0.999 078	0.999 545	0.999 748	0.992 042	0.998 67
2005	0.999 54	0.999 453	0.999 544	0.999 441	0.992 044	0.996 656
2006	0.996 362	0.999 99	0.994 347	0.997 657	0.998 359	0.987 671
2007	0.993 06	0.997 724	0.999 598	0.991 461	0.999 636	—
2008	0.999 85	0.999 987	0.996 564	0.999 888	—	—
2009	0.995 228	0.998 758	0.999 005	—	—	—
2010	0.995 118	0.992 417	—	—	—	—
2011	0.998 965	—	—	—	—	—

然后，对得出的河南省 2000—2011 年滞后 0～5 期农林牧渔总产值与当期农业科技投入的复相关系数 R 进行配对样本 T 检验得出滞后期。对计算得出的复相关系数进行峰度和偏度检验，结果表明其不为正态分布，对其进行 Fisher 转换，使其服从正态分布，然后进行配对样本 T 检验，Fisher 转换结果见表 3-35。

表 3-35　河南省农林牧渔总产值复相关系数 Fisher 转换结果

年份	lag0	lag1	lag2	lag3	lag4	lag5
2000	2.355 787	2.384 465	2.055 154	3.771 524	2.306 373	3.088 704
2001	2.445 829	2.597 878	2.269 722	4.094 706	2.514 522	3.130 420
2002	6.103 034	3.216 357	6.103 034	3.407 724	2.912 774	2.944 336
2003	5.207 142	2.840 656	3.827 443	3.391 761	2.740 849	3.052 210
2004	4.048 267	3.840 826	4.194 066	4.489 551	2.761 369	3.657 529
2005	4.188 601	4.101 968	4.192 968	4.091 114	2.761 495	3.196 031
2006	3.153 824	6.103 034	2.932 943	3.374 149	3.552 388	2.541 382
2007	2.830 062	3.388 672	4.256 002	2.725 990	4.305 661	—
2008	4.748 974	5.971 851	3.182 437	4.895 051	—	—
2009	3.017 874	3.691 779	3.802 709	—	—	—
2010	3.006 452	2.785 597	—	—	—	—
2011	3.782 992	—	—	—	—	—

对河南省 2000—2011 年滞后 0～5 期农林牧渔总产值与当期农业科技投入指标的复相关系数 R 进行 Fisher 转换后的结果进行配对样本 T 检验，可以得出滞后期。结果见表 3-36。

表 3-36　河南省农林牧渔总产值与当期投入的复相关
系数 R 的配对样本 T 检验

配对组	滞后值之差	均值	单侧检验
Pair1	Lag0—lag1	0.016 61	48.65%
Pair2	Lag1—lag2	0.132 1	40.90%
Pair3	Lag2—lag3	−0.136 42	39.90%
Pair4	Lag3—lag4	0.686 39	6.35%
Pair5	Lag4—lag5	−0.294 41	13.65%

由表 3-36 配对样本 T 检验结果可以得到，在显著性水平为 10% 的条件下拒绝原假设，认为河南省滞后 3 期的农林牧渔总产值与当期农业科技投入的

复相关系数和滞后 4 期的农林牧渔总产值与当期农业科技投入的复相关系数有显著差异。因此，可以得出结论：河南省农林牧渔总产值与当期农业科技投入的滞后期为 3。

因此，根据代表省河南省的测算结果，本研究假定陕西、山西、山东的农业技术市场合同成交额滞后期为 1、农林牧渔总产值滞后期为 3。

3.5.5　湖北省农业科技间接产出滞后期测算

本节将五区的代表省市湖北省的农业技术市场成交额以及农林牧渔总产值的滞后期进行测算。湖北省的农业科技投入产出指标原始数据见表 3-37。

表 3-37　湖北省原始数据

年份	农业机械总动力（万千瓦）	农业技术人员（人）	R&D人员（人）	R&D经费内部支出（万元）	技术市场合同成交额（万元）	发表科技论文（篇）	农林牧渔业总产值（亿元）
2000	1 414	30 109	7 247	61 512	87 628	1 243	1 126
2001	1 469	30 501	6 347	55 486	102 335	1 218	1 173
2002	1 557	30 461	5 893	65 732	99 571	1 185	1 203
2003	1 662	31 939	5 547	66 683	116 378	1 204	1 342
2004	1 769	26 158	5 175	71 175	138 958	1 322	1 695
2005	2 057	26 670	5 193	77 493	135 205	1 218	1 776
2006	2 263	23 139	4 856	88 003	107 480	1 126	1 842
2007	2 551	18 757	5 087	122 285	128 494	1 179	2 297
2008	2 797	17 546	5 463	135 140	163 252	1 280	2 940
2009	3 057	18 355	3 102	92 103	177 422	1 236	2 985
2010	3 371	16 914	2 929	88 950	198 970	1 094	3 502
2011	3 571	16 833	3 161	100 787	272 275	1 161	4 253
2012	3 842	17 029	3 420	106 545	417 676	1 140	4 732
2013	4 081	26 481	3 322	118 851	827 730	1 175	5 161
2014	4 293	16 486	3 182	127 012	1 156 473	1 204	5 453
2015	4 468	16 168	3 159	124 887	1 530 205	1 307	5 729
2016	4 188	15 741	3 077	137 690	1 737 206	1 184	6 278

首先，测算湖北省农业技术市场合同成交额的滞后期。根据原始数据（表 3-37），能够得到 2000—2011 年湖北省农业科技投入与滞后 0～5 期农业技术市场合同成交额的复相关系数 R（表 3-38）。

表 3 - 38　湖北省 2000—2011 年滞后 0~5 期农业技术市场合同成交额与
当期农业科技投入的复相关系数 R

年份	lag0	lag1	lag2	lag3	lag4	lag5
2000	0.971 117	0.890 372	0.882 394	0.806 475	0.939 381	0.954 095
2001	0.921 014	0.900 510	0.956 154	0.986 740	0.995 314	0.981 391
2002	0.550 605	0.992 087	0.879 538	0.999 076	0.994 237	0.999 082
2003	0.975 321	0.959 578	0.973 056	0.998 901	0.995 582	0.984 809
2004	0.703 687	0.963 060	0.999 890	0.985 855	0.971 697	0.968 133
2005	0.997 883	0.991 100	0.994 045	0.988 189	0.998 936	0.999 347
2006	0.998 152	0.967 145	0.962 075	0.980 072	0.996 543	0.997 500
2007	0.999 852	0.999 812	0.985 078	0.989 998	0.995 277	—
2008	0.998 862	0.988 629	0.996 960	0.999 990	—	—
2009	0.991 612	0.989 493	0.999 832	—	—	—
2010	0.999 276	0.998 291	—	—	—	—
2011	0.983 016	—	—	—	—	—

然后，对计算得出的湖北省 2000—2011 年滞后 0~5 期农业技术市场合同成交额与当期农业科技投入的复相关系数 R 进行配对样本 T 检验得出滞后期。首先对计算得出的复相关系数进行峰度和偏度检验，检验其是否符合 T 检验的条件。结果表明其不为正态分布，对其进行 Fisher 转换，使其服从正态分布，然后对其进行配对样本 T 检验，Fisher 转换结果见表 3 - 39。

表 3 - 39　湖北省农业技术市场合同成交额复相关系数 Fisher 转换结果

年份	lag0	lag1	lag2	lag3	lag4	lag5
2000	2.111 551	1.423 718	1.386 480	1.116 863	1.732 758	1.875 554
2001	1.595 669	1.474 910	1.899 026	2.504 749	3.026 989	2.333 955
2002	0.619 249	2.764 216	1.373 723	3.839 742	2.923 279	3.843 001
2003	2.191 267	1.940 555	2.146 789	3.752 976	3.056 502	2.436 287
2004	0.874 567	1.986 482	4.904 061	2.472 222	2.121 841	2.061 635
2005	3.424 922	2.705 196	2.906 845	2.562 974	3.769 167	4.013 377
2006	3.492 937	2.046 117	1.973 074	2.299 381	3.179 386	3.341 680
2007	4.755 686	4.636 061	2.445 288	2.646 552	3.023 047	—
2008	3.735 530	2.582 067	3.243 762	6.103 034	—	—
2009	2.734 949	2.621 797	4.692 305	—	—	—
2010	3.961 752	3.532 070	—	—	—	—
2011	2.380 051	—	—	—	—	—

对湖北省 2000—2011 年滞后 0～5 期农业技术市场合同成交额与当期农业科技投入指标的复相关系数 R 进行 Fisher 转换后的结果进行配对样本 T 检验，可以得出滞后期。结果见表 3-40。

表 3-40　湖北省农业技术市场合同成交额与当期投入的复相关系数 R 的配对样本 T 检验

配对组	滞后值之差	均值	单侧检验
Pair1	Lag0-lag1	0.162 26	30.35%
Pair2	Lag1-lag2	-0.279 02	28.15%
Pair3	Lag2-lag3	-0.557 72	16.40%
Pair4	Lag3-lag4	-0.204 69	23.80%
Pair5	Lag4-lag5	-0.013 65	47.50%

由表 3-40 的结果可以得到，在显著性水平为 20% 的条件下拒绝原假设，认为湖北省滞后 2 期的农业技术市场合同成交额与当期农业科技投入的复相关系数和滞后 3 期的发表农业技术市场合同成交额与当期农业科技投入的复相关系数有显著差异。因此，可以得出结论：湖北省农业技术市场合同成交额与当期农业科技投入的滞后期为 2。

然后，测算湖北省农林牧渔总产值的滞后期。根据湖北省原始数据（表 3-37），能够得到 2000—2011 年湖北省农业科技投入与滞后 0～5 期农林牧渔总产值的复相关系数 R，结果见表 3-41。

表 3-41　湖北省 2000—2011 年滞后 0～5 期农林牧渔总产值与当期农业科技投入的复相关系数 R

年份	lag0	lag1	lag2	lag3	lag4	lag5
2000	0.987 093	0.958 655	0.992 639	0.995 840	0.968 301	0.988 860
2001	0.995 144	0.976 495	0.996 262	0.983 079	0.997 668	0.994 346
2002	0.980 254	0.998 782	0.977 184	0.987 253	0.997 756	0.997 324
2003	0.999 879	0.998 471	0.988 368	0.996 921	0.999 419	0.995 890
2004	0.965 022	0.999 860	0.995 473	0.992 158	0.995 307	0.993 130
2005	0.999 966	0.993 996	0.992 920	0.999 460	0.999 336	0.994 886
2006	0.999 963	0.985 282	0.998 880	0.992 758	0.997 802	0.999 976
2007	0.999 142	0.987 918	0.999 908	0.994 176	0.995 474	—
2008	0.999 968	0.999 281	0.999 999	0.999 584	—	—
2009	0.995 916	0.996 454	0.998 644	—	—	—
2010	0.997 263	0.995 162	—	—	—	—
2011	0.983 833	—	—	—	—	—

然后，对得出的湖北省 2000—2011 年滞后 0～5 期农林牧渔总产值与当期农业科技投入的复相关系数 R 进行配对样本 T 检验得出滞后期。对计算得出的复相关系数进行峰度和偏度检验，结果表明其不为正态分布，对其进行 Fisher 转换，使其服从正态分布，然后进行配对样本 T 检验，Fisher 转换结果见表 3-42。

表 3-42　湖北省农林牧渔总产值复相关系数 Fisher 转换结果

年份	lag0	lag1	lag2	lag3	lag4	lag5
2000	2.518 329	1.929 031	2.800 510	3.086 653	2.064 320	2.592 387
2001	3.009 128	2.215 934	3.140 241	2.381 925	3.376 505	2.932 854
2002	2.304 015	3.701 542	2.230 983	2.524 606	3.395 760	3.307 620
2003	4.856 403	3.587 762	2.570 655	3.237 378	4.071 808	3.092 711
2004	2.014 270	4.783 473	3.044 288	2.768 740	3.026 241	2.835 149
2005	5.491 140	2.902 735	2.820 041	4.108 409	4.005 022	2.983 180
2006	5.448 861	2.452 223	3.743 507	2.808 689	3.406 127	5.665 296
2007	3.876 812	2.551 563	4.993 412	2.917 999	3.044 399	—
2008	5.521 453	3.965 218	7.254 329	4.238 882	—	—
2009	3.095 891	3.166 654	3.647 843	—	—	—
2010	3.296 335	3.010 990	—	—	—	—
2011	2.404 907	—	—	—	—	—

对湖北省 2000—2011 年滞后 0～5 期农林牧渔总产值与当期农业科技投入指标的复相关系数 R 进行 Fisher 转换后的结果进行配对样本 T 检验，可以得出滞后期。结果见表 3-43。

表 3-43　湖北省农林牧渔总产值与当期投入的复相关系数 R 的配对样本 T 检验

配对组	滞后值之差	均值	单侧检验
Pair1	Lag0—lag1	0.651 41	11.10%
Pair2	Lag1—lag2	−0.498 97	17.95%
Pair3	Lag2—lag3	0.502 74	15.10%
Pair4	Lag3—lag4	−0.319 47	10.90%
Pair5	Lag4—lag5	−0.009 06	49.20%

由表 3-43 配对样本 T 检验结果可以得到，在显著性水平为 15% 的条件下拒绝原假设，认为湖北省滞后 3 期的农林牧渔总产值与当期农业科技投入的复相关系数和滞后 4 期的农林牧渔总产值与当期农业科技投入的复相关系数有

显著差异。因此，可以得出结论：湖北省农林牧渔总产值与当期农业科技投入的滞后期为3。

因此，根据代表省湖北省的农业技术市场合同成交额与农林牧渔总产值滞后期测算结果，本研究假定湖南、江西、安徽的农业技术市场合同成交额滞后期为2、农林牧渔总产值滞后期为3。

3.5.6 云南省农业科技间接产出滞后期测算

本节将六区的代表省市云南省的农业技术市场成交额以及农林牧渔总产值的滞后期进行测算。云南省的农业科技投入产出指标原始数据见表3-44。

表3-44 云南省原始数据

年份	农业机械总动力（万千瓦）	农业技术人员（人）	R&D人员（人）	R&D经费内部支出（万元）	技术市场合同成交额（万元）	发表科技论文（篇）	农林牧渔业总产值（亿元）
2000	1 301	36 713	2 456	21 397	63 557	743	681
2001	1 398	38 082	2 473	23 890	83 990	685	704
2002	1 460	38 211	2 459	27 205	57 241	628	738
2003	1 543	38 730	2 248	25 887	71 526	582	799
2004	1 608	336 982	2 267	27 219	67 510	576	965
2005	1 666	37 693	2 480	41 478	49 120	605	1 069
2006	1 755	38 854	2 591	43 730	25 101	722	1 210
2007	1 862	38 277	2 561	51 554	28 902	765	1 415
2008	2 014	39 566	2 551	54 178	14 576	834	1 641
2009	2 159	38 051	1 703	35 624	28 337	870	1 706
2010	2 411	39 593	1 516	35 501	27 274	649	1 811
2011	2 628	44 388	1 743	38 655	30 382	882	2 306
2012	2 874	41 241	1 882	46 605	118 232	957	2 680
2013	3 070	40 198	1 847	49 206	108 478	771	3 056
2014	3 215	40 171	1 922	44 245	121 964	1 017	3 261
2015	3 333	39 892	2 061	56 058	128 765	981	3 383
2016	3 441	40 499	2 178	65 066	143 118	937	3 633

首先，测算云南省农业技术市场合同成交额的滞后期。根据原始数据（表3-44），能够得到2000—2011年云南省农业科技投入与滞后0~5期农业技术市场合同成交额的复相关系数R，结果见表3-45。

表 3 - 45　云南省 2000—2011 年滞后 0～5 期农业技术市场合同成交额与
当期农业科技投入的复相关系数 R

年份	lag0	lag1	lag2	lag3	lag4	lag5
2000	0.794 306	0.940 068	0.998 461	0.996 409	0.948 454	0.981 396
2001	0.947 611	0.944 248	0.996 897	0.994 041	0.795 737	0.954 935
2002	0.999 715	0.985 705	0.871 778	0.806 476	0.999 232	0.765 518
2003	0.999 999	0.999 75	0.995 934	0.873 945	0.933 979	0.947 794
2004	0.982 034	0.942 751	0.855 052	0.986 377	0.923 057	0.999 777
2005	0.947 017	0.864 629	0.889 559	0.988 54	0.916 749	0.998 489
2006	0.795 808	0.998 531	0.952 063	0.995 457	0.892 069	0.990 542
2007	0.997 61	0.997 348	0.939 924	0.991 355	0.869 504	—
2008	0.964 111	0.996 783	0.992 284	0.998 621		
2009	0.975 894	0.993 676	0.977 226	—	—	—
2010	0.955 381	0.999 109	—	—	—	—
2011	0.988 256	—				

　　然后，对计算得出的云南省 2000—2011 年滞后 0～5 期农业技术市场合同成交额与当期农业科技投入的复相关系数 R 进行配对样本 T 检验得出滞后期。首先对计算得出的复相关系数进行峰度和偏度检验，检验其是否符合 T 检验的条件。结果表明其不为正态分布，对其进行 Fisher 转换，使其服从正态分布，然后对其进行配对样本 T 检验，Fisher 转换结果见表 3 - 46。

表 3 - 46　云南省农业技术市场合同成交额复相关系数 Fisher 转换结果

年份	lag0	lag1	lag2	lag3	lag4	lag5
2000	1.082 992	1.738 634	3.584 500	3.160 337	1.816 158	2.334 090
2001	1.807 831	1.775 859	3.233 490	2.906 508	1.086 881	1.885 003
2002	4.428 013	2.466 910	1.340 440	1.116 866	3.932 242	1.009 410
2003	7.254 329	4.493 536	3.098 104	1.349 541	1.688 681	1.809 628
2004	2.351 699	1.762 225	1.274 646	2.491 154	1.609 303	4.550 687
2005	1.802 041	1.311 399	1.419 809	2.578 147	1.568 263	3.593 687
2006	1.087 075	3.607 793	1.853 377	3.042 520	1.431 967	2.674 651
2007	3.364 207	3.312 131	1.737 397	2.719 795	1.331 043	—
2008	2.001 182	3.215 422	2.776 870	3.639 427	—	—
2009	2.203 158	2.876 692	2.231 915	—	—	—
2010	1.890 090	3.857 934	—	—	—	—
2011	2.565 835	—				

对云南省 2000—2011 年滞后 0～5 期农业技术市场合同成交额与当期农业科技投入指标的复相关系数 R 进行 Fisher 转换后的结果进行配对样本 T 检验，可以得出滞后期。结果见表 3-47。

表 3-47　云南省农业技术市场合同成交额与当期投入的
复相关系数 R 的配对样本 T 检验

配对组	滞后值之差	均值	单侧检验
Pair1	Lag0—lag1	−0.104 17	41.50%
Pair2	Lag1—lag2	0.401 01	16.40%
Pair3	Lag2—lag3	−0.298 41	20.55%
Pair4	Lag3—lag4	0.612 54	14.80%
Pair5	Lag4—lag5	−0.674 81	18.60%

由表 3-47 的结果可以得到，在显著性水平为 15% 的条件下拒绝原假设，认为云南省滞后 3 期的农业技术市场合同成交额与当期农业科技投入的复相关系数与滞后 4 期的发表农业技术市场合同成交额与当期农业科技投入的复相关系数有显著差异。因此，可以得出结论：云南省农业技术市场合同成交额与当期农业科技投入的滞后期为 3。

然后，测算云南省农林牧渔总产值的滞后期。根据云南省原始数据（表 3-44），能够得到 2000—2011 年云南省农业科技投入与滞后 0～5 期农林牧渔总产值的复相关系数 R，结果见表 3-48。

表 3-48　云南省 2000—2011 年滞后 0～5 期农林牧渔总产值与
当期农业科技投入的复相关系数 R

年份	lag0	lag1	lag2	lag3	lag4	lag5
2000	0.997 474	0.998 158	0.998 576	0.999 178	0.999 984	0.997 428
2001	0.997 629	0.997 684	0.999 484	0.999 34	0.999 996	0.999 389
2002	0.999 222	0.999 851	0.990 326	0.977 088	0.988 47	0.990 146
2003	0.999 974	0.989 139	0.999 429	0.975 575	0.999 486	0.990 721
2004	0.999 797	0.987 227	0.979 473	0.994 803	0.997 771	0.997 064
2005	0.987 788	0.984 388	0.999 442	0.992 199	0.992 561	0.986 463
2006	0.995 846	0.989 611	0.999 146	0.992 104	0.993 825	0.987 558
2007	0.995 468	0.993 16	0.999 512	0.992 589	0.988 261	—
2008	0.997 698	0.998 999	0.999 018	0.999 517	—	—
2009	0.997 212	0.998 781	0.998 85	—	—	—
2010	0.998 385	0.999 531	—	—	—	—
2011	0.998 668	—	—	—	—	—

然后，对得出的云南省 2000—2011 年滞后 0～5 期农林牧渔总产值与当期农业科技投入的复相关系数 R 进行配对样本 T 检验得出滞后期。对计算得出的复相关系数进行峰度和偏度检验，结果表明其不为正态分布，对其进行 Fisher 转换，使其服从正态分布，然后进行配对样本 T 检验，Fisher 转换结果见表 3-49。

表 3-49　云南省农林牧渔总产值复相关系数 Fisher 转换结果

年份	lag0	lag1	lag2	lag3	lag4	lag5
2000	3.336 501	3.494 565	3.623 360	3.898 253	5.868 031	3.327 466
2001	3.368 202	3.379 951	4.131 146	4.008 044	6.561 181	4.046 628
2002	3.925 771	4.752 318	2.663 306	2.228 860	2.575 084	2.654 043
2003	5.625 274	2.605 139	4.080 491	2.196 504	4.133 089	2.684 249
2004	4.597 675	2.523 581	2.284 422	2.975 110	3.399 117	3.261 193
2005	2.546 179	2.422 513	4.092 010	2.771 371	2.795 220	2.494 342
2006	3.087 376	2.627 473	3.879 150	2.765 295	2.888 651	2.536 792
2007	3.043 735	2.837 344	4.159 049	2.797 112	2.566 050	—
2008	3.382 986	3.799 701	3.809 288	4.164 200	—	—
2009	3.287 091	3.701 131	3.730 283	—	—	—
2010	3.560 380	4.178 910	—	—	—	—
2011	3.656 777	—	—	—	—	—

对云南省 2000—2011 年滞后 0～5 期农林牧渔总产值与当期农业科技投入指标的复相关系数 R 进行 Fisher 转换后的结果进行配对样本 T 检验，可以得出滞后期。结果见表 3-50。

表 3-50　云南省农林牧渔总产值与当期投入的复相关系数 R 的配对样本 T 检验

配对组	滞后值之差	均值	单侧检验
Pair1	Lag0－lag1	0.312 59	20.10%
Pair2	Lag1－lag2	−0.430 88	12.85%
Pair3	Lag2－lag3	0.546 39	5.40%
Pair4	Lag3－lag4	−0.893 23	2.60%
Pair5	Lag4－lag5	1.030 81	2.65%

由表 3-50 配对样本 T 检验结果可以得到，在显著性水平为 5% 的条件下拒绝原假设，认为云南省滞后 3 期的农林牧渔总产值与当期农业科技投入的复相关系数和滞后 4 期的农林牧渔总产值与当期农业科技投入的复相关系数有显

著差异。因此，可以得出结论：云南省农林牧渔总产值与当期农业科技投入的滞后期为3。

因此，根据代表省云南省的农业技术市场合同成交额与农林牧渔总产值滞后期测算结果，本研究假定贵州、四川、广西的农业技术市场合同成交额滞后期为3、农林牧渔总产值滞后期为3。

3.5.7　宁夏回族自治区农业科技间接产出滞后期测算

本节将七区的代表宁夏回族自治区的农业技术市场成交额以及农林牧渔总产值的滞后期进行测算。宁夏回族自治区的农业科技投入产出指标原始数据见表3-51。

表3-51　宁夏回族自治区原始数据

年份	农业机械总动力（万千瓦）	农业技术人员（人）	R&D人员（人）	R&D经费内部支出（万元）	技术市场合同成交额（万元）	发表科技论文（篇）	农林牧渔业总产值（亿元）
2000	38	7 070	285	1 792	1 687	79	78
2001	41	7 076	251	1 894	2 243	82	85
2002	45	7 105	222	1 577	2 083	86	92
2003	49	8 572	182	1 414	2 268	92	101
2004	53	9 935	195	1 651	2 998	87	126
2005	56	9 583	181	1 773	3 183	107	138
2006	59	10 861	161	2 279	1 092	102	148
2007	63	10 624	163	2 353	1 322	93	183
2008	66	9 819	140	1 914	1 679	76	227
2009	70	9 143	69	873	1 616	76	244
2010	73	9 155	83	1 014	1 806	61	306
2011	77	8 699	72	994	6 655	51	355
2012	81	8 576	88	1 430	4 793	53	385
2013	80	9 193	88	1 739	2 384	108	430
2014	81	8 627	99	2 231	5 151	88	445
2015	83	8 650	104	2 608	5 840	80	483
2016	58	8 462	103	2 957	6 313	95	494

首先，测算宁夏回族自治区农业技术市场合同成交额的滞后期。根据原始数据（表3-51），能够得到2000—2011年宁夏回族自治区农业科技投入与滞后0～5期农业技术市场合同成交额的复相关系数R，结果见表3-52。

表 3 - 52　宁夏回族自治区 2000—2011 年滞后 0～5 期农业技术市场合同
成交额与当期农业科技投入的复相关系数 R

年份	lag0	lag1	lag2	lag3	lag4	lag5
2000	0. 993 253	0. 889 222	0. 992 659	0. 941 904	0. 991 974	0. 831 8
2001	0. 922 11	0. 949 82	0. 991 48	0. 970 355	0. 891 468	0. 976 984
2002	0. 954 573	0. 746 384	0. 971 764	0. 989 951	0. 869 079	0. 999 914
2003	0. 947 081	0. 738 769	0. 962 615	0. 999 95	0. 901 677	0. 999 992
2004	0. 996 419	0. 989 659	0. 990 016	0. 870 463	0. 963 818	0. 990 718
2005	0. 998 477	0. 980 188	0. 988 568	0. 973 129	0. 943 492	0. 998 636
2006	0. 939 596	0. 983 264	0. 949 816	0. 999 702	0. 916 26	0. 882 103
2007	0. 808 306	0. 993 835	0. 802 351	0. 997 591	0. 964 038	—
2008	0. 846 384	0. 970 532	0. 757 253	0. 975 055		
2009	0. 942 076	0. 561 709	0. 786 898	—		
2010	0. 994 019	0. 998 273	—			
2011	0. 999 542	—				

　　然后，对计算得出的宁夏回族自治区 2000—2011 年滞后 0～5 期农业技术市场合同成交额与当期农业科技投入的复相关系数 R 进行配对样本 T 检验得出滞后期。首先对计算得出的复相关系数进行峰度和偏度检验，检验其是否符合 T 检验的条件。结果表明其不为正态分布，对其进行 Fisher 转换，使其服从正态分布，然后对其进行配对样本 T 检验，Fisher 转换结果见表 3 - 53。

表 3 - 53　宁夏回族自治区农业技术市场合同成交额复相关系数 Fisher 转换结果

年份	lag0	lag1	lag2	lag3	lag4	lag5
2000	2. 844 213	1. 418 196	2. 801 875	1. 754 664	2. 757 098	1. 193 950
2001	1. 602 941	1. 829 938	2. 727 109	2. 098 338	1. 429 032	2. 226 569
2002	1. 880 910	0. 964 741	2. 123 043	2. 644 196	1. 329 303	5. 027 134
2003	1. 802 662	0. 947 764	1. 980 382	5. 298 305	1. 481 117	6. 214 606
2004	3. 161 734	2. 629 801	2. 647 457	1. 334 987	1. 997 042	2. 684 087
2005	3. 589 729	2. 302 330	2. 579 377	2. 148 164	1. 768 930	3. 644 899
2006	1. 734 590	2. 387 469	1. 829 897	4. 405 708	1. 565 207	1. 385 167
2007	1. 122 123	2. 889 464	1. 105 177	3. 360 243	2. 000 148	—
2008	1. 243 264	2. 101 377	0. 989 744	2. 185 839	—	
2009	1. 756 190	0. 635 326	1. 063 233	—		
2010	2. 904 660	3. 526 826	—	—		
2011	4. 190 780	—	—			

对宁夏回族自治区 2000—2011 年滞后 0~5 期农业技术市场合同成交额与当期农业科技投入指标的复相关系数 R 进行 Fisher 转换后的结果进行配对样本 T 检验，可以得出滞后期。结果见表 3-54。

表 3-54　宁夏回族自治区农业技术市场合同成交额与当期投入的复相关系数 R 的配对样本 T 检验

配对组	滞后值之差	均值	单侧检验
Pair1	Lag0－lag1	0.182 71	28.95%
Pair2	Lag1－lag2	−0.174 09	30.55%
Pair3	Lag2－lag3	−0.716 26	12.15%
Pair4	Lag3－lag4	1.089 59	5.10%
Pair5	Lag4－lag5	−1.435 53	6.65%

由表 3-54 的结果可以得到，在显著性水平为 10% 的条件下拒绝原假设，认为宁夏回族自治区滞后 3 期的农业技术市场合同成交额与当期农业科技投入的复相关系数和滞后 4 期的发表农业技术市场合同成交额与当期农业科技投入的复相关系数有显著差异。因此，可以得出结论：宁夏回族自治区农业技术市场合同成交额与当期农业科技投入的滞后期为 3。

然后，测算宁夏回族自治区农林牧渔总产值的滞后期。根据宁夏回族自治区原始数据（表 3-51），能够得到 2000—2011 年宁夏回族自治区农业科技投入与滞后 0~5 期农林牧渔总产值的复相关系数 R，结果见表 3-55。

表 3-55　宁夏回族自治区 2000—2011 年滞后 0~5 期农林牧渔总产值与当期农业科技投入的复相关系数 R

年份	lag0	lag1	lag2	lag3	lag4	lag5
2000	0.999 953	0.996 717	0.991 215	0.997 998	0.999 329	0.982 708
2001	0.999 427	0.999 904	0.999 166	0.996 338	0.999 906	0.998 792
2002	0.996 367	0.979 179	0.999 263	0.999 962	0.995 575	0.997 622
2003	0.997 103	0.982 505	0.999 952	0.999 959	0.994 968	0.997 790
2004	0.994 820	0.998 988	0.994 349	0.999 874	0.999 761	0.998 241
2005	0.995 198	0.999 856	0.994 138	0.999 984	0.999 627	0.995 283
2006	0.994 711	0.999 973	0.996 229	0.994 884	0.996 704	0.999 931
2007	0.997 860	0.999 668	0.999 325	0.997 123	0.998 130	—
2008	0.993 676	0.999 803	0.994 695	0.999 453		
2009	0.986 002	0.995 363	0.988 056	—		
2010	0.999 607	0.991 642	—			
2011	0.999 205	—				

然后，对得出的宁夏回族自治区 2000—2011 年滞后 0～5 期农林牧渔总产值与当期农业科技投入的复相关系数 R 进行配对样本 T 检验得出滞后期。对计算得出的复相关系数进行峰度和偏度检验，结果表明其不为正态分布，对其进行 Fisher 转换，使其服从正态分布，然后进行配对样本 T 检验，转换结果见表 3-56。

表 3-56 宁夏回族自治区农林牧渔总产值复相关系数 Fisher 转换结果

年份	lag0	lag1	lag2	lag3	lag4	lag5
2000	5.329 243	3.205 251	2.711 727	3.452 877	3.999 777	2.370 987
2001	4.078 743	4.972 131	3.891 004	3.150 530	4.982 658	3.705 666
2002	3.154 513	2.277 238	3.952 851	5.435 526	3.055 709	3.366 726
2003	3.267 889	2.365 101	5.318 716	5.397 533	2.991 283	3.403 402
2004	2.976 752	3.794 234	2.933 120	4.836 156	4.516 037	3.517 639
2005	3.014 733	4.769 386	2.914 738	5.868 031	4.293 446	3.023 684
2006	2.966 313	5.606 404	3.135 837	2.982 984	3.203 272	5.137 258
2007	3.419 513	4.351 678	3.996 804	3.271 357	3.487 014	—
2008	2.876 692	4.612 678	2.964 798	4.101 968	—	
2009	2.477 482	3.032 257	2.557 342	—		
2010	4.267 326	2.736 748	—			
2011	3.914 959					

对宁夏回族自治区 2000—2011 年滞后 0～5 期农林牧渔总产值与当期农业科技投入指标的复相关系数 R 进行 Fisher 转换后的结果进行配对样本 T 检验，可以得出滞后期。结果见表 3-57。

表 3-57 宁夏回族自治区农林牧渔总产值与当期投入的复相
关系数 R 的配对样本 T 检验

配对组	滞后值之差	均值	单侧检验
Pair1	Lag0—lag1	−0.353 99	22.75%
Pair2	Lag1—lag2	0.460 94	19.85%
Pair3	Lag2—lag3	−0.741 93	5.65%
Pair4	Lag3—lag4	0.483 22	19.75%
Pair5	Lag4—lag5	0.359 55	24.45%

由表 3-57 配对样本 T 检验结果可以得到，在显著性水平为 10% 的条件下拒绝原假设，认为宁夏回族自治区滞后 2 期的农林牧渔总产值与当期农业科

技投入的复相关系数与滞后 3 期的农林牧渔总产值与当期农业科技投入的复相关系数有显著差异。因此，可以得出结论：宁夏回族自治区农林牧渔总产值与当期农业科技投入的滞后期为 2。

因此，根据代表省宁夏回族自治区的农业技术市场合同成交额与农林牧渔总产值滞后期测算结果，本研究假定贵甘肃、青海、新疆、海南、内蒙古的农业技术市场合同成交额滞后期为 3、农林牧渔总产值滞后期为 2。

3.6 本章小结

本章对本文的研究模型——DEA 模型进行了主要的介绍，并构建了农业科技投入产出 DEA 效率评价指标体系。然后把 29 个省区市划分为七个区域，确定每个区域的代表省市。最后对代表省市的农业科技产出进行滞后期测算，确定各省区市的滞后期，为下文三个视角下农业科技投入 DEA 效率测算提供必要条件。

4 农业科技产出实际值测算

4.1 农业科技产出实际值测算方法

农业科技投入并不单单对滞后影响最大的那期产出有影响，对滞后期之前的产出也有一定影响，因此，我们需要研究的是在确定滞后期之后，确定投入对滞后期及之前历年产出的影响程度。我们把这种影响程度叫作滞后影响系数，用 α_i 表示，且 $\sum \alpha_i = 1$。由此，我们可以推理得出一般性的结论：滞后期为 i，农业科技投入所产生的实际产出为 $\sum \alpha_i O_i$。

考虑到本文所用到测量农业科技投入产出的效率值模型为 DEA 模型，为了与 DEA 模型保持兼容，本文尝试用以下步骤确定滞后影响系数：首先，利用 BC^2 模型测算出各决策单元在单个投入指标和产出指标所组成的指标体系下的当期技术效率值，然后用本期投入指标，滞后一期产出指标，计算出效率值，依次递推，直到最后的滞后期。然后以滞后 i 期的效率值为数据集利用熵权法计算权重，所计算出来的权重为滞后影响系数。并以此循环，直到计算出所有产出对于科技投入滞后期的滞后影响系数。

熵权法是根据各指标的变异程度，利用信息熵计算各指标的熵权，是能深刻反映出指标的区分能力的一种客观赋权方法。相对于主观赋权，熵权法具有较高的可信度和精确度。

设有 m 个评价对象，n 个评价指标，原始评价对象的指标值可以用矩阵 $X = (x_{ij})_{mn}$ 来表示。具体计算步骤如下：

（1）对指标进行标准化处理。计算公式为：

正向指标：$x'_{ij} = \dfrac{x_{ij} - \min(x_{ij})}{\max(x_{ij}) - \min(x_{ij})}$

逆向指标：$x'_{ij} = \dfrac{\max(x_{ij}) - x_{ij}}{\max(x_{ij}) - \min(x_{ij})}$

进而得到标准化矩阵 $X = (x'_{ij})_{mn}$，为方便起见，标准化后的数据仍记为 $X = (x_{ij})_{mn}$。

（2）计算第 j 项指标下第 i 个评价对象的指标值的比重 p_{ij}、第 j 项指标的熵值 e_j 与信息冗余程度 d_j：

$$p_{ij} = \frac{x_{ij}}{\sum_{i=1}^{m} x_{ij}}$$

$$e_j = -k \sum_{i=1}^{m} p_{ij} \ln(p_{ij})$$

$$d_j = 1 - e_j$$

其中，$k = \frac{1}{\ln(m)} \geqslant 0$；若 $p_{ij} = 0$，则定义 $\lim_{p_{ij} \to 0} p_{ij} \ln(p_{ij}) = 0$。

（3）确定各单个指标权重 w_j：

$$w_j = \frac{d_j}{\sum_{i=1}^{n} d_j}$$

当确定了农业科技投入与产出的滞后期以及滞后影响系数之后，就可以计算出各期农业科技投入所得到的实际产出。当然，根据现有数据，至多能够得到第 $m-i$ 年的实际产出。将原来投入相对的产出值替换为实际的产出值，便可得到改进的 DEA 模型。设对于第 t 期的投入的滞后期为 L，实际产出为 $\hat{Y}$，则引入非阿基米德无穷小量 ε 与松弛变量 s^-、s^+ 的对偶 BC^2 优化模型表示为：

$$(D_\varepsilon^l)\begin{cases} \min[\theta - \varepsilon(\hat{e}^T s^- + e^T s^+)], \\ \sum_{j=1}^{n} X_j(t)\lambda_j + s^- = \theta X_0(t), \\ \sum_{j=1}^{n} \hat{Y}_j(t+L)\lambda_j - s^+ = \hat{Y}_0(t+L), \\ \sum_{j=1}^{n} \lambda_j = 1, \\ s^- \geqslant 0, s^+ \geqslant 0, \lambda_j \geqslant 0, j = 1, 2, \cdots, n. \end{cases}$$

其中：$\hat{e}^T = (1, 1, \cdots, 1) \in E^m$，$e^T = (1, 1, \cdots, 1) \in E^s$。

根据改进后的 DEA 模型，便可计算得出农业科技投入相对于产出的实际效率值，可对各决策单元进行更加准确的评价，对科技投入及产出做出更符合现状的调整，在一定程度上得出更真实与有价值的结论。

4.2　各省区市滞后影响系数测算

滞后影响系数的测算对于各省区市的农业科技产出实际值的测算具有关键作用，更直接影响了下文中对各省区市农业科技投入 DEA 效率的测算，因此，滞后影响系数测算是整个研究中的重要环节。根据上文农业科技产出实际值的测算步骤，可以分别测算得出七大分区中各农业科技产出的滞后影响系数。

根据原始数据以及上文测算得出各省区市农业科技产出的滞后期，可得出各省区市的滞后影响系数。下文将重点列出代表省市各农业科技产出的滞后影响系数，其余省区市在附录中展示。

表 4-1 黑龙江省农业科技产出滞后影响系数

年份	发表科技论文		技术市场合同成交额		农林牧渔总产值		
	α_0	α_1	α_0	α_1	α_0	α_1	α_2
2000	0.583 1	0.416 9	0.473 3	0.526 7	0.334 7	0.333 6	0.331 7
2001	0.380 0	0.620 0	0.509 5	0.490 5	0.332 6	0.332 8	0.334 6
2002	0.500 0	0.500 0	0.505 7	0.494 3	0.326 8	0.331 4	0.341 8
2003	0.500 0	0.500 0	0.509 7	0.490 3	0.322 1	0.337 4	0.340 5
2004	0.516 0	0.484 0	0.509 6	0.490 4	0.331 4	0.337 1	0.331 6
2005	0.517 2	0.482 8	0.505 2	0.494 8	0.330 3	0.328 4	0.341 3
2006	0.451 0	0.549 0	0.531 4	0.468 6	0.318 5	0.332 7	0.348 9
2007	0.438 3	0.561 7	0.487 6	0.512 4	0.320 4	0.344 2	0.335 4
2008	0.485 1	0.514 9	0.486 8	0.513 2	0.333 8	0.331 7	0.334 6
2009	0.528 2	0.471 8	0.501 7	0.498 3	0.318 3	0.325 8	0.355 9
2010	0.468 5	0.531 5	0.475 3	0.524 7	0.306 9	0.336 5	0.356 6
2011	0.468 9	0.531 1	0.387 4	0.612 6	0.333 3	0.333 3	0.333 3
2012	0.468 9	0.531 1	0.453 5	0.546 5	0.320 9	0.339 7	0.339 4
2013	0.472 8	0.527 2	0.448 4	0.551 6	0.337 8	0.335 0	0.327 2
2014	0.527 4	0.472 6	0.489 5	0.510 5	0.344 1	0.332 1	0.323 8
2015	0.488 4	0.511 6	0.500 0	0.500 0	—	—	—

表 4-2 重庆市农业科技产出滞后影响系数

年份	发表科技论文		技术市场合同成交额			农林牧渔总产值		
	α_0	α_1	α_0	α_1	α_2	α_0	α_1	α_2
2000	0.500 0	0.500 0	0.331 0	0.312 2	0.356 8	0.331 8	0.333 4	0.334 8
2001	0.507 3	0.492 7	0.289 1	0.328 0	0.382 9	0.331 4	0.333 9	0.334 8
2002	0.515 9	0.484 1	0.296 7	0.339 1	0.364 2	0.327 8	0.328 3	0.343 9
2003	0.476 6	0.523 4	0.352 4	0.376 8	0.270 8	0.322 6	0.338 2	0.339 2
2004	0.500 0	0.500 0	0.401 4	0.286 8	0.311 8	0.339 6	0.341 1	0.319 3
2005	0.577 3	0.422 7	0.331 3	0.346 7	0.322 0	0.340 8	0.322 1	0.337 1
2006	0.500 0	0.500 0	0.322 5	0.313 3	0.364 2	0.318 9	0.334 9	0.346 2

（续）

年份	发表科技论文		技术市场合同成交额			农林牧渔总产值		
	α_0	α_1	α_0	α_1	α_2	α_0	α_1	α_2
2007	0.504 1	0.495 9	0.317 5	0.368 3	0.314 2	0.322 8	0.341 3	0.335 9
2008	0.545 4	0.454 6	0.341 1	0.301 1	0.357 7	0.332 9	0.330 1	0.337 0
2009	0.507 0	0.493 0	0.282 4	0.401 2	0.316 4	0.320 7	0.327 4	0.351 9
2010	0.510 8	0.489 2	0.343 1	0.351 1	0.305 8	0.312 8	0.342 1	0.345 1
2011	0.507 5	0.492 5	0.328 6	0.316 9	0.354 5	0.322 9	0.334 8	0.342 3
2012	0.492 9	0.507 1	0.278 2	0.306 0	0.415 8	0.319 0	0.333 7	0.347 3
2013	0.566 1	0.433 9	0.312 1	0.413 0	0.274 9	0.330 5	0.327 5	0.342 0
2014	0.500 0	0.500 0	0.368 3	0.263 3	0.368 3	0.333 3	0.333 3	0.333 3
2015	0.442 1	0.557 9	—	—	—	—	—	—

表 4-3 广东省农业科技产出滞后影响系数

年份	发表科技论文		技术市场合同成交额			农林牧渔总产值	
	α_0	α_1	α_0	α_1	α_2	α_0	α_1
2000	0.614 4	0.385 6	0.331 3	0.334 1	0.334 6	0.506 2	0.493 8
2001	0.509 4	0.490 6	0.335 3	0.333 6	0.331 1	0.504 1	0.495 9
2002	0.545 9	0.454 1	0.330 4	0.327 4	0.342 2	0.498 2	0.501 8
2003	0.507 9	0.492 1	0.349 4	0.317 7	0.332 9	0.481 9	0.518 1
2004	0.475 1	0.524 9	0.317 4	0.361 7	0.320 9	0.472 5	0.527 5
2005	0.524 1	0.475 9	0.380 9	0.311 2	0.308 0	0.501 1	0.498 9
2006	0.474 8	0.525 2	0.323 4	0.316 4	0.360 2	0.483 3	0.516 7
2007	0.491 5	0.508 5	0.328 8	0.344 2	0.327 0	0.461 6	0.538 4
2008	0.500 0	0.500 0	0.375 9	0.306 4	0.317 7	0.515 5	0.484 5
2009	0.505 1	0.494 9	0.326 1	0.332 8	0.341 2	0.473 6	0.526 4
2010	0.559 4	0.440 6	0.328 3	0.323 4	0.348 3	0.463 1	0.536 9
2011	0.506 4	0.493 6	0.306 5	0.322 6	0.370 9	0.500 0	0.500 0
2012	0.463 3	0.536 7	0.332 0	0.373 5	0.294 4	0.499 3	0.500 7
2013	0.502 5	0.497 5	0.364 1	0.271 7	0.364 1	0.497 8	0.502 2
2014	0.505 8	0.494 2	0.290 8	0.354 6	0.354 6	0.500 0	0.500 0
2015	0.514 7	0.485 3	—	—	—	0.476 3	0.523 7

表 4-4　河南省农业科技产出滞后影响系数

年份	发表科技论文		技术市场合同成交额		农林牧渔总产值			
	α_0	α_1	α_0	α_1	α_0	α_1	α_2	α_3
2000	0.500 0	0.500 0	0.500 0	0.500 0	0.254 9	0.254 9	0.254 9	0.235 3
2001	0.507 8	0.492 2	0.500 0	0.500 0	0.255 9	0.248 3	0.236 4	0.259 4
2002	0.537 5	0.462 5	0.505 8	0.494 2	0.244 3	0.233 4	0.261 1	0.261 1
2003	0.403 1	0.596 9	0.505 8	0.494 2	0.233 6	0.260 1	0.260 1	0.246 2
2004	0.449 9	0.550 1	0.510 0	0.490 0	0.257 6	0.258 9	0.237 7	0.245 9
2005	0.510 2	0.489 8	0.508 5	0.491 5	0.257 9	0.243 8	0.240 3	0.257 9
2006	0.502 9	0.497 1	0.607 8	0.392 2	0.247 7	0.250 8	0.250 8	0.250 8
2007	0.465 5	0.534 5	0.393 0	0.607 0	0.239 9	0.257 7	0.244 1	0.258 3
2008	0.493 4	0.506 6	0.500 0	0.500 0	0.251 3	0.246 1	0.251 3	0.251 3
2009	0.500 0	0.500 0	0.582 4	0.417 6	0.243 0	0.252 3	0.252 3	0.252 3
2010	0.500 0	0.500 0	0.633 6	0.366 4	0.250 0	0.250 0	0.250 0	0.250 0
2011	0.507 0	0.493 0	0.414 6	0.585 4	0.250 0	0.250 0	0.250 0	0.250 0
2012	0.470 3	0.529 7	0.410 0	0.590 0	0.249 9	0.250 0	0.250 0	0.250 0
2013	0.499 6	0.500 4	0.579 4	0.420 6	0.248 9	0.252 7	0.250 4	0.248 0
2014	0.505 2	0.494 8	0.549 9	0.450 1	—	—	—	—
2015	0.514 2	0.485 8	0.460 6	0.539 4	—	—	—	—

表 4-5　湖北省农业科技产出滞后影响系数

年份	发表科技论文		技术市场合同成交额			农林牧渔总产值			
	α_0	α_1	α_0	α_1	α_2	α_0	α_1	α_2	α_3
2000	0.500 0	0.500 0	0.340 3	0.328 1	0.331 7	0.245 2	0.251 0	0.250 1	0.253 6
2001	0.500 0	0.500 0	0.336 8	0.334 8	0.328 4	0.239 8	0.244 6	0.249 3	0.266 3
2002	0.498 5	0.501 5	0.343 8	0.331 6	0.324 5	0.234 3	0.243 6	0.261 6	0.260 5
2003	0.477 7	0.522 3	0.340 7	0.327 9	0.331 3	0.233 4	0.255 8	0.256 5	0.254 3
2004	0.500 0	0.500 0	0.329 8	0.327 6	0.342 6	0.237 6	0.247 6	0.247 2	0.267 6
2005	0.501 1	0.498 9	0.329 8	0.338 9	0.331 2	0.229 3	0.235 8	0.253 3	0.281 6
2006	0.466 8	0.533 2	0.345 9	0.332 4	0.321 7	0.222 7	0.243 0	0.270 4	0.263 9
2007	0.479 2	0.520 8	0.345 5	0.328 4	0.326 1	0.225 5	0.255 4	0.252 1	0.267 1
2008	0.500 0	0.500 0	0.340 1	0.332 0	0.327 9	0.230 4	0.238 6	0.253 9	0.277 2
2009	0.513 1	0.486 9	0.341 4	0.336 5	0.322 1	0.224 6	0.239 7	0.263 1	0.272 5
2010	0.479 6	0.520 4	0.346 0	0.334 4	0.319 6	0.233 9	0.249 4	0.258 3	0.258 3

（续）

年份	发表科技论文		技术市场合同成交额				农林牧渔总产值			
	α_0	α_1	α_0	α_1	α_2	α_3	α_0	α_1	α_2	α_3
2011	0.503 3	0.496 7	0.334 5	0.320 8	0.344 7		0.241 9	0.245 9	0.256 1	0.256 1
2012	0.487 4	0.512 6	0.303 4	0.318 9	0.377 7		0.247 4	0.246 7	0.252 8	0.253 1
2013	0.487 6	0.512 4	0.287 5	0.323 9	0.388 6		0.246 8	0.247 3	0.249 6	0.256 2
2014	0.472 6	0.527 4	0.289 6	0.341 9	0.368 5		—	—	—	—
2015	0.527 8	0.472 2	—	—	—		—	—	—	—

表 4-6 云南省农业科技产出滞后影响系数

年份	发表科技论文		技术市场合同成交额				农林牧渔总产值			
	α_0	α_1	α_0	α_1	α_2	α_3	α_0	α_1	α_2	α_3
2000	0.500 0	0.500 0	0.235 5	0.262 5	0.239 5	0.262 5	0.250 8	0.250 3	0.249 5	0.249 3
2001	0.503 0	0.497 0	0.269 0	0.215 0	0.269 0	0.247 0	0.248 7	0.248 7	0.249 1	0.253 6
2002	0.500 8	0.499 2	0.237 2	0.256 5	0.275 6	0.230 6	0.245 7	0.247 2	0.253 0	0.254 1
2003	0.483 1	0.516 9	0.274 2	0.259 1	0.240 9	0.225 8	0.243 2	0.249 8	0.252 2	0.254 9
2004	0.468 1	0.531 9	0.277 6	0.245 6	0.238 7	0.238 1	0.243 4	0.247 0	0.251 5	0.258 0
2005	0.434 6	0.565 4	0.250 8	0.246 3	0.242 6	0.260 4	0.238 4	0.245 4	0.254 4	0.261 8
2006	0.472 4	0.527 6	0.247 7	0.245 9	0.260 6	0.245 8	0.237 5	0.249 4	0.259 6	0.253 5
2007	0.468 5	0.531 5	0.244 7	0.264 2	0.244 4	0.246 7	0.242 3	0.256 0	0.252 5	0.249 2
2008	0.483 2	0.516 8	0.263 7	0.245 9	0.245 3	0.245 2	0.244 2	0.245 0	0.244 4	0.266 4
2009	0.580 9	0.419 1	0.229 1	0.230 9	0.229 9	0.310 0	0.234 0	0.235 5	0.259 5	0.271 0
2010	0.431 6	0.568 4	0.213 8	0.213 5	0.288 3	0.284 4	0.223 4	0.248 5	0.261 2	0.266 9
2011	0.493 8	0.506 2	0.204 4	0.275 9	0.247 2	0.272 5	0.234 6	0.251 3	0.258 9	0.255 2
2012	0.573 9	0.426 1	0.264 3	0.238 7	0.247 9	0.249 1	0.239 7	0.253 6	0.255 4	0.251 3
2013	0.422 4	0.577 6	0.243 0	0.250 9	0.246 6	0.259 4	0.248 1	0.252 2	0.247 5	0.252 2
2014	0.500 0	0.500 0	—	—	—	—	—	—	—	—
2015	0.515 8	0.484 2	—	—	—	—	—	—	—	—

表 4-7 宁夏回族自治区农业科技产出滞后影响系数

年份	发表科技论文		技术市场合同成交额				农林牧渔总产值		
	α_0	α_1	α_0	α_1	α_2	α_3	α_0	α_1	α_2
2000	0.500 0	0.500 0	0.239 2	0.258 6	0.250 3	0.251 9	0.339 2	0.330 1	0.330 6
2001	0.500 0	0.500 0	0.241 3	0.244 9	0.247 4	0.266 3	0.338 6	0.330 3	0.331 1

（续）

年份	发表科技论文		技术市场合同成交额				农林牧渔总产值		
	α_0	α_1	α_0	α_1	α_2	α_3	α_0	α_1	α_2
2002	0.500 0	0.500 0	0.236 1	0.242 6	0.260 6	0.260 6	0.333 9	0.330 7	0.335 4
2003	0.524 5	0.475 5	0.238 9	0.258 2	0.259 9	0.242 9	0.331 5	0.332 9	0.335 6
2004	0.449 1	0.550 9	0.250 4	0.259 8	0.246 5	0.243 3	0.330 9	0.333 6	0.335 5
2005	0.513 4	0.486 6	0.255 5	0.251 9	0.248 1	0.244 6	0.327 3	0.330 4	0.342 3
2006	0.522 3	0.477 7	0.257 8	0.249 4	0.245 6	0.247 2	0.318 3	0.330 1	0.351 6
2007	0.549 5	0.450 5	0.255 5	0.247 5	0.249 0	0.248 0	0.313 6	0.339 8	0.346 7
2008	0.496 3	0.503 7	0.230 8	0.230 5	0.229 3	0.309 3	0.312 6	0.325 9	0.361 6
2009	0.527 4	0.472 6	0.213 7	0.211 6	0.287 3	0.287 3	0.306 9	0.341 1	0.352 0
2010	0.530 9	0.469 1	0.223 9	0.301 7	0.250 1	0.224 2	0.321 9	0.342 7	0.335 4
2011	0.480 5	0.519 5	0.276 0	0.245 2	0.202 8	0.276 0	0.333 3	0.333 3	0.333 3
2012	0.348 6	0.651 4	0.241 7	0.212 7	0.256 0	0.289 5	0.333 4	0.334 3	0.332 2
2013	0.565 4	0.434 6	0.209 9	0.244 0	0.260 5	0.285 5	0.333 3	0.333 3	0.333 3
2014	0.549 1	0.450 9	—	—	—	—	0.330 3	0.334 8	0.334 8
2015	0.468 0	0.532 0	—	—	—	—			

根据求出的各省区市的滞后影响系数，可以求出各省区市农业科技产出的实际值。本文以宁夏回族自治区的直接产出——发表科技论文篇数为例，可得出其 2000—2015 年的实际产出值为：$0.500\ 0\ （论）_{2000}+0.500\ 0\ （论）_{2001}$；$0.500\ 0\ （论）_{2001}+0.500\ 0\ （论）_{2002}$；$0.500\ 0\ （论）_{2002}+0.500\ 0\ （论）_{2003}$；$0.524\ 5\ （论）_{2003}+0.475\ 5\ （论）_{2004}$；$0.449\ 1\ （论）_{2004}+0.550\ 9\ （论）_{2005}$；$0.513\ 4\ （论）_{2005}+0.486\ 6\ （论）_{2006}$；$0.522\ 3\ （论）_{2006}+0.477\ 7\ （论）_{2007}$；$0.549\ 5\ （论）_{2007}+0.450\ 5\ （论）_{2008}$；$0.496\ 3\ （论）_{2008}+0.503\ 7\ （论）_{2009}$；$0.527\ 4\ （论）_{2009}+0.472\ 6\ （论）_{2010}$；$0.530\ 9\ （论）_{2010}+0.469\ 1\ （论）_{2011}$；$0.480\ 5\ （论）_{2011}+0.519\ 5\ （论）_{2012}$；$0.348\ 6\ （论）_{2012}+0.651\ 4\ （论）_{2013}$；$0.565\ 4\ （论）_{2013}+0.434\ 6\ （论）_{2014}$；$0.549\ 1\ （论）_{2014}+0.450\ 9\ （论）_{2015}$；$0.468\ 0\ （论）_{2015}+0.532\ 0\ （论）_{2016}$。

4.3　农业科技产出实际值测算

根据上一小节分别测算出的农业科技产出的滞后影响系数，可以得到消除滞后性的各省区市农业科技产出的实际值，下文将重点列出代表省市各农业科技产出的实际值，其余省区市将在附录中展示。具体见表 4-8、表 4-9、表 4-10、表 4-11。

表4-8 黑龙江省、重庆市农业科技产出实际值

年份	黑龙江省			重庆市		
	发表科技论文（篇）	技术市场合同成交额（万元）	农林牧渔业总产值（亿元）	发表科技论文（篇）	技术市场合同成交额（万元）	农林牧渔业总产值（亿元）
2000	446	26 571	704	158	72 489	435
2001	541	24 445	797	159	86 611	460
2002	651	26 304	942	159	104 906	522
2003	687	28 496	1 115	168	101 219	589
2004	677	31 743	1 274	178	93 286	618
2005	632	34 300	1 465	165	70 476	654
2006	668	57 963	1 750	155	79 450	726
2007	810	94 866	2 031	167	70 645	837
2008	938	117 019	2 304	163	84 656	936
2009	906	128 750	2 690	161	83 443	1 072
2010	867	144 956	3 272	174	85 656	1 236
2011	934	239 229	3 936	188	87 233	1 396
2012	999	309 777	4 504	200	123 810	1 506
2013	1 071	362 210	4 856	193	122 902	1 617
2014	1 047	408 914	5 043	189	141 157	1 767
2015	1 003	425 330	—	250	72 489	—

表4-9 广东省、河南省农业科技产出实际值

年份	广东省			河南省		
	发表科技论文（篇）	技术市场合同成交额（万元）	农林牧渔业总产值（亿元）	发表科技论文（篇）	技术市场合同成交额（万元）	农林牧渔业总产值（亿元）
2000	938	81 315	1 712	754	8 180	2 116
2001	802	88 148	1 751	706	8 972	2 370
2002	807	83 994	1 845	633	9 834	2 686
2003	810	95 318	2 036	706	10 786	2 969
2004	913	97 664	2 309	872	11 825	3 370
2005	959	114 571	2 492	908	13 103	3 807
2006	1 037	135 429	2 684	854	12 782	4 195
2007	1 163	148 235	3 078	877	15 781	4 804

（续）

年份	广东省			河南省		
	发表科技论文（篇）	技术市场合同成交额（万元）	农林牧渔业总产值（亿元）	发表科技论文（篇）	技术市场合同成交额（万元）	农林牧渔业总产值（亿元）
2008	1 279	173 334	3 317	919	20 399	5 376
2009	1 353	188 415	3 557	894	19 730	5 885
2010	1 278	239 993	4 093	859	14 381	6 457
2011	1 203	320 831	4 521	819	15 030	6 911
2012	1 362	349 239	4 802	800	24 735	7 267
2013	1 493	422 226	5 091	789	26 903	7 547
2014	1 512	453 456	5 377	741	23 506	—
2015	1 529	—	5 812	675	27 161	—

表 4-10　湖北省、云南省农业科技产出实际值

年份	湖北省			云南省		
	发表科技论文（篇）	技术市场合同成交额（万元）	农林牧渔业总产值（亿元）	发表科技论文（篇）	技术市场合同成交额（万元）	农林牧渔业总产值（亿元）
2000	1 231	96 414	1 212	714	69 499	730
2001	1 202	106 022	1 362	657	70 815	802
2002	1 195	117 927	1 515	605	61 863	895
2003	1 266	130 021	1 671	579	54 603	1 013
2004	1 270	126 945	1 912	592	43 680	1 168
2005	1 172	123 585	2 251	671	29 306	1 341
2006	1 154	132 406	2 551	744	24 088	1 499
2007	1 231	155 865	2 957	802	24 577	1 645
2008	1 258	179 668	3 457	853	24 950	1 876
2009	1 167	215 225	3 919	778	56 428	2 151
2010	1 129	293 377	4 436	781	77 260	2 493
2011	1 150	510 385	4 911	920	98 879	2 838
2012	1 157	827 485	5 272	878	119 453	3 101
2013	1 190	1 207 166	5 661	913	125 852	3 334
2014	1 258	1 498 245	—	999	—	—
2015	1 249	—	—	960	—	—

表 4-11　宁夏回族自治区农业科技产出实际值

年份	发表科技论文（篇）	技术市场合同成交额（万元）	农林牧渔业总产值（亿元）
2000	80	2 076	85
2001	84	2 411	93
2002	89	2 653	106
2003	90	2 409	121
2004	98	2 168	137
2005	104	1 827	157
2006	98	1 423	187
2007	85	1 604	219
2008	76	3 233	261
2009	69	4 017	304
2010	56	4 146	349
2011	52	4 917	390
2012	89	4 675	420
2013	99	5 081	453
2014	84	—	474
2015	88	—	—

用消除滞后性的农业科技产出数据对各省区市进行效率测算，能够得到精确的效率值，可对各决策单元进行更加准确的评价，对科技投入及产出做出更符合现状的建议。将各省区市的农业科技产出实际值测算出来以后，带入含有滞后因素的 DEA 模型中，便可以进行各省区市的农业科技投入 DEA 效率的测算。

4.4　含有滞后因素的 DEA 模型

在确定了农业科技产出相对于投入的滞后期以及滞后影响系数以及各期农业科技投入所产生的实际产出，将实际的产出值代替原来投入相对的产出值，便得到了改进的含有滞后因素的 DEA 模型。设第 t 期投入的滞后期为 L，实际产出为 $\hat{Y}$，则引入非阿基米德无穷小量 ε 与松弛变量 s^-、s^+ 的对偶 BCC 优化模型表示为：

$$(D_\varepsilon^I) \begin{cases} \min[\theta - \varepsilon(\hat{e}^T s^- + e^T s^+)], \\ \sum_{j=1}^n X_j(t)\lambda_j + s^- = \theta X_0(t), \\ \sum_{j=1}^n \hat{Y}_j(t+L)\lambda_j - s^+ = \hat{Y}_0(t+L), \\ \sum_{j=1}^n \lambda_j = 1, \\ s^- \geqslant 0, s^+ \geqslant 0, \lambda_j \geqslant 0, j = 1, 2, \cdots, n_\circ \end{cases}$$

其中：$\hat{e}^T = (1, 1, \cdots, 1) \in E^m$，$e^T = (1, 1, \cdots, 1) \in E^s$。

根据改进后的 DEA 模型，便可计算得出农业科技投入相对于产出的实际效率值，可对各决策单元进行更有效的评价，在一定程度上得出更真实与有价值的结论。

4.5 本章小结

本章首先对农业科技产出实际值测算方法进行了介绍，然后利用消除滞后性的农业科技产出数据，对各省区市的农业科技产出测算了滞后影响系数，利用滞后影响系数进行了农业科技产出实际值的测算，并列示了代表省市的农业科技产出实际值。最后提出了含有滞后因素的 DEA 模型，为下文农业科技 DEA 效率的测算提供了必要条件。

5 省级农业科技投入效率 DEA 评价

基于前面两部分滞后期以及实际产出的确定，各省区市农业科技投入 DEA 效率评价的基本条件已经成熟。考虑到研究一个时期的截面数据只能对其进行粗略的分析，对其发展趋势及发展速度无法进行深刻剖析。因此，本文将利用面板数据，对各省区市的农业科技投入 DEA 效率进行比较静态分析，力求对过去的农业科技投入有整体的认识。由于各综合技术效率的农业科技产出滞后期不同，且最长产出滞后期时间为 3，因此，只能计算出 2013 年考虑滞后期的农业科技产出实际值。本文拟利用各省区市农业数据，对我国各省区市 2007 年、2010 年、2013 年的农业科技水平进行效率分析、综合评估与比较静态分析，以便能够全面了解掌握我国各地区农业科技发展状况。

5.1 2007 年省级农业科技投入 DEA 效率评价

本部分分别基于农业科技投入的直接产出指标和间接推动产出指标维度、基于产出总量指标维度形成的三个视角对 2007 年农业科技投入进行 DEA 效率评价。原始数据见表 5-1。

表 5-1 2007 年 29 个省区市原始数据

省区市	农业机械总动力（万千瓦）	农业技术人员（人）	R&D人员（人）	R&D经费内部支出（万元）	发表科技论文（篇）	技术市场合同成交额（万元）	农林牧渔业总产值（亿元）
北京	301	4 898	4 401	227 820	1 022	194 059	297
天津	605	3 014	462	7 406	103	35 734	263
河北	9 143	24 371	2 372	54 622	493	36 608	3 416
山西	2 441	20 061	1 215	11 329	167	9 047	798
内蒙古	2 209	27 645	1 025	11 948	166	26 106	1 465
辽宁	2 087	26 747	3 499	68 941	844	178 823	2 446
吉林	1 678	25 639	2 976	47 910	856	48 099	1 591
黑龙江	2 785	32 285	2 668	37 584	810	94 866	2 031
上海	98	2 368	673	17 781	145	77 198	268

（续）

省区市	农业机械总动力（万千瓦）	农业技术人员（人）	R&D人员（人）	R&D经费内部支出（万元）	发表科技论文（篇）	技术市场合同成交额（万元）	农林牧渔业总产值（亿元）
江苏	3 392	28 309	3 107	90 078	685	106 944	3 342
浙江	2 332	18 852	906	21 330	259	44 483	1 692
安徽	4 535	19 707	2 801	64 798	609	85 147	2 526
福建	1 063	13 540	989	14 702	453	32 537	1 833
江西	2 506	20 558	1 784	21 263	328	21 832	1 694
山东	9 918	46 735	3 142	52 398	996	100 260	5 795
河南	8 719	27 417	4 026	17 698	877	15 781	3 880
湖北	2 551	18 757	5 087	122 285	1 231	155 865	2 957
湖南	3 684	30 595	2 457	28 812	573	125 433	3 257
广东	1 847	17 311	2 937	96 616	1 163	148 235	3 078
广西	2 127	23 337	2 285	32 214	800	7 304	2 390
重庆	860	15 794	869	10 210	167	70 645	837
四川	2 523	47 835	11 025	317 068	1 414	124 065	3 709
贵州	1 412	26 715	1 216	12 530	270	6 380	854
云南	1 862	38 277	2 561	51 554	802	24 577	1 645
陕西	1 605	26 874	6 490	154 610	570	63 986	1 330
甘肃	1 577	24 210	2 304	33 877	981	85 627	794
青海	349	8 372	147	1 929	69	12 188	144
宁夏	63	10 624	163	2 353	85	1 604	219
新疆	1 276	33 859	1 757	18 130	677	14 927	1 180

5.1.1 基于直接产出视角的评价

根据 2007 年 29 个省区市的农业科技数据，可测算出基于直接产出视角的农业科技投入 DEA 效率，具体结果见表 5-2。

表 5-2 　2007 年基于直接产出视角的农业科技投入 DEA 效率

省区市	综合技术效率	纯技术效率	规模效率	规模报酬
北京	1.000	1.000	1.000	不变
天津	0.723	1.000	0.723	递增
河北	0.482	0.498	0.970	递增
山西	0.387	0.459	0.845	递增

（续）

省区市	综合技术效率	纯技术效率	规模效率	规模报酬
内蒙古	0.386	0.396	0.974	递增
辽宁	0.657	0.664	0.990	递增
吉林	0.784	0.787	0.997	递减
黑龙江	0.706	0.717	0.985	递减
上海	1.000	1.000	1.000	不变
江苏	0.523	0.523	1.000	不变
浙江	0.612	0.615	0.995	递增
安徽	0.588	0.606	0.970	递增
福建	1.000	1.000	1.000	不变
江西	0.474	0.521	0.908	递增
山东	0.690	0.750	0.920	递减
河南	1.000	1.000	1.000	不变
湖北	0.932	1.000	0.932	递减
湖南	0.599	0.604	0.993	递减
广东	1.000	1.000	1.000	不变
广西	0.850	0.863	0.985	递增
重庆	0.470	0.578	0.812	递增
四川	0.501	1.000	0.501	递减
贵州	0.575	0.586	0.981	递增
云南	0.715	0.728	0.982	递减
陕西	0.367	0.384	0.957	递减
甘肃	1.000	1.000	1.000	不变
青海	0.975	1.000	0.975	递增
宁夏	1.000	1.000	1.000	不变
新疆	1.000	1.000	1.000	不变
均值	0.724	0.768	0.945	—

注：综合技术效率值等于 1 为 DEA 效率有效；综合技术效率值不等于 1，为非 DEA 效率有效。纯技术效率值、规模效率值等于 1，为有效；纯技术效率值、规模效率值不等于 1，为非有效，有效就是投入与产出的比例达到了最佳状态。本文设定以 0.6 为界限，高于 0.6，综合技术效率、纯技术效率、规模效率虽非有效但处于及格状态；低于 0.6，综合技术效率、纯技术效率、规模效率非有效且处于不及格状态。下文所有 DEA 效率的测算分析沿用此设定，不再赘述。

从综合技术效率来看，29 个省区市农业科技投入综合技术效率 DEA 有效的数量为 8 个，分别为：北京、上海、福建、河南、广东、甘肃、宁夏、新疆，占总数的 27.6％。其中，甘肃、宁夏、新疆三地的综合技术效率值为 1，相较于其他非 DEA 有效省区市，农业科技的直接投入产出具有效率优势，原因可能为，虽然其直接产出产量相对其他省区市较小，但因其投入也较少，投入与产出之间达到了效率的最大化。未达到 DEA 有效的省区市数量为 21 个，占总数的 72.4％。其中，在未达到 DEA 有效的省区市中综合技术效率值大于0.6 的省区市数量为 10 个，分别为天津、辽宁、吉林、黑龙江、浙江、山东、湖北、广西、云南、青海，占总数的 34.4％。剩下的省区市则为非 DEA 有效且综合技术效率值小于 0.6，占总数的 37.9％。因此，根据综合技术效率的分布情况来看，基于直接产出视角下 2007 年的农业科技的 DEA 效率发展情况虽不突出，但大部分是处于及格线以上的。且基于直接产出视角下 2007 年的农业科技的 29 个省区市的 DEA 综合技术效率均值为 0.724，大于 0.6，这说明 2007年我国各省区市的农业科技直接产出效率整体上处于非有效但及格的状态。

从纯技术效率上来看，2007 年 29 个省区市农业科技投入纯技术效率有效的数量为 12 个，分别为：北京、天津、上海、福建、河南、湖北、广东、四川、甘肃、青海、宁夏、新疆，占总数的 41.3％。未达到纯技术效率有效的省区市数量为 17 个，占总数的 58.6％，低于综合技术效率无效的 72.4％。其中，在未达到纯技术效率有效的省区市中纯技术效率值大于 0.6 的省区市数量为 9 个，分别为辽宁、吉林、黑龙江、浙江、安徽、山东、湖南、广西、云南，占总数的 31％，则纯技术效率值小于 0.6 的省区市数量为 8 个，占总数的 27.6％。根据纯技术效率值的分布情况，纯技术效率有效的数量多于综合技术效率，那么，在纯技术效率有效的数量下，而综合技术效率无效，根据计算综合技术效率的公式，其影响因素只能为规模效率的无效。

而从规模效率方面来看，2007 年 29 个省区市农业科技投入规模效率有效的数量为 9 个，分别为：北京、上海、江苏、福建、河南、广东、甘肃、宁夏、新疆，占总数的 31％。未达到规模效率有效的省区市数量为 20 个，占总数的 69％。其中，在未达到规模有效的省区市中规模效率值大于 0.6 的省区市数量为 19 个，占总数的 65.5％，只有四川省的规模效率值低于 0.6。且规模效率有效的均值为 0.945，大于综合技术效率与纯技术效率的均值，整体上的状况是优于纯技术效率的。虽然各省区市的规模效率普遍较高（除去四川），但是其规模效率有效的省区市少于纯技术效率的省区市，这就导致了综合技术效率有效数量的减少。因此，2007 年中国各省区市的农业科技直接产出整体上是合格的。

5.1.2 基于间接产出视角的评价

根据 2007 年 29 个省区市的农业科技数据，可测算出基于间接产出视角的农业科技投入 DEA 效率，具体结果见表 5－3。

表 5－3　2007 年基于间接产出视角的农业科技投入 DEA 效率

省区市	综合技术效率	纯技术效率	规模效率	规模报酬
北京	1.000	1.000	1.000	不变
天津	1.000	1.000	1.000	不变
河北	0.960	0.997	0.962	递减
山西	0.475	0.535	0.888	递增
内蒙古	0.924	0.929	0.995	递增
辽宁	0.705	1.000	0.705	递减
吉林	0.518	0.545	0.951	递减
黑龙江	0.618	0.692	0.893	递减
上海	1.000	1.000	1.000	不变
江苏	0.782	0.881	0.888	递减
浙江	1.000	1.000	1.000	不变
安徽	0.812	0.814	0.996	递增
福建	1.000	1.000	1.000	不变
江西	0.603	0.627	0.961	递增
山东	0.994	1.000	0.994	递减
河南	1.000	1.000	1.000	不变
湖北	0.896	1.000	0.896	递减
湖南	1.000	1.000	1.000	不变
广东	1.000	1.000	1.000	不变
广西	0.739	0.894	0.826	递减
重庆	1.000	1.000	1.000	不变
四川	0.641	1.000	0.641	递减
贵州	0.510	0.529	0.962	递增
云南	0.473	0.508	0.931	递减
陕西	0.387	0.470	0.822	递减
甘肃	0.484	0.559	0.865	递减
青海	1.000	1.000	1.000	不变
宁夏	1.000	1.000	1.000	不变
新疆	0.528	0.533	0.990	递增
均值	0.795	0.845	0.937	—

根据间接产出指标得出的 2007 年农业科技投入 DEA 效率结果来看，29个省区市农业科技投入效率 DEA 有效的数量为 11 个，分别为：北京、天津、上海、浙江、福建、河南、湖南、广东、重庆、青海、宁夏，占总数的37.9%。其中，青海、宁夏两省地处偏远地区，但其综合技术效率值为 1，意味着其地区的农业科技间接产出具有优势。未达到 DEA 有效的省区市数量为18 个，占总数的 62.1%。其中，在未达到 DEA 有效的省区市中综合技术效率值大于 0.6 的省区市数量为 11 个，占总数的 37.9%。剩下的省区市则为非DEA 有效且综合技术效率值小于 0.6，占总数的 24.1%。其中，吉林省综合技术效率小于 0.6，处于及格线以下，原因是农业技术市场成交额略低。根据表 5-3 的综合技术效率值一栏可以得到，基于间接产出指标的 2007 年的农业科技的 DEA 效率整体发展情况良好，且基于间接产出指标视角的 2007 年的农业科技的 29 个省区市的 DEA 综合技术效率均值为 0.795，高于 0.6，验证了 2007 年我国各省区市的农业科技直接产出效率整体上处于有效的状态。

从纯技术效率上来看，2007 年 29 个省区市农业科技投入纯技术效率有效的数量为 15 个，在综合技术效率有效的省区市基础上增加了辽宁、山东、湖北、四川，占总数的 51.7%，大于总数的 1/2。未达到纯技术效率有效的省区市数量为 14 个，占总数的 48.3%，其中在未达到纯技术效率有效的省区市中，纯技术效率值大于 0.6 的省区市数量为 7 个，占总数的 24.1%，其余的为纯技术效率值小于 0.6 的省区市，占总数的 24.1%。与直接产出的纯技术效率值产出分布状况相似，纯技术效率有效的数量多于综合技术效率，且2007 年的农业科技的 29 个省区市的 DEA 综合技术效率均值为 0.845，整体发展态势良好。

而从规模效率方面来看，规模效率有效的数量为 11 个，与综合技术效率有效的数量一致，且省份相同。未达到规模效率有效的省区市数量为 18 个，占总数的 62.1%。但在未达到规模效率有效的省区市中规模效率值大于 0.6的省区市数量为 18 个，占总数的 62.1%，这说明各省区市的农业科技间接产出的规模效率均达到及格以上水平。且规模效率的均值为 0.937，因此 2007年基于间接产出视角的农业科技投入的规模效率整体上是有效的。虽然各省区市的规模效率普遍处于合格状态，但普遍达不到有效状态，且规模效率有效的省区市数量少于纯技术效率的省区市数量，与综合技术效率有效的数量一致，表明在现阶段综合技术效率有效是由规模效率决定的。因此，现阶段提升综合技术效率的重点为加大规模效率的支持力度。

5.1.3 基于总量指标视角的评价

根据 2007 年 29 个省区市的农业科技数据，可测算出基于产出总量指标视角的农业科技投入 DEA 效率，具体结果见表 5－4。

表 5－4　2007 年基于总量产出视角的农业科技投入 DEA 效率

省区市	综合技术效率	纯技术效率	规模效率	规模报酬
北京	1.000	1.000	1.000	不变
天津	1.000	1.000	1.000	不变
河北	0.960	0.997	0.962	递减
山西	0.475	0.535	0.888	递增
内蒙古	0.924	0.929	0.995	递增
辽宁	0.765	1.000	0.765	递减
吉林	0.847	0.874	0.970	递减
黑龙江	0.803	0.905	0.887	递减
上海	1.000	1.000	1.000	不变
江苏	0.782	0.881	0.888	递减
浙江	1.000	1.000	1.000	不变
安徽	0.812	0.814	0.996	递增
福建	1.000	1.000	1.000	不变
江西	0.603	0.627	0.961	递增
山东	0.994	1.000	0.994	递减
河南	1.000	1.000	1.000	不变
湖北	0.932	1.000	0.932	递减
湖南	1.000	1.000	1.000	不变
广东	1.000	1.000	1.000	不变
广西	0.926	1.000	0.926	递减
重庆	1.000	1.000	1.000	不变
四川	0.641	1.000	0.641	递减
贵州	0.598	0.601	0.994	递减
云南	0.721	0.757	0.953	递减
陕西	0.387	0.478	0.808	递减
甘肃	1.000	1.000	1.000	不变
青海	1.000	1.000	1.000	不变
宁夏	1.000	1.000	1.000	不变
新疆	1.000	1.000	1.000	不变
均值	0.868	0.910	0.950	－

    基于总量指标的农业科技投入 DEA 效率测算，糅合了直接产出与间接产出，得到的是综合的农业科技投入 DEA 效率，侧重于整体农业科技产出效率。根据表 5-4，2007 年基于总量指标的农业科技投入 DEA 效率结果来看，29 个省区市农业科技投入效率 DEA 有效的数量为 13 个，分别为：北京、天津、上海、浙江、福建、河南、湖南、广东、重庆、甘肃、青海、宁夏、新疆，占总数的 44.8%。其中，甘肃、青海、宁夏、新疆四地虽地处偏远，但其综合技术效率值为 1，意味着其地区的农业科技投入产出效率达到了最高。未达到 DEA 有效的省区市数量为 16 个，占总数的 55.2%，且在未达到 DEA 有效的省区市中综合技术效率值大于 0.6 的省区市数量为 13 个，占总数的 44.8%。剩下的省区市则为非 DEA 有效且综合技术效率值小于 0.6，占总数的 10.3%。处于及格线以下的有三个省，分别为贵州、陕西和山西，其综合技术效率小于 0.6。根据综合技术效率分布状况可以得到其综合技术效率均值为 0.868，基于总量指标的 2007 年的农业科技的 DEA 效率整体发展情况良好，表明了 2007 年我国各省区市的农业科技总体产出效率整体上处于有效的状态。

    从纯技术效率上来看，2007 年 29 个省区市农业科技投入纯技术效率有效的数量为 18 个，增加了山东、湖北、广西、四川，占总数的 62.1%，占据我国省区市总数的大半，从侧面说明我国多数省区市的农业科技水平已初步具有优势。未达到纯技术效率有效的省区市数量为 11 个，占总数的 37.9%。其中，在未达到纯技术效率有效的省区市中，纯技术效率值大于 0.6 的省区市数量为 9 个，占总数的 31%，其余的为纯技术效率值小于 1 的省区市为陕西和山西两省，占总数的 6.9%，纯技术效率处于不合格状态，可能是投入与产出不对等的原因。2007 年基于总量指标视角的农业科技纯技术效率均值为 0.91，基本接近有效，技术方面发展整体良好。

    从规模效率方面来看，规模效率有效的数量为 13 个，等于综合技术效率有效的数量，且省份一致。未达到规模效率有效的省区市数量为 16 个，占总数的 55.2%。其中，在未达到规模效率有效的省区市中，规模效率值大于 0.6 的省区市数量为 16 个，占总数的 55.2%，与规模效率值有效的省区市相加，规模效率值大于 0.6 的省区市为 100%，这说明基于总量的各省区市的农业科技已具规模。且规模效率的均值为 0.95，因此 2007 年基于总量视角的农业科技投入的规模效率整体上是有效的，与基于直接产出视角与基于间接产出视角的测算结果基本一致，各省区市的规模效率普遍处于合格以上状态，但普遍达不到有效。

5.1.4　2007 年农业科技投入 DEA 效率整体分析

    根据基于直接产出视角、间接产出视角以及总量产出视角的三个维度的

2007 年农业科技投入 DEA 效率测算结果进行的分析，基本上可以得出结论：①无论是基于直接产出视角、间接产出视角还是总量产出视角，2007 年的 29 个省区市的农业科技投入 DEA 效率整体上是处于有效状态的。②2007 年的纯技术效率总体上也是有效的，且纯技术效率有效的数量总是比规模效率有效的数量多。通过对基于直接产出视角、间接产出视角以及总量产出视角的农业科技投入 DEA 效率的整理分析，可以得到多数省区市农业科技的技术发展水平强于规模水平。③2007 年部分省区市农业科技发展不平衡，技术与规模产生了分化，一方的缺失严重影响了综合技术效率。省区市中的农业科技产出技术与生产规模的不均衡，将会严重影响农业科技效率的整体效果。④通过对基于直接产出视角、间接产出视角以及总量产出视角的农业科技投入 DEA 效率的整理分析中可以发现，2007 年的规模效率有效的省区市数量虽少于纯技术效率的省区市数量，却与综合技术效率有效的数量一致，表明综合技术效率有效的数量基本是由规模效率有效的数量决定的。因此，应该重点加强提升综合技术效率或加大规模效率的支持力度。

5.2　2010 年省级农业科技投入 DEA 效率评价

表 5-5　2010 年 29 个省区市原始数据

省区市	农业机械总动力（万千瓦）	农业技术人员（人）	R&D 人员（人）	R&D 经费内部支出（万元）	发表科技论文（篇）	技术市场合同成交额（万元）	农林牧渔业总产值（亿元）
北京	276	4 521	4 822	178 565	1 037	443 270	363
天津	588	2 709	247	8 417	82	53 967	348
河北	10 151	27 096	1 384	44 911	457	58 132	4 857
山西	2 809	23 269	727	9 732	272	22 621	1 252
内蒙古	3 034	27 792	626	8 178	133	82 791	2 182
辽宁	2 408	25 293	2 196	74 301	731	239 224	3 625
吉林	2 145	26 756	1 760	38 222	902	49 613	2 217
黑龙江	3 736	36 220	1 855	34 502	867	144 956	3 272
上海	104	3 356	444	17 615	135	77 916	301
江苏	3 937	27 070	2 083	81 650	733	354 182	4 804
浙江	2 500	17 079	411	12 032	306	55 381	2 354
安徽	5 410	19 750	1 425	50 167	623	149 888	3 538
福建	1 206	11 781	526	10 239	481	62 637	2 529
江西	3 805	20 391	923	18 866	297	61 848	2 283

（续）

省区市	农业机械总动力（万千瓦）	农业技术人员（人）	R&D人员（人）	R&D经费内部支出（万元）	发表科技论文（篇）	技术市场合同成交额（万元）	农林牧渔业总产值（亿元）
山东	11 629	53 916	1 898	45 854	1 105	190 103	7 695
河南	10 196	21 175	2 846	27 641	859	14 381	5 734
湖北	3 371	16 914	2 929	88 950	1 129	293 377	4 436
湖南	4 652	27 583	1 635	28 919	376	89 882	4 580
广东	2 253	14 084	3 040	106 554	1 278	239 993	4 093
广西	2 768	21 145	1 151	21 219	799	13 672	3 332
重庆	1 071	13 848	468	11 674	174	85 656	1 236
四川	3 155	44 769	5 216	294 488	1 297	216 698	5 036
贵州	1 730	24 115	513	6 143	324	26 186	1 315
云南	2 411	39 593	1 516	35 501	781	77 260	2 493
陕西	1 889	30 030	4 473	177 215	814	255 607	2 163
甘肃	1 978	23 859	1 751	30 778	1 172	166 521	1 202
青海	421	8 860	122	1 937	80	26 894	233
宁夏	73	9 155	83	1 014	56	4 146	349
新疆	1 644	28 433	1 167	14 965	795	13 430	2 028

5.2.1 基于直接产出视角的评价

根据 2010 年 29 个省区市的农业科技数据，可测算出基于直接产出视角的农业科技投入 DEA 效率，具体结果见表 5-6。

表 5-6 2010 年基于直接产出视角的农业科技投入 DEA 效率

省区市	综合技术效率	纯技术效率	规模效率	规模报酬
北京	1.000	1.000	1.000	不变
天津	0.556	1.000	0.556	递增
河北	0.395	0.401	0.985	递增
山西	0.533	0.552	0.966	递增
内蒙古	0.307	0.342	0.896	递增
辽宁	0.545	0.559	0.974	递增
吉林	0.744	0.744	1.000	不变
黑龙江	0.564	0.652	0.864	递减
上海	1.000	1.000	1.000	不变

(续)

省区市	综合技术效率	纯技术效率	规模效率	规模报酬
江苏	0.539	0.539	0.999	不变
浙江	0.814	0.836	0.974	递增
安徽	0.646	0.646	1.000	不变
福建	1.000	1.000	1.000	不变
江西	0.355	0.432	0.823	递增
山东	0.637	0.860	0.740	递减
河南	0.824	0.849	0.971	递增
湖北	0.885	0.892	0.992	递增
湖南	0.307	0.340	0.904	递增
广东	1.000	1.000	1.000	不变
广西	0.869	0.947	0.918	递减
重庆	0.407	0.544	0.748	递增
四川	0.552	1.000	0.552	递减
贵州	0.982	0.989	0.993	递减
云南	0.668	0.698	0.957	递减
陕西	0.486	0.491	0.991	递减
甘肃	1.000	1.000	1.000	不变
青海	0.824	1.000	0.824	递增
宁夏	1.000	1.000	1.000	不变
新疆	1.000	1.000	1.000	不变
均值	0.705	0.769	0.918	—

从综合技术效率来看（表 5-6），基于直接产出视角的 2010 年 29 个省区市农业科技投入效率 DEA 有效的数量为 7 个，分别为：北京、上海、福建、广东、甘肃、宁夏、新疆，占总数的 24.1%。与 2007 年基于直接产出结果类似，甘肃、宁夏、新疆等偏远地区具有效率优势，科技投入与科技论文发表之间具有效率优势。未达到 DEA 有效的省区市数量为 22 个，占总数的 75.9%。在未达到 DEA 有效的省区市中，综合技术效率值大于 0.6 的省区市数量为 10 个，分别为吉林、浙江、安徽、山东、河南、湖北、广西、贵州、云南、青海，这些省区市的农业科技直接产出效率在及格水平之上，占总数的 34.4%。剩下的省区市为非 DEA 有效且综合技术效率值小于 0.6，占总数的 41.4%。因此，根据综合技术效率的分布情况来看，基于直接产出视角的 2010 年的农业科技 DEA 效率发展状况整体良好，且农业科技投入 DEA 综合技术效率均

值为 0.705，多数是处于及格线以上的。总体看来，2010 年我国各省区市的农业科技直接产出效率大体上是有效率的。

从纯技术效率方面看，2010 年 29 个省区市中农业科技投入纯技术效率有效的数量为 10 个，分别为：北京、天津、上海、福建、广东、四川、甘肃、青海、宁夏、新疆，占总数的 34.5%。未达到纯技术效率有效的省区市数量为 19 个，占总数的 65.5%，将近占据总省区市数量的 2/3。在未达到纯技术效率有效的省区市中，纯技术效率值大于 0.6 的省区市数量为 10 个，占总数的 34.5%，则纯技术效率值小于 0.6 的省区市数量为 9 个，占总数的 31%。其中，河北、内蒙古、江西、河南、陕西的纯技术效率值小于 0.5，纯技术效率的发展状况不理想，表明这些省份的农业科技人员与科研人员在科技论文的写作与发表方面比较薄弱。但从总体来说，2010 年基于直接产出视角的农业科技的纯技术效率均值为 0.769，整体上的发展是良好的，只是个别省区市的低纯技术效率值拉低了总体发展均值。

从规模效率方面来看，2010 年 29 个省区市农业科技投入规模效率有效的数量为 9 个，分别为：北京、吉林、上海、安徽、福建、广东、甘肃、宁夏、新疆，占总数的 31%，比综合技术效率有效的数量多 6.9%。未达到规模效率有效的省区市数量为 20 个，占总数整体的 69%，只有天津与四川的规模效率值小于 0.6，且天津的规模报酬呈递增状态，相反，四川的规模报酬呈递减状态，说明两省的农业科技投入一个需要适度增加投入，另一个需要适当减少投入。其中，规模效率值大于 0.6 的省区市数量为 18 个，占总数的 62.1%，与规模效率有效的省区市相加，规模效率值大于 0.6 的省区市占总数的 93.1%，且规模效率的均值为 0.918，因此基于直接产出视角的 2010 年农业科技投入的规模效率整体上是有效的。

5.2.2　基于间接产出视角的评价

根据 2010 年 29 个省区市的农业科技数据，可测算出基于间接产出视角的农业科技投入 DEA 效率，具体结果见表 5-7。

表 5-7　2010 年基于间接产出视角的农业科技投入 DEA 效率

省区市	综合技术效率	纯技术效率	规模效率	规模报酬
北京	1.000	1.000	1.000	不变
天津	1.000	1.000	1.000	不变
河北	0.820	1.000	0.820	递减
山西	0.490	0.492	0.996	递减
内蒙古	1.000	1.000	1.000	不变

（续）

省区市	综合技术效率	纯技术效率	规模效率	规模报酬
辽宁	0.779	0.992	0.785	递减
吉林	0.475	0.487	0.976	递减
黑龙江	0.619	0.824	0.751	递减
上海	1.000	1.000	1.000	不变
江苏	1.000	1.000	1.000	不变
浙江	1.000	1.000	1.000	不变
安徽	0.840	0.876	0.958	递减
福建	1.000	1.000	1.000	不变
江西	0.535	0.535	1.000	不变
山东	0.800	1.000	0.800	递减
河南	1.000	1.000	1.000	不变
湖北	1.000	1.000	1.000	不变
湖南	0.742	1.000	0.742	递减
广东	1.000	1.000	1.000	不变
广西	0.717	0.910	0.788	递减
重庆	1.000	1.000	1.000	不变
四川	0.708	1.000	0.708	递减
贵州	0.762	0.792	0.962	递减
云南	0.457	0.497	0.921	递减
陕西	0.500	0.625	0.799	递减
甘肃	0.827	1.000	0.827	递减
青海	1.000	1.000	1.000	不变
宁夏	1.000	1.000	1.000	不变
新疆	0.543	0.575	0.944	递减
均值	0.814	0.883	0.923	—

　　根据间接产出指标数据得出的 2010 年农业科技投入 DEA 效率结果来看，间接产出视角下 29 个省区市农业科技投入效率 DEA 有效的数量为 13 个，分别为：北京、天津、内蒙古、上海、江苏、浙江、福建、河南、湖北、广东、重庆、青海、宁夏，占总数的 44.8%，表明了这些地区科技转化与规模效率的最优。未达到 DEA 有效的省区市数量为 16 个，占总数的 55.2%。在未达

到 DEA 有效的地区中，综合技术效率值大于 0.6 的省区市数量为 10 个，占总数的 34.5%，分别为河北、辽宁、黑龙江、安徽、山东、湖南、广西、四川、贵州、甘肃。剩下的则为非 DEA 有效且综合技术效率值小于 0.6 的省区市，占总数的 20.7%，接近总评价单元的 1/5。其中，山西、吉林、云南的综合技术效率值不仅处于及格线以下，甚至低于 0.5，说明这三个省的间接产出与农业科技投入极其不符，同时，也是导致综合技术效率过低的原因。不过，从表 5-7 可以看出，立足于间接产出数据的 2010 年农业科技投入 DEA 综合技术效率均值为 0.814，高于 0.6，表明基于间接产出数据的 2010 年农业科技的 DEA 效率整体状况良好，2010 年我国各省区市的农业科技间接产出效率整体上处于有效的状态。

从纯技术效率上来看，在间接产出视角下，2010 年 29 个省区市中农业科技投入纯技术效率有效的数量为 18 个，在综合技术效率有效的省区市基础上增加了河北、山东、湖南、四川等省，占总数的 62.1%。未达到纯技术效率有效的省区市数量为 11 个，占总数的 37.9%。在未达到纯技术效率有效的地区中，纯技术效率值大于 0.6 的省区市数量为 6 个，占总数的 20.7%，其余的为纯技术效率值小于 0.6 的省区市，数量为 5 个，占总数的 24.1%。从整个纯技术效率值的分布状况来看，基于间接产出视角的 2010 年各省区市的农业科技发展状况良好，技术进步步伐加快，且 29 个省区市的纯技术效率均值为 0.883，表明 2010 年的农业科技水平在稳步上升。

从规模效率方面来看，规模效率有效的数量为 14 个，比综合技术效率有效的省区市多一个数量，占总数的 48.3%。未达到规模效率有效的省区市数量为 15 个，占总数的 51.7%。在未达到规模效率有效的地区中，规模效率值大于 0.6 的省区市数量为 15 个，即 2010 年基于间接产出视角下的农业科技投入 DEA 效率的全部省区市的规模效率值均大于 0.6，这说明各省区市的农业科技间接产出已达到了初步的规模优势。规模效率的均值为 0.923，因此，2010 年基于间接产出视角的农业科技投入的规模效率整体上是有效的。从规模报酬一栏来看，除去规模报酬不变的省区市，其他规模效率无效的省区市都是规模报酬递减的，其传递的信息为，农业科技投入应适当减少，以达到规模报酬不变的最佳状态。未达到规模效率有效的省区市，规模效率都处于合格状态，但都达不到有效状态。因此，在现阶段应重点加大规模效率的支持力度，提高规模效率。

5.2.3 基于总量产出视角的评价

根据 2010 年 29 个省区市的农业科技数据，可测算出基于总量产出视角的农业科技投入 DEA 效率，具体结果见表 5-8。

表 5-8 **2010 年基于总量产出视角的农业科技投入 DEA 效率**

省区市	综合技术效率	纯技术效率	规模效率	规模报酬
北京	1.000	1.000	1.000	不变
天津	1.000	1.000	1.000	不变
河北	0.820	1.000	0.820	递减
山西	0.562	0.562	1.000	递减
内蒙古	1.000	1.000	1.000	不变
辽宁	0.779	0.992	0.785	递减
吉林	0.782	0.822	0.952	递减
黑龙江	0.658	0.935	0.704	递减
上海	1.000	1.000	1.000	不变
江苏	1.000	1.000	1.000	不变
浙江	1.000	1.000	1.000	不变
安徽	0.840	0.880	0.954	递减
福建	1.000	1.000	1.000	不变
江西	0.535	0.535	1.000	不变
山东	0.800	1.000	0.800	递减
河南	1.000	1.000	1.000	不变
湖北	1.000	1.000	1.000	不变
湖南	0.742	1.000	0.742	递减
广东	1.000	1.000	1.000	不变
广西	0.880	1.000	0.880	递减
重庆	1.000	1.000	1.000	不变
四川	0.709	1.000	0.709	递减
贵州	1.000	1.000	1.000	递减
云南	0.668	0.758	0.881	递减
陕西	0.521	0.625	0.834	递减
甘肃	1.000	1.000	1.000	递减
青海	1.000	1.000	1.000	不变
宁夏	1.000	1.000	1.000	不变
新疆	1.000	1.000	1.000	递减
均值	0.872	0.935	0.933	—

表 5-8 是根据 2010 年农业科技投入产出数据进行的基于总量产出指标视

角的农业科技投入 DEA 效率测算，得到的是综合的 2010 年农业科技投入 DEA 效率。根据表 5-8，从 2010 年基于总量指标视角的农业科技投入 DEA 效率结果来看，29 个省区市农业科技投入效率 DEA 有效的数量为 16 个，分别为：北京、天津、内蒙古、上海、江苏、浙江、福建、河南、湖北、广东、重庆、贵州、甘肃、青海、宁夏，新疆，占总数的 55.2%，表明全国 1/2 的省区市的农业科技投入 DEA 效率都达到了有效。未达到 DEA 有效的省区市数量为 13 个，占总数的 44.8%。在未达到 DEA 有效的省区市中综合技术效率值大于 0.6 的省区市数量为 10，占总数的 34.5%。只有山西、江西、陕西的综合技术效率值小于 0.6，占总数的 10.3%。需要指出的是，这三个省的综合技术效率值都达到了 0.5 以上，并未与及格线差距太大。2010 年基于总量指标视角的农业科技投入 DEA 效率的均值为 0.872，从均值可以得出在总量指标视角下的 2010 年农业科技的 DEA 效率整体发展水平是良好的，且说明 2010 年中国 29 个省区市的农业科技总体产出效率大体上是有效的。

从纯技术效率方面来看，29 个省区市农业科技投入纯技术效率在 2010 年有效的数量为 21 个，比综合技术效率有效增加了河北、山东、湖南、广西、四川五省，占总数的 72.4%，表明我国整体的农业技术水平的发展状况是良好的。未达到纯技术效率有效的省区市数量为 8 个，占总数的 27.6%。其中，未达到纯技术效率有效的省区市中纯技术效率值大于 0.6 的省区市数量为 6 个，占总数的 20.7%。且只有山西和江西二省为纯技术效率值小于 0.6 的省区市，占总数的 6.9%。2010 年基于总量指标视角的农业科技纯技术效率均值为 0.935，与纯技术效率有效的差距甚微，因此 2010 年农业技术方面的整体发展态势良好。

从规模效率方面来看，规模效率有效的数量为 18 个，比综合技术效率有效的省区市数量多 2，占总数的 62.1%。未达到规模效率有效的省区市数量为 11 个，占总数的 37.9%。在未达到规模效率有效的省区市中，规模效率值大于 0.6 的省区市数量为 11 个，没有省区市规模效率值小于 0.6。所以，规模效率值大于 0.6 的省区市为 100%，且规模效率的均值为 0.933，表明 2010 年基于总量指标视角的 29 个省区市规模效率均为合格状态，具有规模优势。故 2010 年基于总量产出指标视角的农业科技投入的规模效率整体上为有效。虽然各省区市的规模效率普遍处于合格以上状态，但暴露了我国农业科技的一个短板，即各省区市农业科技规模效率虽处于及格以上状态但普遍达不到有效。

5.2.4　2010 年农业科技投入 DEA 效率分析小结

根据基于直接产出视角、间接产出视角以及总量产出视角下的 2010 年农业科技投入 DEA 效率测算结果进行的分析，可以得出基本结论：①与 2007

年分析结果一致，2010 年三个视角下的 29 个省区市的农业科技农业科技投入 DEA 效率整体上是处于有效状态的。②2010 年的纯技术效率总体上是有效的，规模效率总体上也是有效的，规模效率均值大于纯技术效率均值，但纯技术效率有效的数量总是比规模效率有效的数量多。③2010 年的农业科技投入效率结果表明，部分省区市农业科技发展，技术与规模产生了分化。农业科技效率的整体效果受到缺失一方的严重影响。④通过对 2010 年基于直接产出视角、间接产出视角以及总量产出视角的农业科技投入 DEA 效率的分析中发现，规模效率有效的省区市数量虽少于纯技术效率的省区市数量，基本与综合技术效率有效的数量一致，大部分综合技术效率有效的数量基本是由规模效率有效的数量决定的，与 2007 年测算结果基本一致。

5.3　2013 年省级农业科技投入 DEA 效率评价

表 5-9　2013 年 29 个省区市原始数据

省区市	农业机械总动力（万千瓦）	农业技术人员（人）	R&D 人员（人）	R&D 经费内部支出（万元）	发表科技论文（篇）	技术市场合同成交额（万元）	农林牧渔业总产值（亿元）
北京	208	4 738	5 427	205 308	1 110	262 417	403
天津	554	3 058	257	11 884	86	113 515	441
河北	11 000	28 096	1 680	53 300	457	68 173	5 935
山西	3 183	25 931	814	16 538	290	59 247	1 509
内蒙古	3 431	28 404	610	13 977	171	30 872	2 744
辽宁	2 789	25 434	2 315	90 246	918	307 707	4 512
吉林	2 727	30 211	1 790	53 426	934	65 188	2 771
黑龙江	4 849	40 763	2 347	98 718	1 071	362 210	4 856
上海	116	3 587	457	28 546	140	79 929	323
江苏	4 406	25 782	2 416	104 994	831	551 978	6 301
浙江	2 471	15 844	473	18 164	330	63 371	2 841
安徽	6 140	23 202	2 170	76 026	681	335 868	4 321
福建	1 337	13 001	658	16 171	474	66 798	3 402
江西	2014	19 245	1 031	21 956	312	93 107	2 828
山东	12 740	52 077	2 043	63 028	1 137	344 944	9 209
河南	11 150	33 498	3 081	40 848	789	26 903	7 198
湖北	4 081	26 481	3 322	118 851	1 190	1 207 166	5 661

（续）

省区市	农业机械总动力（万千瓦）	农业技术人员（人）	R&D人员（人）	R&D经费内部支出（万元）	发表科技论文（篇）	技术市场合同成交额（万元）	农林牧渔业总产值（亿元）
湖南	5 436	27 452	1 656	34 476	360	186 242	5 520
广东	2 565	12 538	3 541	151 912	1 493	422 226	5 091
广西	3 383	19 495	1 239	33 676	819	23 822	4 133
重庆	1 199	13 461	689	15 136	193	122 902	1 617
四川	3 937	44 722	6 241	357 619	1 404	499 011	6 179
贵州	2 241	23 847	683	12 761	412	51 806	2 442
云南	3 070	40 198	1 847	49 206	913	125 852	3 334
陕西	2 453	26 841	4 975	244 897	935	925 462	2 776
甘肃	2 418	29 285	1 654	45 256	922	304 529	1 620
青海	411	9 027	149	2 456	77	55 986	319
宁夏	80	9 193	88	1 739	99	5 081	453
新疆	2 166	30 607	1 179	24 731	893	9 905	2 695

5.3.1 基于直接产出视角的评价

根据 2013 年 29 个省区市的农业科技原始数据，可测算出基于直接产出视角的农业科技投入 DEA 效率，具体结果见表 5-10。

表 5-10　2013 年基于直接产出视角的农业科技投入 DEA 效率

省区市	综合技术效率	纯技术效率	规模效率	规模报酬
北京	1.000	1.000	1.000	不变
天津	0.571	1.000	0.571	递增
河北	0.403	0.417	0.967	递增
山西	0.464	0.493	0.941	递增
内蒙古	0.328	0.344	0.955	递增
辽宁	0.727	0.731	0.995	递减
吉林	0.820	0.830	0.987	递减
黑龙江	0.671	0.795	0.845	递减
上海	0.981	1.000	0.981	递增
江苏	0.614	0.616	0.997	递增
浙江	0.880	0.883	0.996	递增

（续）

省区市	综合技术效率	纯技术效率	规模效率	规模报酬
安徽	0.558	0.567	0.986	递增
福建	1.000	1.000	1.000	不变
江西	0.467	0.536	0.870	递增
山东	0.738	1.000	0.738	递减
河南	0.653	0.672	0.972	递减
湖北	0.728	0.761	0.957	递减
湖南	0.358	0.394	0.909	递增
广东	1.000	1.000	1.000	不变
广西	1.000	1.000	1.000	不变
重庆	0.425	0.599	0.709	递增
四川	0.539	0.573	0.940	递减
贵州	0.820	0.847	0.969	递减
云南	0.708	0.710	0.998	递减
陕西	0.513	0.528	0.973	递减
甘肃	0.888	0.891	0.996	递减
青海	0.644	0.975	0.661	递增
宁夏	1.000	1.000	1.000	不变
新疆	1.000	1.000	1.000	不变
均值	0.707	0.764	0.928	—

从综合技术效率来看（表5-10），直接产出视角下的2013年29个省区市农业科技投入效率 DEA 有效的数量为6个，分别为：北京、福建、广东、广西、宁夏、新疆，占总数的20.7%，这些省区市科技投入与科技论文发表产出之间达到了最佳状态。未达到 DEA 有效的省区市数量为23个，达到了总数的79.3%，说明大部分省区市的农业科技产出都没有达到一个最佳的生产状态，存在着规模报酬递增或递减的趋势。在未达到 DEA 有效的省区市中，综合技术效率值大于0.6的省区市数量为13个，分别为北京、辽宁、吉林、黑龙江、上海、浙江、山东、河南、湖北、贵州、云南、甘肃、青海，占总数的44.8%。剩下的省区市为非 DEA 有效且综合技术效率值小于0.6，数量为10个，占总数的34.5%。直接产出视角下农业科技投入 DEA 综合技术效率均值为0.707。因此，根据2013年的农业科技直接产出 DEA 效率中的综合技术效率的情况来看，2013年的农业科技 DEA 效率发展状况整体合格。

从综合技术效率中分解出来的纯技术效率方面看，2013 年 29 个省区市中农业科技直接产出 DEA 效率中纯技术效率有效的数量为 9 个，分别为：北京、天津、上海、福建、山东、广东、广西、宁夏、新疆，占总数的 31%。未达到纯技术效率有效的省区市数量为 20 个，占总数的 69%，占据总省区市数量的 2/3。其中，在未达到纯技术效率有效的省区市中，纯技术效率值大于 0.6 的省区市数量为 11 个，占总数的 37.9%，纯技术效率值小于 0.6 的省区市数量为 9 个，占总数的 31%。且部分省市如河北、内蒙古的纯技术效率值小于 0.5，表明这些省市的纯技术效率处于一个落后的状态，其农业科技论文的产出是一个短板，需要加大力度，重点支持。从 2013 年基于直接产出视角的农业科技的纯技术效率均值方面来看，均值为 0.764，整体发展在及格线以上。

从规模效率方面来看，2013 年 29 个省区市农业科技投入规模效率有效的数量为 6 个，综合技术效率有效的数量相同。未达到规模效率有效的省区市数量为 23 个，占总数整体的 79.3%，其中，未达到规模效率有效的省区市中规模效率值大于 0.6 的省区市数量为 22 个，占总数的 75.9%。只有天津的规模效率值小于 0.6，且天津的规模报酬呈递增状态，因此，提高天津规模效率的方法为扩大规模，增加投入。根据表 5 - 10 规模效率的分布可以得到，2013年直接产出视角下的农业科技投入 DEA 效率虽然未达到有效的省份居多，但其规模效率的均值为 0.928 且只有天津处于合格以下状态，因此基于直接产出视角的 2013 年农业科技投入的规模效率整体上也是有效的。

5.3.2 基于间接产出视角的评价

根据 2013 年 29 个省区市的农业科技数据，可测算出基于间接产出视角的农业科技投入 DEA 效率，具体结果见表 5 - 11。

表 5 - 11 2013 年基于间接产出视角的农业科技投入 DEA 效率

省区市	综合技术效率	纯技术效率	规模效率	规模报酬
北京	1.000	1.000	1.000	不变
天津	1.000	1.000	1.000	不变
河北	0.790	0.992	0.796	递减
山西	0.463	0.467	0.992	递减
内蒙古	0.876	0.927	0.945	递减
辽宁	0.735	0.847	0.868	递减
吉林	0.394	0.395	0.998	递减
黑龙江	0.588	0.669	0.879	递减

（续）

省区市	综合技术效率	纯技术效率	规模效率	规模报酬
上海	1.000	1.000	1.000	不变
江苏	0.966	1.000	0.966	递减
浙江	1.000	1.000	1.000	不变
安徽	0.719	0.731	0.984	递减
福建	1.000	1.000	1.000	不变
江西	0.705	0.725	0.973	递减
山东	0.955	1.000	0.955	递减
河南	0.837	1.000	0.837	递减
湖北	1.000	1.000	1.000	不变
湖南	0.908	1.000	0.908	递减
广东	1.000	1.000	1.000	不变
广西	0.791	0.861	0.919	递减
重庆	0.869	0.880	0.988	递减
四川	0.656	1.000	0.656	递减
贵州	0.879	0.909	0.966	递减
云南	0.440	0.457	0.962	递减
陕西	0.975	1.000	0.975	递减
甘肃	0.584	0.623	0.938	递减
青海	1.000	1.000	1.000	不变
宁夏	1.000	1.000	1.000	不变
新疆	0.506	0.514	0.985	递减
均值	0.815	0.862	0.948	—

根据间接产出指标数据得出的 2013 年农业科技投入 DEA 效率结果（表 5-11）的综合技术效率方面来看，间接产出视角下 29 个省区市农业科技投入效率 DEA 有效的数量为 9 个，分别为：北京、天津、上海、浙江、福建、湖北、广东、青海、宁夏，占总数的 31%。未达到 DEA 有效的省区市数量为 20 个，占总数的 69%。未达到 DEA 有效的地区中，综合技术效率值大于 0.6 的省区市数量为 14 个，占总数的 48.3%，分别为河北、内蒙古、辽宁、江苏、安徽、江西、山东、河南、湖南、广西、重庆、四川、贵州、陕西。综合技术效率值小于 0.6 的省区市数量为 6 个，占总数的 20.7%。其中，山西、吉林、云南的综合技术效率值低于 0.5，间接产出 DEA 效率在中国处于落后状态。且 2013 年农业科技间接产出的 DEA 综合技术效率均值为

0.815，说明基于间接产出视角的 2013 年农业科技的 DEA 效率整体合格且发展态势稳中有进。

从分解的纯技术效率方面来看，在间接产出视角下 2013 年 29 个省区市中农业科技投入纯技术效率有效的数量为 15 个，在综合技术效率有效的省区市基础上增加了江苏、山东、河南、四川、陕西五省，占总数的 51.7%。未达到纯技术效率有效的省区市数量为 14 个，占总数的 48.3%。其中，未达到纯技术效率有效的地区中纯技术效率值大于 0.6 的省区市数量为 10 个，分别为：河北、内蒙古、辽宁、黑龙江、安徽、江西、广西、重庆、贵州、甘肃，占总数的 34.5%。纯技术效率值小于 0.6 的省区市数量为 4 个，占总数的 13.8%。间接产出视角下的 2013 年纯技术效率均值为 0.862。从纯技术效率值的分布状况来看，基于间接产出视角的 2013 年各省区市的农业科技发展整体合格，但较 2010 年农业技术水平略有降低。

从规模效率方面来看，间接产出视角下的 2013 年规模效率有效的数量为 9 个，比综合技术效率有效的省区市数量相同，占总数的 31%。未达到规模效率有效的省区市数量为 20 个，占总数的 69%。未达到规模效率有效的地区中规模效率值大于 0.6 的省区市数量为 20 个，与 2010 年分布状况大致相同，即 2013 年基于间接产出视角下的全部省区市的规模效率值均大于 0.6，未出现规模效率不合格的省区市，且规模效率的均值为 0.948，因此，2010 年基于间接产出视角的农业科技投入的规模效率整体上处于合格状态，且基本上是有效的。从表 5-12 还可以得到，规模效率有效的省区市其规模报酬是不变的，其他规模效率无效的省区市都是规模报酬递减的。因此，盲目扩大投入，导致规模报酬递减是阻碍当前阶段农业科技发展的一大弊端。

5.3.3 基于总量指标视角的评价

根据 2013 年 29 个省区市的农业科技数据，可测算出基于产出总量指标视角的农业科技投入 DEA 效率，具体结果见表 5-12。

表 5-12 2013 年基于总量指标视角的农业科技投入 DEA 效率

省区市	综合技术效率	纯技术效率	规模效率	规模报酬
北京	1.000	1.000	1.000	不变
天津	1.000	1.000	1.000	不变
河北	0.790	0.992	0.796	递减
山西	0.544	0.571	0.953	递减
内蒙古	0.876	0.927	0.945	递减
辽宁	0.788	0.874	0.901	递减

（续）

省区市	综合技术效率	纯技术效率	规模效率	规模报酬
吉林	0.820	0.830	0.987	递减
黑龙江	0.756	0.901	0.839	递减
上海	1.000	1.000	1.000	不变
江苏	0.966	1.000	0.966	递减
浙江	1.000	1.000	1.000	不变
安徽	0.719	0.731	0.984	递减
福建	1.000	1.000	1.000	不变
江西	0.705	0.725	0.973	递减
山东	0.955	1.000	0.955	递减
河南	0.837	1.000	0.837	递减
湖北	1.000	1.000	1.000	不变
湖南	0.908	1.000	0.908	递减
广东	1.000	1.000	1.000	不变
广西	1.000	1.000	1.000	不变
重庆	0.869	0.880	0.988	递减
四川	0.656	1.000	0.656	递减
贵州	0.911	1.000	0.911	递减
云南	0.732	0.811	0.902	递减
陕西	0.975	1.000	0.975	递减
甘肃	1.000	1.000	1.000	不变
青海	1.000	1.000	1.000	不变
宁夏	1.000	1.000	1.000	不变
新疆	1.000	1.000	1.000	不变
均值	0.890	0.939	0.947	—

表 5 - 12 是根据 2013 年农业科技投入产出数据进行的基于总量产出指标视角的农业科技投入 DEA 效率测算结果，是直接产出与间接产出相结合的农业科技投入产出 DEA 效率。29 个省区市农业科技投入效率 DEA 有效的数量为 12 个，分别为：北京、天津、上海、浙江、福建、湖北、广东、广西、甘肃、青海、宁夏、新疆，占总数的 41.4%。未达到 DEA 有效的省区市数量为 17 个，占总数的 58.6%。未达到 DEA 有效的省区市中综合技术效率值大于 0.6 的省区市数量为 16 个，占总数的 55.2%，与综合技术有效的省市数量相加占总数的 96.5%，只余山西的综合技术效率值为小于 0.6，山西的综合技术

效率值为 0.544，与及格线相差不大，且综合技术效率均值为 0.890，从均值以及各省区市的综合技术效率值结果可以得出在总量指标视角下的 2013 年农业科技投入 DEA 效率整体发展水平处于及格线以上的，且 2013 年中国 29 个省区市的农业科技投入 DEA 效率整体上是有效的。

从纯技术效率测算结果来看，29 个省区市农业科技投入纯技术效率在 2013 年有效的数量为 19 个，占总数的 72.4%，说明 2013 年我国各省区市的农业技术水平的发展状况良好。未达到纯技术效率有效的省区市数量为 10 个，占总数的 34.5%。其中，未达到纯技术效率有效的省区市中纯技术效率值大于 0.6 的省区市数量为 9 个，占总数的 31%，只有山西纯技术效率值小于 0.6。2013 年基于总量指标视角的农业科技纯技术效率均值为 0.939。综上所述，2013 年农业技术方面的整体发展水平良好。

从规模效率结果来看，规模效率有效的数量为 12 个，等于综合技术效率有效的省区市数量，占总数的 41.4%。未达到规模效率有效的省区市数量为 17 个，占总数的 58.6%。未达到规模效率有效的省区市中规模效率值大于 0.6 的省区市数量为 17 个，即全部省区市规模效率值均大于 0.6。所以，规模效率值处于及格状态的省区市数量为 100%，且规模效率的均值为 0.947。以上分析表明 2013 年基于总量产出指标视角的 29 个省区市的规模效率均为合格状态，具有规模优势。与 2007 年、2010 年基于总量指标视角下的规模效率测算结果相似，各省区市的规模效率普遍处于合格以上状态，且与规模效率有效的差距不大，但却达不到最佳状态。其为我国农业科技发展的一个显著缺陷。

5.3.4 2013 年农业科技投入 DEA 效率分析小结

根据对 2013 年的农业科技投入产出数据进行的基于直接产出视角、间接产出视角以及总量指标视角的两个维度的农业科技投入 DEA 效率测算结果进行的分析，可以得出结论：①与 2007 年、2010 年测算结果一致，基于直接产出视角、间接产出视角与总量产出指标视角的农业科技投入 DEA 效率测算，2013 年的 29 个省区市的农业科技投入 DEA 效率整体上是处于合格状态的，且与有效状态相差不大。②纯技术效率总体上也是有效率的，纯技术效率有效的省区市多于综合技术效率有效的省区市，且可以得到多数省区市农业科技的技术发展水平强于本省的规模发展水平。③2013 年的部分省区市农业科技的技术与规模发展产生两极分化，缺失的一方严重影响了综合技术效率和农业科技的整体效果。④通过对 2013 年基于直接产出视角、间接产出视角以及总量指标视角的农业科技投入 DEA 效率的整理分析中可以发现，增加规模效率有效省区市的数量对于增加综合技术效率有效的数量具有关键作用。

5.4 农业科技投入效率比较静态分析

5.4.1 直接产出视角下的农业科技投入效率比较静态分析

从综合技术效率值来看（表 5-13），2007 年至 2013 年基于直接产出视角的综合技术效率省市有效的数量逐渐在减少，从 2007 年的 8 个省市，到 2010 年的 7 个省市，一直减少到 2013 年的 6 个省市，占比从总数的 27.6% 到 24.1%，一直下降到 20.7%，说明我国的农业科技投入效率呈下降趋势，大多数省市的农业科技资源的投入并没有对本地区产生应有的影响力。2007 年综合技术效率有效的省区市为北京、上海、福建、河南、广东、甘肃、宁夏、新疆，其中，上海在 2007 年、2010 年为 DEA 有效，2013 年综合技术效率值下降到 0.981，转为非 DEA 有效；河南除了 2007 年的 DEA 效率达到了有效，2010 年、2013 年的综合技术效率值一直在下降，由 0.827 减少到了 0.653，仅达到及格线；甘肃在 2007 年、2010 年为 DEA 有效，2013 年综合技术效率值下降到 0.888 转为非 DEA 有效；剩余的省市在 2007 年、2010 年与 2013 年均为 DEA 有效地区，且广西是唯一一个新增的综合技术效率上升为有效的地区，其综合技术效率值 2007 年为 0.85，2010 年为 0.869，在 2013 年达到了综合效率值有效，一直呈上升趋势。

2007 年至 2013 年综合技术效率值呈下降趋势的省区市数量为 14 个，占总数的 48.3%，分别为：天津、河北、内蒙古、黑龙江、上海、安徽、江西、河南、湖北、湖南、重庆、云南、甘肃、青海。其中，天津由 2007 年的及格水平在 2010 年、2013 年降为不及格水平；黑龙江 2010 年、2013 年的综合技术效率值出现了波动降低，由 2007 年的 0.706 降到 2010 年的 0.564，低于及格线，又在 2013 年上升为 0.671，越过及格线，但总体上还是呈现出下降的趋势；云南与黑龙江的发展趋势相似，综合技术效率值由 2007 年的 0.715 下降到 2010 年的 0.668 又在 2013 年上升到 0.708，呈现总体下降的趋势。2007 年基于直接产出视角的青海的综合技术效率值为 0.975，2010 年降为 0.824，2013 年甚至降低为 0.644，降幅跨度较大；河南 2007 年为 DEA 效率有效，2010 年综合技术效率值为 0.824，2013 年降低为 0.653，降幅跨度更大；甘肃在 2007 年、2010 年均为 DEA 有效省市，2013 年其综合技术效率值下降，变为综合技术效率值及格省市；内蒙古、江西、湖南、重庆在 2007 年、2010 年、2013 年均为不及格状态，且综合技术效率值呈现出下降趋势。以上省市在基于直接产出视角的综合技术效率值均出现了不同程度的降低，说明这些省市在直接产出视角下的农业科技投入与产出之间的不协调导致综合技术效率的降低。

2007 年至 2013 年综合技术效率值呈上升趋势的省数量为 10 个，占总数的 34.5%，分别为：山西、辽宁、吉林、江苏、浙江、山东、广西、四川、贵州、陕西。其中，辽宁、吉林、山东在 2007 年、2010 年、2013 年的综合技术效率值都是经历了先下降后上升且综合技术效率值总体呈上升的趋势，2013年的综合技术效率值都为及格状态。山西、陕西两省的综合技术效率值在2007 年、2010 年、2013 年虽经历了下降又上升的波动趋势，但一直为不及格状态；江苏在直接产出视角下的综合技术效率值在 2007 年呈现出持续上升趋势，在 2013 年达到了及格状态；浙江、山东、广西的综合技术效率值在 2007年、2010 年、2013 年一直呈现出持续上升的趋势，且广西在 2013 年也达到了DEA 有效。这 10 个省市在直接产出视角下的农业科技 DEA 效率测算中的综合技术效率值呈现出持续的上升趋势，说明其农业科技的直接产出水平在不断提高，直接产出效率在上升。

表 5 - 13　直接产出视角下各省市效率值分析

类别	效率值小于 0.6（个）			效率值大于 0.6（个）			效率值为 1（个）		
	2007	2010	2013	2007	2010	2013	2007	2010	2013
综合效率	11	12	10	10	10	13	8	7	6
纯技术效率	9	9	9	8	10	11	12	10	9
规模效率	1	2	1	19	18	22	9	9	6

表 5 - 14　直接产出视角下 2007—2013 年各省市效率值发展趋势数量

类别	上升（个）	下降（个）	不变（个）
综合效率	10	14	5
纯技术效率	12	10	7
规模效率	9	15	5

从纯技术效率值的发展变动情况来看，2007 年至 2013 年基于直接产出视角的纯技术效率有效的省市数量持续在减少，从 2007 年的 11 个省市、2010年的 10 个省市一直减少到 2013 年的 7 个省市，占比从总数的 37.9% 降到24.1%，下降幅度较大。北京、天津、上海、福建、广东、宁夏、新疆在2007 年、2010 年、2013 年的纯技术效率值都为 1，为纯技术效率有效省市，占总数的 24.1%，农业技术水平的发展较为平稳。四川、甘肃、青海在 2007年、2010 年均为纯技术效率有效，在 2013 年纯技术效率值均遭到不同程度的衰退，四川的纯技术效率值在 2013 年为 0.573，甚至降到了及格线以下。河南、湖北在 2007 年均为纯技术效率有效地区，2010 年、2013 年纯技术效率值

虽持续降低，但一直高于及格线，2013 年河南的纯技术效率值为 0.672，湖北的纯技术效率值为 0.761。

2007 年、2010 年、2013 年基于直接产出视角的纯技术效率值呈上升趋势的省市数量有 12 个，占总数的 41.4%，分别为：山西、辽宁、吉林、黑龙江、江苏、浙江、江西、山东、广西、重庆、贵州、陕西。其中，辽宁、黑龙江、浙江在 2007 年、2010 年、2013 年均为纯技术效率及格状态，在 2010 年呈现下滑状态，在 2013 年呈上升状态，整个过程呈现出波动上升的趋势；山西、江西、重庆在 2007 年、2010 年、2013 年均为纯技术效率不及格状态，虽然在 2013 年的纯技术效率值呈现出上升状态，仍处于不及格状态；辽宁在基于直接产出视角下农业科技的纯技术效率值在 2007 年为 0.664，在 2010 年出现了回落为 0.559，在 2013 年又出现了回升为 0.731，整个过程为上升趋势；江苏、山东、广西、贵州的纯技术效率值在 2007 年、2010 年、2013 年为持续上升状态，其中，广西在 2013 年达到了纯技术效率有效，江苏的纯技术效率值在 2013 年达到了及格水平。2007 年、2010 年、2013 年的纯技术效率值呈下降趋势的省市有 10 个，占总数的 34.5%，分别为：河北、内蒙古、安徽、河南、湖北、湖南、四川、云南、甘肃、青海。其中，河北、内蒙古呈低速下降趋势，且一直处于及格线以下，直接产出视角下的技术水平落后于其他省市。云南虽呈下降趋势，但下降幅度不大，且始终处于及格线以上，农业科技水平保持基本稳定。

从规模效率值的发展变动来看，2007 年、2010 年、2013 年规模效率均为有效的省区市数量为 5 个，分别为：北京、福建、广东、宁夏、新疆。这 5 个省市的规模报酬在 2007 年、2010 年、2013 年一直为最佳状态。2007 年规模效率有效的数量为 9 个，2010 年有效的数量为 8 个，2013 年减少到 6 个，规模效率有效的省市数量一直出现减少的状态，占比从 31% 减少到 19.4%，表明我国的农业科技直接产出水平的规模效应一直未得到充分发挥。规模效率在 2007 年、2010 年、2013 年呈下降趋势的省市数量有 15 个，占比达到总数的 51.7%，分别为：天津、河北、内蒙古、吉林、黑龙江、上海、江苏、江西、山东、河南、湖南、重庆、贵州、甘肃、青海。其中天津在 2007 年的规模效率值为 0.723，在 2010 年、2013 年持续降低，且在 2013 年已经跌落到及格线以下；除此之外，其他呈下降趋势的省市的规模效率值均为及格线以上，且与规模效率有效的距离接近。规模效率值在 2007 年、2010 年、2013 年呈上升趋势的省市数量有 9 个，占比为总数的 31%，分别为：山西、辽宁、浙江、安徽、湖北、广西、四川、云南与陕西。其中，四川是唯一一个由 2007 年规模效率值为 0.501 低于及格线上升到 2013 年规模效率值为 0.94 的省市，规模效率得到了极大地提升。其他规模效率值呈上升趋势的省市规模效率值均为与规模效率有效的距离接近。通过对 2007 年、2010 年、2013 年的规模效率的分析可以发现，直接产出视角下大多数省市的规模效率值基本与规模效率有效相差无几，整体上的发展程度较好，优于纯技术效率的发展状况。

5.4.2 间接产出视角下的农业科技投入效率比较静态分析

从综合技术效率值方面来看（表 5-15），2007 年、2010 年、2013 年基于间接产出视角的综合技术效率有效的省市数量出现了波动，从 2007 年的 11 个省市，增加到 2010 年的 13 个省市，在 2013 年又减少到 9 个省市，出现波动减少的总趋势，2013 年综合技术效率有效的省市数量占比从 2007 年的 37.9% 下降到 31%。2007 年综合技术效率有效的省市为北京、天津、上海、福建、河南、湖南、广东、重庆、青海、宁夏。其中，河南与重庆在 2007 年、2010 年为 DEA 有效，2013 年综合技术效率值减小到了 DEA 有效值以下，转为非 DEA 有效；湖南在 2007 年的 DEA 效率达到了有效，2010 年的综合技术效率值减小到了 DEA 有效值，2013 年虽有小幅度回升，仍低于 DEA 有效值。总体来说，2007 年至 2013 年基于间接产出视角的综合技术效率有效的省市数量是出现了减少的趋势的。

2007 年至 2013 年间接产出视角下综合技术效率值呈下降趋势的省区市数量为 12 个，占总数的 41.4%，分别为：河北、山西、内蒙古、吉林、黑龙江、安徽、山东、河南、湖南、重庆、云南、新疆。其中，黑龙江由 2007 年、2010 年的大于及格水平降为 2013 年的略低于及格线水平；内蒙古、安徽在 2007 年、2010 年、2013 年综合技术效率值的变化趋势为：先上升在降低，总体出现了波动降低趋势，如安徽由 2007 年的 0.812 上升到 2010 年的 0.840，又在 2013 年降低为 0.719，综合技术效率值总体下降了约 10%；山西、新疆与内蒙古、安徽的发展趋势大致相同，主要区别在于新疆的综合技术效率值一直处于及格线以下。山东、湖南与安徽等的发展趋势相反，综合技术效率值为先降低后上升，但低于 2007 年综合技术效率值且总体呈波动降低的趋势。

2007 年至 2013 年间接产出视角下综合技术效率值呈上升趋势的省市数量为 9 个，占总数的 31%，分别为：辽宁、江苏、江西、湖北、广西、四川、贵州、陕西、甘肃，其综合技术效率值都有不同程度的增加。其中，江西、广西在 2007 年、2010 年、2013 年的综合技术效率值都是经历了先下降后上升且综合技术效率值总体呈上升的趋势，且 2013 年的综合技术效率值高于 2007 年并为及格状态。甘肃的综合技术效率值在 2007 年、2010 年、2013 年虽经历了下降又上升的波动趋势，但一直为不及格状态；辽宁、江苏、四川在 2007 年、

2010 年、2013 年的综合技术效率值都是经历了先下降后上升且综合技术效率值总体呈上升的趋势，且综合技术效率值为及格状态；湖北、贵州、陕西在间接产出视角下的综合技术效率值在 2010 年、2013 年持续呈现出上升趋势，且贵州、陕西的综合技术效率值在 2007 年为不及格状态，并在 2013 年达到了 DEA 有效。

表 5 - 15　2007 年、2010 年、2013 年间接产出视角下各省市效率值分析

类别	效率值小于 0.6（个）			效率值大于 0.6（个）			效率值为 1（个）		
	2007	2010	2013	2007	2010	2013	2007	2010	2013
综合效率	7	6	5	11	10	14	11	13	9
纯技术效率	7	5	4	7	6	10	15	18	15
规模效率	0	0	0	18	15	20	11	14	9

表 5 - 16　间接产出视角下 2007—2013 年各省市效率值发展趋势数量

类别	上升（个）	下降（个）	不变（个）
综合效率	9	12	8
纯技术效率	5	11	13
规模效率	12	9	8

从纯技术效率值的发展变动情况来看，2007 年至 2013 年基于间接产出视角的纯技术效率有效的省市数量在经历了增加然后减少并保持在原数量的状态，从 2007 年的 15 个省市增加 2010 年的 18 个省市然后减少到 2013 年的 15 个省市，纯技术效率有效省市数量总体维持不变。其中，北京、天津、上海、浙江、福建、山东、河南、湖北、湖南、广东、四川、宁夏、青海在 2007 年、2010 年、2013 年的纯技术效率值都为 1，为纯技术效率有效省市，共 13 个地区，占总数的 44.8%，表明这些地区在间接视角下的农业技术水平的发展较为平稳。重庆在 2007 年、2010 年均为纯技术效率有效，2013 年纯技术效率值减少为 0.88，成为非纯技术效率地区。2007 年、2010 年、2013 年间接产出视角下的纯技术效率值呈上升趋势的省市数量有 5 个，占总数的 17.2%，分别为：江苏、江西、贵州、陕西、甘肃。这 5 个地区有一个相同点为：不管 2007 年的纯技术效率值处于有效还是及格，相较于 2007 年，2010 年的纯技术效率值经历了上升还是下降，2013 年的纯技术效率值均达到了及格以上状态。其中，江苏在 2007 年的纯技术效率值为 0.881，在 2010 年、2013 年纯技术效率达到了有效；江西和贵州的纯技术效率值在 2007 年、2010 年、2013 年呈持续上升趋势。2007 年、2010 年、2013 年的纯技术效率值呈下

降趋势的省市有 11 个，占总数的 37.9%，分别为：河北、山西、内蒙古、辽宁、吉林、黑龙江、安徽、广西、重庆、云南、新疆。其中，山西、吉林、云南、新疆在 2007 年、2010 年、2013 年一直处于及格线以下且呈低速下降趋势，间接产出视角下的技术水平落后于其他省市。辽宁、黑龙江、广西、重庆虽呈下降趋势，但下降幅度不大，且始终处于及格线以上，农业科技水平基本保持稳定。总的来说，多数 2007 年至 2013 年处于纯技术效率值下降趋势的省市的下降幅度较小，间接产出视角下的纯技术效率的发展是比较稳定的。

从规模效率值的发展变化来看，2007 年、2010 年、2013 年规模效率均为有效的数量为 8 个，分别为：北京、天津、上海、浙江、福建、广东、青海、宁夏，这 8 个省市的规模效率在 2007 年、2010 年、2013 年一直为有效状态。2007 年规模效率有效的数量为 11 个，2010 年有效的数量为 13 个，2013 年减少到 9 个，占比从 37.9% 增加到 44.8% 又减少到 31%，规模效率有效的省市数量出现波动减少的情况，表明我国各省市的农业科技投入方面存在着不合理的地方。规模效率在 2007 年为有效的省市有北京、天津、上海、浙江、福建、河南、湖南、广东、重庆、青海、宁夏，湖南 2010 年转变为非规模效率有效省市。在 2007 年除湖南外其他规模效率有效省市的基础上，2010 年又增加了内蒙古、江西、湖北为规模效率有效省市。江苏、江西、河南、重庆的规模效率值在 2013 年减小到有效值以下，规模效率有效省市减少到 9 个。总体来说，2013 年间接视角下规模效率的发展不如 2007 年、2010 年。规模效率在 2007 年、2010 年、2013 年呈下降趋势的省市数量有 9 个，占比达到总数的 31%，分别为：河北、内蒙古、黑龙江、安徽、山东、河南、湖南、重庆、新疆。其中黑龙江、安徽、山东、湖南、新疆在 2010 年的规模效率值均出现了下降，并在 2013 年略微上升，呈先下降后略上升总体下降的发展趋势。规模效率值在 2007 年、2010 年、2013 年呈上升趋势的省市数量有 12 个，占比为总数的 41.4%，是 2007 年、2010 年、2013 年间接视角下综合效率、纯技术效率、规模效率三者的静态分析中唯一一个上升趋势的省市数量大于下降趋势的省市数量的方面。且规模效率在及格线以上，所有省市的规模效率值均与规模效率有效的差距较小。通过对 2007 年、2010 年、2013 年的规模效率的分析可以发现，整体上的发展程度较好。

5.4.3 总量指标视角下的农业科技投入效率比较静态分析

总量指标视角下的农业科技产出效率是结合直接产出与间接产出测算得出的总的农业科技 DEA 效率结果，排除了直接产出指标或间接产出指标单方面的劣势，以整体的产出进行效率测算，相对于直接产出视角与间接产出视角的农业科技 DEA 效率结果，总量产出指标下的农业科技 DEA 效率的结果更加符合现状。从综合技术效率值来看，2007 年至 2013 年基于总量指标视角的综合技术效率省市有效的数量整体上是减少的，2007 年综合技术效率有效的省市数量为 13 个，2010 年增加到 16 个，在 2013 年又减少到 12 个，这几年间部分省市的农业科技 DEA 效率波动比较大。2007 年综合技术效率有效的省市为北京、天津、上海、浙江、福建、河南、湖南、广东、重庆、甘肃、青海、宁夏、新疆，其中，北京、天津、上海、浙江、福建、广东、甘肃、青海、宁夏、新疆在 2007 年、2010 年、2013 年均为 DEA 效率有效省市，综合技术效率保持不变；河南、重庆在 2007 年、2010 年为 DEA 有效，2013 年综合技术效率值下降到有效值以下，转变为非 DEA 有效；湖南除了 2007 年的 DEA 效率达到了有效，2010 年、2013 年的综合技术效率值出现了波动，综合技术效率值由 1 减少到了 0.742 又增加到了 0.908，综合技术效率值总体为波动下降的趋势。

2007 年至 2013 年综合技术效率值呈下降趋势的省市数量为 9 个，占总数的 31%，分别为：河北、内蒙古、吉林、黑龙江、安徽、山东、河南、湖南、重庆，其 2013 年的综合效率值较 2007 年的综合技术效率值呈减小趋势。吉林、黑龙江、山东的变化趋势为先减后增，且 2013 年综合技术效率值低于 2007 年综合技术效率值；内蒙古、安徽的变化趋势与吉林等的变化趋势正好相反，为先增后减，2013 年综合技术效率值同样低于 2007 年综合技术效率值；河北 2007 年的综合技术效率值为 0.960，2010 年为 0.820，2013 年为 0.790，综合技术效率值表现为持续下降的变化趋势。以上省市在基于总量指标视角的综合技术效率值均出现了不同程度的降低，但均高于及格线，说明这些省市在总量指标视角下的农业科技投入与产出之间出现了一些不协调因素，但是总体上投入与产出之间的结构还是基本合理的。

2007 年至 2013 年综合技术效率值呈上升趋势的省市数量为 10 个，占总数的 34.5%，分别为：山西、辽宁、江苏、江西、湖北、广西、四川、贵州、云南、陕西。其中，总量指标视角下，山西的综合技术效率值在 2007 年、2010 年、2013 年一直为不及格状态，原因在于山西的投入结构不合理，投入冗余较大；辽宁、湖北、陕西在总量指标视角下的综合技术效率值在 2007 年呈现出持续上升趋势，且陕西在 2007 年的综合技术效率值为不及格状态，湖北在 2010 年、2013 年达到了有效状态；江西、云南在 2007 年、2010 年、2013 年的综合技术效率值都是经历了先下降后上升，综合技术效率值总体呈上升的趋势，且 2013 年的综合技术效率值都为及格以上；江苏、贵州两省都是在 2010 年的综合技术效率值达到了有效，2013 年综合技术效率值又回落到非有效状态。

表 5-17 总量指标视角下各省市效率值分析

类别	效率值小于 0.6（个）			效率值大于 0.6（个）			效率值为 1（个）		
	2007	2010	2013	2007	2010	2013	2007	2010	2013
综合效率	3	3	1	13	10	16	13	16	12
纯技术效率	2	2	1	9	6	9	18	21	19
规模效率	0	0	0	16	11	17	13	18	12

表 5-18 2007—2013 年总量指标视角下各省市效率值发展趋势数量

类别	上升（个）	下降（个）	不变（个）
综合效率	10	9	10
纯技术效率	6	7	16
规模效率	9	10	10

从纯技术效率值的发展变动来看，2007 年至 2013 年基于总量指标视角的综合技术效率有效的省市数量整体上是增加的，2007 年综合技术效率有效的省市数量为 18 个，2010 年增加到 21 个，在 2013 年减少到 19 个，总体趋势还是增加的。北京、天津、上海、浙江、福建、山东、河南、湖北、湖南、广东、广西、重庆、四川、甘肃、青海、宁夏、新疆在 2007 年、2010 年、2013 年的纯技术效率值都为 1，为纯技术效率有效省市，占总数的 55.2%，占总省市数量的二分之一还多，近些年来总量指标视角下农业技术发展水平比较稳定。2007 年、2010 年、2013 年基于总量指标视角的纯技术效率值呈上升趋势的省市数量有 6 个，占总数的 20.7%，分别为：山西、江苏、江西、贵州、云南、陕西。其中，山西在 2007 年、2010 年、2013 年均为纯技术效率不及格状态，在 2010 年、2013 年虽略有上升，仍低于及格线；江苏、贵州在 2007 年的纯技术效率值分别为 0.881、0.601，在 2010 年、2013 年纯技术效率值提高为 1，使江苏、贵州达到纯技术效率有效，且贵州的提升幅度大于江苏；江西在 2007 年为纯技术效率及格省市，2010 年纯技术效率值下降为 0.535，2013 年的纯技术效率值又上升到 0.725，超过及格线，总的来说，江西的农业技术水平不稳定。陕西的纯技术效率值从 2007 年的 0.478 持续上升到 2013 年的纯技术效率有效，纯技术效率值上升幅度很大，农业科技水平得到了很大的提高。2007 年、2010 年、2013 年的纯技术效率值呈下降趋势的省市数量有 7 个，占总数的 24.1%，分别为：河北、内蒙古、辽宁、吉林、黑龙江、安徽、重庆。其中，河北、内蒙古在 2010 年达到纯技术效率有效，在 2013 年的纯技术效率值也大于 0.9，但总体呈低速下降趋势；辽宁 2007 年都达到了纯技术

效率有效，在 2010 年、2013 年纯技术效率值呈持续下降趋势，2013 年的纯技术效率值下降到 0.874；重庆在 2007 年、2010 年都达到了纯技术效率有效，在 2013 年纯技术效率值下降到 0.880；黑龙江、安徽虽呈下降趋势，但下降幅度不大，纯技术效率值均大于 0.7。以上省市的纯技术效率值在 2007 年、2010 年、2013 年虽呈下降趋势，但其纯技术效率值的下降幅度均不大，表明投入结构适当调整就可以达到最佳水平。

从规模效率值的发展变动来看，2007 年、2010 年、2013 年规模效率均为有效的省市数量为 10 个，分别为：北京、天津、上海、浙江、福建、广东、甘肃、青海、宁夏、新疆。这 10 个省市的规模报酬在 2007 年、2010 年、2013 年一直为最佳状态。2007 年规模效率有效的数量为 13 个，2010 年数量增加到 18 个，2013 年减少到 12 个，规模效率有效的省市数量出现波动减少的情况，占比从 44.8％增加到 62.1％然后又减少到 42.9％，表明总量指标下我国各省市的农业科技的规模效应并不稳定。规模效率在 2007 年、2010 年、2013 年呈下降趋势的省市数量有 10 个，占比达到总数的 34.5％，分别为河北、内蒙古、黑龙江、安徽、山东、河南、湖南、重庆、贵州、云南。其中内蒙古、贵州的发展趋势是先增后减，即 2010 年的规模效率值增加而 2013 年的规模效率值减少；河北、黑龙江、安徽、山东、湖南、云南与上述两省正好相反，变动情况为先减后增，且 2013 年的规模效率值小于 2007 年的规模效率值；河南、重庆在 2007 年、2013 年均为规模效率有效，且都在 2013 年降低为规模效率无效省市。规模效率值在 2007 年、2010 年、2013 年呈上升趋势的省市数量有 9 个，占比为总数的 31％，分别为：山西、辽宁、吉林、江苏、江西、湖北、广西、四川、陕西。其中，山西、江苏、江西在 2007 年规模效率为无效省市，在 2010 年规模效率达到了有效，在 2013 年又降低为无效省市，但其规模效率值均大于 0.95，基本接近于规模效率有效。四川由 2007 年规模效率值为 0.641 上升到 2010 年的 0.709 又在 2013 年降低为 0.656，是唯一一个 2007 年到 2013 年的综合效率刚过及格值的省市，规模效率有待提升。总量指标视角下辽宁、陕西的规模效率值在 2007 年、2010 年、2013 年呈直线上升趋势，辽宁整体增加了 17.8％，陕西整体增加了 20.7％。吉林与广西在 2007 年、2010 年、2013 年的规模效率值都是经历了先下降后上升且综合技术效率值总体呈上升的趋势，此外，广西在 2013 年达到了规模效率有效。

5.4.4 小结

从综合技术效率、纯技术效率以及规模效率的均值上可以发现，直接产出视角下 2007 年、2010 年、2013 年农业科技投入 DEA 效率是呈递减状态的，虽然各年份的均值之间的差距不大，但总体上是递减的，直接产出视角下农业科技投入产出效率并不理想，原因可能是近些年来虽然政府大力发展农业现代化，引进农业科研人员，但是提高农业科研效率并不仅仅要快速扩张科研人员的数量，而要大力提高农业科研人员的整体质量，增强农业科研人员的科研水平。同时也应该把握好农业科研投入的度，不能盲目，把本就稀缺的农业科研资源大量输出导致浪费。间接产出视角下的 2007 年、2010 年、2013 年农业科技投入 DEA 效率是呈递增状态的，不论是综合技术效率均值，还是纯技术效率均值、规模效率均值，其效率值都是增加的，原因可能是农业科技推广体系进一步完善，能让最新的农业科技成果快速转化为生产力，并且快速有效地进入农业领域，转化成经济利益，促进农业经济的发展。农业经济快速发展，又促进了农业科技的快速发展，形成良性循环，从而促进农业科技间接产出效率的提高。总量指标视角下 2007 年、2010 年、2013 年，综合技术效率均值、纯技术效率均值在 2007 年、2010 年、2013 年是持续递增的，但规模效率均值却是略有降低的，但总体上总量指标视角下农业科技投入 DEA 效率是呈递增状态的。总量产出指标视角下规模效率呈递减状态的原因可能为农业发展到过于庞大时，投入、管理等各环节等都会产生一定的不协调，且农业科技成果到最后转化为利益时各环节会加长，从而使规模效益缩小，导致规模效率相应的有所降低。

通过根据对 2007 年、2010 年、2013 年农业科技投入产出数据进行的基于直接产出视角、间接产出视角以及总量指标视角的三个维度的农业科技投入 DEA 效率测算结果进行的比较静态分析可以得出结论：①基于直接产出视角的农业科技投入 DEA 效率测算结果表明，农业科技直接产出 DEA 效率效率在 2007 年、2010 年、2013 年逐年降低，虽降幅不大，但总体上是递减的。②基于间接产出视角的农业科技投入 DEA 效率测算结果表明，不论是综合技术效率，还是纯技术效率、规模效率，其效率都是增加的，间接产出视角下的农业科技投入效率的发展是越来越好的。③基于总量产出视角的农业科技投入 DEA 效率测算结果为综合技术效率值、纯技术效率值在增加，规模效率值在减少，表明总量指标视角下规模效率的发展出现了些许倒退，以后的发展重点应该在于规模效率方面，同时兼顾纯技术效率。④通过三个视角对 2007 年、2010 年、2013 年农业科技投入产出数据进行 DEA 效率分析中可以发现，我国农业科技投入产出效率都是在及格线以上的，总体上的农业科技投入 DEA 效率是在逐步发展的。

5.5　本章小结

本章利用各省区市的面板数据，对 2007 年、2010 年、2013 年直接产出、间接产出、总量指标下各省区市的农业科技投入 DEA 效率分别进行了整理分析，对各省区市近些年来农业科技的发展有了一个大致的了解。然后对三个视角下各省区市 2007 年、2010 年、2013 年的农业科技投入 DEA 效率进行比较静态分析，对过去的农业科技投入有了整体的认识，能够全面了解掌握我国各地区农业科技发展状况。

6 农业科技投入产出数据预测及 DEA 效率评价

6.1 预测模型介绍

中国学者邓聚龙教授创立的灰色系统理论是研究数据不确定性和信息不确定性的一种新方法。其主要内容包含灰色运算于灰色代数系统、灰色方程、灰色矩阵等灰色系统的基础理论；序列算子和灰色挖掘方法；用于系统诊断、分析的系列灰色关联分析模型；用于解决系统要素和对象分类问题的多种灰色聚类评估模型；灰色预测模型和灰色系统预测方法和技术；主要用于方案评价和选择的灰靶决策和多目标加权灰靶决策模型；以多方法融合改进为特点的灰色组合模型，如灰色规划、灰色投入产出、灰色博弈、灰色控制等。

本书主要利用灰色系统中的预测模型对数据进行相应的预测。选取相应的历史数据，运用其基本原理进行可行性的预测，从而得出未来一段时期的数据量。对灰色系统建立的预测模型称为灰色模型（Grey Model），简称 GM 模型，是指在原始数据做累加处理后，对新生数列进行微分处理，GM（1，1）即代表 1 阶的、1 个变量的微分方程模型。GM（1，1）预测模型是将随机的原始时间序列累加成新的时间序列，并且根据新序列的规律，利用 1 阶的线性微分方程的解不断进行逼近。它揭示了系统内部事物连续发展变化的过程。

灰色预测模型在生活中的很多方面都得到了应用。刘春平、黄宝燕、徐琼花[100]运用灰色 GM（1，1）预测模型对 2018—2022 年海南省卫生总费用、政府卫生支出、社会卫生支出、个人卫生支出情况进行了预测。魏微[101]根据辽阳市 2011—2017 年 HIV/AIDS 的检出报告数，采用 GM（1，1）灰色模型预测了 2018 年 HIV/AIDS 的报告数。相静、孔杨、徐天和[102]通过建立的灰色系统 GM（1，1）模型，对山东省卫生费用结构的分布情况及趋势进行了预测分析。张小允、李哲敏[103]基于近 20 年全国小杂粮种植面积数据，建立灰色 GM（1，1）预测模型，预测了未来 10 年中国小杂粮的种植面积。徐敏、王立兵、谢德尚[104]采用灰色系统 GM（1，1）模型，对廊坊市不同热储层地热井的地下热水水位进行了预测。胡峰、陆丽娜、黄斌、周文魁[105]利用改进的新陈代谢 GM（1，1）模型，借助 MATLAB 对江苏省高技术产业 2016—2020 年的人才总量进行了灰色预测。王海涛、宁云才[106]建立了 1998—2015 年新疆煤炭消费的非线性回归的 GM（1，1）模型，并预测了 2016—2030 年的新疆煤炭消费值。田梓辰、刘淼[107]利用改进的 GM（1，1）模型对新疆近 10 年的 GDP 水平进行了预测分析。吴潇、陈绍志、赵荣[108]采用 GM（1，1）预测模型，对 2015—2020 年中国总油料、木本油料及油茶籽油料产量进行了预测。孙幸荣、张春[109]通过建立灰色 GM（1，1）模型预测中国未来人口发展趋势。朱婧、范亚东、徐勇[110]采用改进 GM（1，1）模型用 1990—2014 年中国大豆价格预测 2015—2017 年中国大豆价格。张振华[111]运用了 GM（1，1）模型灰色预测系统对人口老龄化数据趋势进行了预测与研究。鲁珊珊、俞菊生[112]基于 2000—2012 年上海市蔬菜生产量数据，采用灰色预测 GM（1，1）模型，对上海未来 2013—2017 年的蔬菜生产量进行了预测分析。戴华炜、陈小旋、孙晓通[113]通过灰色系统 GM（1，1）模型群，对深圳市未来两年的主要大气污染物浓度进行了预测分析。高原、冯仲科、仇琪、焦有权、徐伟恒[114]利用 GM（1，1）灰色预测模型，基于数值分析软件 DPS 建立了华山松生长量预测模型并进行了验证。祖培福、姬春秋、王秀英、赵娜[115]运用 GM（1，1）灰色预测模型对黑龙江省未来几年城乡居民的储蓄存款额状况进行了科学预测。

灰色预测 GM（1，1）模型建模过程如下：设 $X^{(0)} = [x^{(0)}(1), x^{(0)}(2), \cdots x^{(0)}(n)]$，$x^{(0)}(k) \geqslant 0$，$k=1, 2, \cdots, n$。

第 1 步：累加生成。设原始非负序列为 $X^{(0)} = [x^{(0)}(1), x^{(0)}(2), \cdots x^{(0)}(n)]$，则 $X^{(0)}$ 的一阶累加生成算子序列为：

$X^{(1)} = [x^{(1)}(1), x^{(1)}(2), \cdots x^{(1)}(n)]$，其中，$X^{(1)}(k) = \sum_{i=1}^{k} x^{(0)}(i)$，$k=1, 2, \cdots, n$。

第 2 步：构造背景值。由 $X^{(1)}$ 构造背景值序列 $Z^{(1)} = [z^{(1)}(2), z^{(1)}(3), \cdots, z^{(1)}(n)]$，其中 $z^{(1)}(k) = \frac{1}{2}[x^{(1)}(k) + x^{(1)}(k-1)]$，$k=2, 3, \cdots, n$，作紧邻均值生成。

第 3 步：假定 $X^{(1)}$ 具有近似值数变化规律，则白化微分方程为 $\frac{dx^{(1)}}{dt} + ax^{(1)} = b$。将上式离散化，微分变差分，得到 GM（1，1）灰微分方程 $x^{(0)}(k) + az^{(1)}(k) = b$。

第 4 步：用最小二乘法，可以解得参数 a，b，其中 $-a$ 为发展系数，其大小反映了 $\hat{x}^{(1)}$ 及 $\hat{x}^{(0)}$ 的发展态势；b 为灰作用量。$a = [a, b]^{T} = (B^{T}B)^{-1}B^{T}Y$，其中：

$$B=\begin{bmatrix} -z^{(1)} & (2) & 1 \\ \vdots & & \vdots \\ -z^{(1)} & (n) & 1 \end{bmatrix}, \quad Y=\begin{bmatrix} x^{(0)} & (2) \\ \vdots \\ x^{(0)} & (n) \end{bmatrix}$$

第 5 步：求解白化微分方程，得到 GM（1，1）模型的时间响应函数：

$$\hat{x}^{(1)}(k)=\left(x^{(1)}(0)-\frac{b}{a}\right)e^{-a(k-1)}+\frac{b}{a}, \quad k=1, 2, \cdots, n。$$

第 6 步：对 $\hat{x}^{(1)}(k)$ 做一阶累减还原，得到最终的预测值：

$$\hat{x}^{(0)}(k)=\hat{x}^{(1)}(k)-\hat{x}^{(1)}(k-1), \quad k=1, 2, \cdots, n。$$

可得出相对应的 $X^{(0)}$ 的时间响应式：

$$\hat{x}^{(0)}(k)=(1-e^a)\left(x^{(0)}(1)-\frac{b}{a}\right)e^{-a(k-1)}, \quad k=1, 2, \cdots, n。$$

最终可求得预测值。

GM（1，1）预测模型的优点是：不需要大量样本；样本不需要有规律性分布；计算工作量小；定量分析结果与定性分析结果不会不一致；可用于短期、中长期预测；灰色预测准确度高。

6.2 农业科技投入产出数据预测

为了我国农业科技水平能够在尽可能短的时间内得到整体发展，预测并研究 2017 年、2020 年、2023 年各省域农业科技发展情况，可以为决策部门提供参考，使决策部门能够从宏观战略意义出发，对各省域进行更好的指导和规划，对于促进农业科技的发展有着理论与现实意义。本书拟按照上文指标选取数据，利用灰色 GM（1，1）模型进行预测。鉴于预测 2017 年、2020 年、2023 年需要近年来各个省区市农业科技发展情况，数据庞大，故原始数据不在文中给出。为与上文保持一致，预测数据已经处理过。鉴于篇幅，只给出代表省区市的预测数据，其他省区市的预测数据将在附表列出。

表 6-1 黑龙江省农业科技投入产出灰色预测模型及平均相对误差

指标	时间响应函数	平均相对误差
农业机械总动力（万千瓦）	$\hat{X}^{(1)}(k+1)=56\,860.025\,081\,e^{(0.066\,116\,k)}-53\,459.025\,081$	2.16%
农业技术人员（人）	$\hat{X}^{(1)}(k+1)=1\,345\,995.527\,546\,e^{(0.026\,722\,k)}-1\,310\,685.527\,546$	2.91%
R&D 人员（人）	$\hat{X}^{(1)}(k+1)=35\,256.227\,910\,e^{(0.053\,059\,k)}-33\,279.227\,910$	5.11%
R&D 经费内部支出（万元）	$\hat{X}^{(1)}(k+1)=473\,279.319\,025\,e^{(0.095\,937\,k)}-419\,281.319\,025$	35.36%

（续）

指标	时间响应函数	平均相对误差
技术市场合同成交额（万元）	$\hat{X}^{(1)}(k+1) = 1\,040\,197.278\,048\,e^{(0.161\,732\,k)} - 912\,123.278\,048$	18.02%
发表科技论文（篇）	$\hat{X}^{(1)}(k+1) = 27\,623.846\,496\,e^{(0.031\,541\,k)} - 26\,636.846\,496$	4.97%
农林牧渔业总产值（亿元）	$\hat{X}^{(1)}(k+1) = 29\,100.373\,518\,e^{(0.100\,173\,k)} - 26\,849.373\,518$	8.03%

表 6-2　黑龙江省预测数据

年份	农业机械总动力（万千瓦）	农业技术人员（人）	R&D人员（人）	R&D经费内部支出（万元）	技术市场合同成交额（万元）	发表科技论文（篇）	农林牧渔业总产值（亿元）
2017	6 174	43 950	2 785	93 273	566 475	1 104	6 182
2018	6 596	45 140	2 937	102 665	665 917	1 139	6 833
2019	7 046	46 363	3 097	113 002	782 816	1 176	7 553
2020	7 528	47 618	3 266	124 380	920 235	1 213	8 349
2021	8 043	48 908	3 444	136 904	1 081 778	1 252	9 228
2022	8 592	50 232	3 631	150 689	1 271 679	1 292	10 201
2023	9 180	51 593	3 829	165 862	1 494 917	1 334	11 276
2024	9 807	52 990	4 038	182 562	1 757 343	1 377	12 464
2025	10 477	54 425	4 258	200 944	2 065 836	1 421	13 777

表 6-3　重庆市农业科技投入产出灰色预测模型及平均相对误差

指标	时间响应函数	平均相对误差
农业机械总动力（万千瓦）	$\hat{X}^{(1)}(k+1) = 31\,610.392\,826\,e^{(0.033\,787\,k)} - 30\,643.392\,826$	0.74%
农业技术人员（人）	$\hat{X}^{(1)}(k+1) = 842\,836.209\,913\,e^{(0.015\,723\,k)} - 828\,391.209\,913$	2.45%
R&D人员（人）	$\hat{X}^{(1)}(k+1) = 22\,152.656\,331\,e^{(0.023\,692\,k)} - 21\,717.656\,331$	15.15%
R&D经费内部支出（万元）	$\hat{X}^{(1)}(k+1) = 290\,450.700\,671\,e^{(0.050\,038\,k)} - 281\,005.700\,671$	27.84%
技术市场合同成交额（万元）	$\hat{X}^{(1)}(k+1) = 942\,695.818\,875\,e^{(0.084\,556\,k)} - 889\,117.818\,875$	31.67%
发表科技论文（篇）	$\hat{X}^{(1)}(k+1) = 2\,145.275\,325\,e^{(0.072\,289\,k)} - 1\,990.275\,325$	9.42%
农林牧渔业总产值（亿元）	$\hat{X}^{(1)}(k+1) = 11\,281.655\,276\,e^{(0.093\,985\,k)} - 10\,368.655\,276$	3.41%

表 6-4　重庆市预测数据

年份	农业机械总动力（万千瓦）	农业技术人员（人）	R&D人员（人）	R&D经费内部支出（万元）	技术市场合同成交额（万元）	发表科技论文（篇）	农林牧渔业总产值（亿元）
2017	1 376	14 911	627	21 155	150 336	267	2 146
2018	1 423	15 147	642	22 240	163 601	287	2 358
2019	1 472	15 387	657	23 381	178 036	308	2 590
2020	1 523	15 631	673	24 581	193 745	331	2 846
2021	1 575	15 878	689	25 842	210 839	356	3 126
2022	1 629	16 130	706	27 168	229 443	383	3 434
2023	1 685	16 386	723	28 562	249 687	412	3 772
2024	1 743	16 645	740	30 028	271 718	442	4 144
2025	1 803	16 909	758	31 569	295 693	476	4 553

表 6-5　广东省农业科技投入产出灰色预测模型及平均相对误差

指标	时间响应函数	平均相对误差
农业机械总动力（万千瓦）	$\hat{X}^{(1)}(k+1)=153\,316.745\,283\,e^{(0.015\,399\,k)}-151\,231.745\,283$	4.00%
农业技术人员（人）	$\hat{X}^{(1)}(k+1)=329\,931.317\,307\,e^{(0.037\,096\,k)}-314\,126.317\,307$	8.95%
R&D人员（人）	$\hat{X}^{(1)}(k+1)=110\,988.382\,399\,e^{(0.027\,013\,k)}-107\,948.382\,399$	2.74%
R&D经费内部支出（万元）	$\hat{X}^{(1)}(k+1)=839\,297.451\,527\,e^{(0.113\,768\,k)}-732\,743.451\,527$	4.37%
技术市场合同成交额（万元）	$\hat{X}^{(1)}(k+1)=1\,287\,676.302\,428\,e^{(0.153\,292\,k)}-1\,143\,173.302\,428$	11.23%
发表科技论文（篇）	$\hat{X}^{(1)}(k+1)=31\,433.225\,678\,e^{(0.038\,780\,k)}-30\,080.225\,678$	5.57%
农林牧渔业总产值（亿元）	$\hat{X}^{(1)}(k+1)=54\,062.451\,416\,e^{(0.070\,614\,k)}-50\,724.451\,416$	2.10%

表 6-6　广东省预测数据

年份	农业机械总动力（万千瓦）	农业技术人员（人）	R&D人员（人）	R&D经费内部支出（万元）	技术市场合同成交额（万元）	发表科技论文（篇）	农林牧渔业总产值（亿元）
2017	2 650	16 166	3 672	224 251	623 814	1 631	6 485
2018	2 691	16 777	3 772	251 272	727 158	1 695	6 959
2019	2 733	17 411	3 875	281 548	847 623	1 762	7 468
2020	2 775	18 069	3 982	315 472	988 045	1 832	8 015

（续）

年份	农业机械总动力（万千瓦）	农业技术人员（人）	R&D人员（人）	R&D经费内部支出（万元）	技术市场合同成交额（万元）	发表科技论文（篇）	农林牧渔业总产值（亿元）
2021	2 818	18 752	4 091	353 484	1 151 729	1 904	8 601
2022	2 862	19 461	4 203	396 076	1 342 531	1 979	9 230
2023	2 907	20 196	4 318	443 800	1 564 942	2 058	9 906
2024	2 952	20 960	4 436	497 274	1 824 198	2 139	10 631
2025	2 997	21 752	4 557	557 191	2 126 404	2 224	11 408

表 6-7　河南省农业科技投入产出灰色预测模型及平均相对误差

指标	时间响应函数	平均相对误差
农业机械总动力（万千瓦）	$\hat{X}^{(1)}(k+1) = 1\ 692\ 552.130\ 269\ e^{(0.006\ 257\ k)} - 1\ 682\ 734.130\ 269$	4.75%
农业技术人员（人）	$\hat{X}^{(1)}(k+1) = 607\ 737.973\ 482\ e^{(0.041\ 583\ k)} - 580\ 164.973\ 482$	8.44%
R&D人员（人）	$\hat{X}^{(1)}(k+1) = 149\ 730.633\ 929\ e^{(0.018\ 586\ k)} - 146\ 859.633\ 929$	3.64%
R&D经费内部支出（万元）	$\hat{X}^{(1)}(k+1) = 154\ 613.094\ 164\ e^{(0.150\ 923\ k)} - 131\ 522.094\ 164$	7.93%
技术市场合同成交额（万元）	$\hat{X}^{(1)}(k+1) = 121\ 530.227\ 081\ e^{(0.116\ 008\ k)} - 99\ 526.227\ 081$	16.52%
发表科技论文（篇）	$\hat{X}^{(1)}(k+1) = -20\ 111.282\ 631\ e^{(-0.044\ 978\ k)} + 21\ 031.282\ 631$	2.95%
农林牧渔业总产值（亿元）	$\hat{X}^{(1)}(k+1) = 117\ 388.613\ 701\ e^{(0.049\ 681\ k)} - 112\ 516.613\ 701$	2.43%

表 6-8　河南省预测数据

年份	农业机械总动力（万千瓦）	农业技术人员（人）	R&D人员（人）	R&D经费内部支出（万元）	技术市场合同成交额（万元）	发表科技论文（篇）	农林牧渔业总产值（亿元）
2017	11 099	34 523	3 199	72 444	33 672	646	8 466
2018	11 168	35 989	3 259	84 246	37 814	617	8 897
2019	11 239	37 517	3 320	97 970	42 466	590	9 350
2020	11 309	39 110	3 383	113 930	47 689	564	9 827
2021	11 380	40 771	3 446	132 490	53 555	539	10 327
2022	11 451	42 502	3 511	154 074	60 143	516	10 853
2023	11 523	44 307	3 577	179 174	67 540	493	11 406
2024	11 596	46 188	3 644	208 363	75 848	471	11 987
2025	11 668	48 149	3 712	242 306	85 178	451	12 598

表 6-9　湖北省农业科技投入产出灰色预测模型及平均相对误差

指标	时间响应函数	平均相对误差
农业机械总动力（万千瓦）	$\hat{X}^{(1)}(k+1) = 83\,571.741\,269\,e^{(0.041\,044\,k)} - 80\,514.741\,269$	3.52%
农业技术人员（人）	$\hat{X}^{(1)}(k+1) = -1\,888\,032.210\,868\,e^{(-0.009\,839\,k)} + 1\,906\,387.210\,868$	12.00%
R&D 人员（人）	$\hat{X}^{(1)}(k+1) = 1\,438\,217.178\,218\,e^{(0.002\,193\,k)} - 1\,435\,115.178\,218$	3.52%
R&D 经费内部支出（万元）	$\hat{X}^{(1)}(k+1) = 1\,378\,934.570\,290\,e^{(0.065\,669\,k)} - 1\,286\,831.570\,290$	2.77%
技术市场合同成交额（万元）	$\hat{X}^{(1)}(k+1) = 858\,224.279\,71e^{(0.031\,281\,3\,k)} - 680\,802.731\,610$	2.557%
发表科技论文（篇）	$\hat{X}^{(1)}(k+1) = 58\,986.279\,553\,e^{(0.018\,733\,k)} - 57\,750.279\,553$	2.56%
农林牧渔业总产值（亿元）	$\hat{X}^{(1)}(k+1) = 44\,097.971\,336\,e^{(0.083\,678\,k)} - 41\,112.971\,336$	3.46%

表 6-10　湖北省预测数据

年份	农业机械总动力（万千瓦）	农业技术人员（人）	R&D 人员（人）	R&D 经费内部支出（万元）	技术市场合同成交额（万元）	发表科技论文（篇）	农林牧渔业总产值（亿元）
2017	4 667	17 255	3 207	148 211	2 815 464	1 272	6 914
2018	4 863	17 086	3 214	158 271	3 849 486	1 296	7 517
2019	5 066	16 918	3 221	169 013	5 263 269	1 320	8 173
2020	5 279	16 753	3 228	180 485	7 196 284	1 345	8 887
2021	5 500	16 589	3 235	192 735	9 839 228	1 371	9 662
2022	5 730	16 426	3 242	205 817	13 452 834	1 397	10 505
2023	5 970	16 266	3 249	219 786	18 393 591	1 423	11 422
2024	6 220	16 106	3 256	234 704	25 148 916	1 450	12 419
2025	6 481	15 949	3 263	250 634	34 385 237	1 477	13 503

表 6-11　云南省农业科技投入产出灰色预测模型及平均相对误差

指标	时间响应函数	平均相对误差
农业机械总动力（万千瓦）	$\hat{X}^{(1)}(k+1) = 43\,054.078\,083\,e^{(0.056\,690\,k)} - 40\,895.078\,083$	2.15%
农业技术人员（人）	$\hat{X}^{(1)}(k+1) = -6\,534\,188.944\,581\,e^{(-0.006\,393\,k)} + 6\,572\,039.944\,581$	2.44%
R&D 人员（人）	$\hat{X}^{(1)}(k+1) = 31\,205.705\,860\,e^{(0.050\,225\,k)} - 29\,502.705\,860$	2.65%
R&D 经费内部支出（万元）	$\hat{X}^{(1)}(k+1) = 369\,341.452\,531\,e^{(0.092\,178\,k)} - 333\,717.452\,531$	5.17%
技术市场合同成交额（万元）	$\hat{X}^{(1)}(k+1) = 288\,918.419\,398\,e^{(0.176\,244\,k)} - 260\,581.419\,398$	41.81%
发表科技论文（篇）	$\hat{X}^{(1)}(k+1) = 17\,485.198\,307\,e^{(0.043\,329\,k)} - 16\,615.198\,307$	10.34%
农林牧渔业总产值（亿元）	$\hat{X}^{(1)}(k+1) = 20\,553.722\,107\,e^{(0.097\,657\,k)} - 18\,847.722\,107$	5.63%

表 6-12 云南省预测数据

年份	农业机械总动力（万千瓦）	农业技术人员（人）	R&D 人员（人）	R&D 经费内部支出（万元）	技术市场合同成交额（万元）	发表科技论文（篇）	农林牧渔业总产值（亿元）
2017	3 735	39 820	2 285	67 991	191 212	1 049	4 177
2018	3 952	39 566	2 402	74 556	228 065	1 095	4 605
2019	4 183	39 314	2 526	81 755	272 019	1 144	5 078
2020	4 427	39 063	2 656	89 649	324 445	1 194	5 599
2021	4 685	38 814	2 793	98 306	386 975	1 247	6 173
2022	4 958	38 567	2 937	107 798	461 557	1 302	6 806
2023	5 248	38 321	3 088	118 207	550 512	1 360	7 505
2024	5 554	38 077	3 247	129 621	656 612	1 420	8 274
2025	5 878	37 834	3 414	142 138	783 161	1 483	9 123

表 6-13 宁夏壮族自治区农业科技投入产出灰色预测模型及平均相对误差

指标	时间响应函数	平均相对误差
农业机械总动力（万千瓦）	$\hat{X}^{(1)}(k+1)=-5\,546.545\,455\,e^{(-0.014\,434\,k)}+5\,616.545\,455$	9.16%
农业技术人员（人）	$\hat{X}^{(1)}(k+1)=-1\,044\,284.373\,471\,e^{(-0.008\,651\,k)}+1\,053\,427.373\,471$	2.01%
R&D 人员（人）	$\hat{X}^{(1)}(k+1)=1\,412.366\,667\,e^{(0.053\,167\,k)}-1\,343.366\,667$	5.04%
R&D 经费内部支出（万元）	$\hat{X}^{(1)}(k+1)=4\,620.473\,423\,e^{(0.191\,086\,k)}-3\,747.473\,423$	5.21%
技术市场合同成交额（万元）	$\hat{X}^{(1)}(k+1)=35\,714.027\,186\,e^{(0.093\,308\,k)}-34\,098.027\,186$	35.87%
发表科技论文（篇）	$\hat{X}^{(1)}(k+1)=640.871\,795\,e^{(0.086\,913\,k)}-564.871\,795$	15.95%
农林牧渔业总产值（亿元）	$\hat{X}^{(1)}(k+1)=4\,253.167\,045\,e^{(0.074\,241\,k)}-4\,009.167\,045$	2.82%

表 6-14 宁夏壮族自治区预测数据

年份	农业机械总动力（万千瓦）	农业技术人员（人）	R&D 人员（人）	R&D 经费内部支出（万元）	技术市场合同成交额（万元）	发表科技论文（篇）	农林牧渔业总产值（亿元）
2017	72	8 467	112	3 707	6 712	107	551
2018	71	8 394	118	4 487	7 368	117	594
2019	70	8 321	124	5 432	8 089	127	639
2020	69	8 250	131	6 576	8 880	139	689
2021	68	8 179	138	7 960	9 748	151	742
2022	67	8 108	146	9 637	10 702	165	799

（续）

年份	农业机械总动力（万千瓦）	农业技术人员（人）	R&D人员（人）	R&D经费内部支出（万元）	技术市场合同成交额（万元）	发表科技论文（篇）	农林牧渔业总产值（亿元）
2023	66	8 038	154	11 666	11 748	180	860
2024	65	7 969	162	14 122	12 897	196	927
2025	64	7 900	171	17 096	14 159	214	998

根据代表省区市的农业科技投入产出灰色预测模型及平均相对误差可以看出，R&D经费内部支出及技术市场合同成交额的平均相对误差较大，有以下原因：第一，部分省区市的R&D经费内部支出以及技术市场合同成交额的数据缺乏，因此采用折合的方法进行处理，采用的是经过处理后的数据，可能会产生偏差；第二，折合的方法为某年折算数据＝某年所有行业同类型总数据×（某年农林牧渔总产值/某年地区生产总值），因此，最后得出的结果是受每年的所有行业同类型总数据、农林牧渔总产值以及地区生产总值影响，这些数据的发展并不是具有规律的，会出现忽高忽低的情况，因此预测的数据也会受影响；第三，本身对农业科技投入产出数据进行预测都会产生一些偏差。基于以上三点，R&D经费内部支出及技术市场合同成交额的平均相对误差会比较大。

根据灰色GM（1，1）预测模型得出的预测数据，拟对2017年、2020年、2023年进行直接产出、间接产出、总量指标三个视角下的农业科技投入产出DEA效率评价，希望能对未来我国农业科技的发展有一个大致地掌握。由于是对预测数据进行的农业科技投入产出DEA效率评价，是对未来的农业科技发展状况进行的一个预估，只是为了了解以后各省区市农业科技的发展以及未来中国整体的农业科技的发展趋势，故对其直接产出、间接产出、总量指标三个视角下的农业科技投入产出DEA效率进行特别具体的分析显得意义不大，因此本章节根据三个视角下的农业科技投入产出DEA效率结果，只对其进行整体的描述与评价，不再多做细节上的分析。

6.3 基于预测数据的2017年农业科技投入DEA效率评价

6.3.1 直接产出视角的效率评价

根据预测数据，运用DEAP-xp1软件，可以运算得出2017年基于直接产出视角下的农业科技投入产出的DEA效率，具体见表6-15。

表 6 - 15　2017 年基于直接产出视角的农业科技投入 DEA 效率预测数据

省区市	综合技术效率	纯技术效率	规模效率	规模报酬
北京	1.000	1.000	1.000	不变
天津	0.446	1.000	0.446	递增
河北	0.354	0.381	0.930	递增
山西	0.582	0.584	0.997	递减
内蒙古	0.541	0.545	0.992	递减
辽宁	0.685	0.702	0.975	递减
吉林	0.658	0.694	0.949	递减
黑龙江	0.604	0.865	0.698	递减
上海	0.915	1.000	0.915	递增
江苏	0.647	0.647	1.000	不变
浙江	0.760	0.776	0.979	递增
安徽	0.493	0.527	0.936	递增
福建	1.000	1.000	1.000	不变
江西	0.539	0.592	0.911	递增
山东	0.688	0.944	0.730	递减
河南	0.390	0.405	0.964	递增
湖北	0.952	0.959	0.993	递减
湖南	0.403	0.424	0.951	递增
广东	1.000	1.000	1.000	不变
广西	1.000	1.000	1.000	不变
重庆	0.556	0.622	0.895	递增
四川	0.464	0.484	0.960	递减
贵州	0.949	0.954	0.995	递增
云南	0.764	1.000	0.764	递减
陕西	0.496	0.525	0.945	递减
甘肃	0.742	0.878	0.845	递减
青海	0.666	1.000	0.666	递增
宁夏	1.000	1.000	1.000	不变
新疆	1.000	1.000	1.000	不变
均值	0.700	0.776	0.912	—

根据预测数据测算得出的 2017 年直接产出视角下的农业科技 DEA 效率

中的综合技术效率来看，29个省区市综合技术效率农业科技投入效率 DEA 有效的数量为 6 个，分别为：北京、福建、广东、广西、宁夏、新疆，占总数的20.7%。未达到 DEA 有效的省区市数量为 23 个，占总数的 79.3%。其中，在未达到 DEA 有效的省区市中综合技术效率值大于 0.6 的省区市数量为 12个，占总数的 41.4%。剩下的省区市为非 DEA 有效且综合技术效率值小于0.6，占总数的37.9%。因此，根据综合技术效率的分布情况来看，基于直接产出视角下 2017 年的农业科技的 DEA 效率发展情况不容乐观，综合效率有效省区市占比略低，但大部分是处于及格线以上的。且基于直接产出视角下2017 年 29 个省区市农业科技 DEA 综合技术效率均值为 0.7，大于 0.6，这说明 2017 年我国各省区市的农业科技直接产出效率整体上将处于及格的状态。

从纯技术效率值上来看，2017 年 29 个省区市农业科技纯技术效率有效的数量为 10 个，分别为：北京、天津、上海、福建、广东、广西、云南、青海、宁夏、新疆，占总数的34.5%。其中，在未达到纯技术效率有效的省区市中纯技术效率值大于 0.6 的省区市数量为 10 个，占总数的 34.5%，纯技术效率值小于 0.6 的省区市数量为 9 个，占总数的 31%。根据纯技术效率值的分布情况，虽然纯技术效率有效的数量多于综合技术效率有效的数量，但直接产出视角下的农业技术方面还是需要多加关注。2017 年 29 个省区市纯技术效率均值为 0.776，大于及格线，所以直接产出视角下的 2017 年的纯技术效率将是在及格线以上的。从规模效率值方面来看，直接产出视角下 2017 年 29 个省区市农业科技投入规模效率有效的数量为 7 个，分别为：北京、江苏、福建、广东、广西、宁夏、新疆，占总数的 24.1%。在未达到规模有效的省区市中规模效率值中大于 0.6 的省区市数量为 21 个，占总数的 72.4%，只有天津市的规模效率值低于 0.6，因此，直接产出视角下 2017 年的规模效率值在及格线以上的数量占总数的 96.5%。且规模效率的均值为 0.912，所以直接产出视角下 2017 年的规模效率的发展状况整体上将是比较好的。

6.3.2 间接产出视角的效率评价

根据预测数据，运用 DEAP-xp1 软件，可以运算得出 2017 年基于间接产出视角下的农业科技投入产出的 DEA 效率，具体见表 6-16。

表 6-16 2017 年基于间接产出视角的农业科技投入 DEA 效率预测数据

省区市	综合技术效率	纯技术效率	规模效率	规模报酬
北京	1.000	1.000	1.000	不变
天津	0.622	1.000	0.622	递增
河北	0.756	0.878	0.861	递减

（续）

省区市	综合技术效率	纯技术效率	规模效率	规模报酬
山西	0.590	0.591	0.999	递减
内蒙古	1.000	1.000	1.000	不变
辽宁	0.730	0.854	0.854	递减
吉林	0.372	0.386	0.964	递增
黑龙江	0.593	0.782	0.759	递减
上海	0.741	1.000	0.741	递增
江苏	0.845	0.998	0.846	递减
浙江	0.901	0.925	0.974	递增
安徽	0.690	0.694	0.994	递增
福建	1.000	1.000	1.000	不变
江西	1.000	1.000	1.000	不变
山东	1.000	1.000	1.000	不变
河南	0.864	1.000	0.864	递减
湖北	1.000	1.000	1.000	不变
湖南	1.000	1.000	1.000	不变
广东	1.000	1.000	1.000	不变
广西	1.000	1.000	1.000	不变
重庆	0.768	0.769	0.999	递增
四川	0.620	0.989	0.627	递减
贵州	1.000	1.000	1.000	不变
云南	0.549	0.584	0.941	递减
陕西	0.854	0.872	0.979	递减
甘肃	0.377	0.382	0.988	递减
青海	1.000	1.000	1.000	不变
宁夏	1.000	1.000	1.000	不变
新疆	0.652	0.655	0.996	递减
均值	0.811	0.874	0.931	—

根据表 6-16，从测算得出的 2017 年间接产出视角下的农业科技 DEA 效率的综合技术效率值方面来看，29 个省区市综合技术效率农业科技投入效率 DEA 有效的数量为 12 个，分别为：北京、内蒙古、福建、江西、山东、湖北、湖南、广东、广西、贵州、青海、宁夏，占总数的 41.4%；未达到 DEA 有效的省区市数量为 17 个，占总数的 58.6%。在未达到 DEA 有效的省区市

中综合技术效率值大于 0.6 的省区市数量为 12 个，占总数的 41.4％。剩下的省区市则为非 DEA 有效且综合技术效率值小于 0.6，占总数的 17.2％。且基于间接产出视角下 2017 年 29 个省区市的农业科技 DEA 综合技术效率均值为 0.811，这说明 2017 年我国各省区市的农业科技直接产出效率整体上将处于及格并且趋于良好的状态。因此，基于间接产出视角下 2017 年的农业科技 DEA 效率发展情况基本上是令人满意的。

从纯技术效率值方面来看，2017 年间接产出视角下 29 个省区市农业科技纯技术效率有效的数量为 15 个，分别为：北京、天津、内蒙古、上海、福建、江西、山东、河南、湖北、湖南、广东、广西、贵州、青海、宁夏，占总数的 51.7％。在未达到纯技术效率有效的省区市中纯技术效率值大于 0.6 的省区市数量为 9 个，占总数的 31％，则纯技术效率值小于 0.6 的省区市数量为 5 个，占总数的 17.2％。基于间接产出视角下 2017 年 29 个省区市的农业科技 DEA 纯技术效率均值为 0.874。通过对纯技术效率值的分析可以得到，纯技术效率有效的数量多于总数的一半，且高于及格线的省区市数量占总数的 82.7％，间接产出视角下的纯技术效率水平发展是令人满意的。2017 年 29 个省区市纯技术效率均值为 0.776，大于及格线，所以直接产出视角下的 2017 年的纯技术效率将发展良好。

从规模效率值方面来看，间接产出视角下 2017 年 29 省区市农业科技投入规模效率有效的数量为 12 个，占总数的 41.4％，与综合技术效率有效的省区市一致，表明规模效率有效决定了综合技术效率有效的最终数量。在未达到规模有效的省区市中规模效率值中大于 0.6 的省区市数量为 17 个，占总数的 58.6％，无规模效率值低于及格线的省区市。间接产出视角下 29 个省区市规模效率的均值为 0.931，规模效率值在及格线以上的数量占总数的 100％。总体来说，间接产出视角下 2017 年规模效率的发展状况将会是令人满意的。

6.3.3 总量指标视角的效率评价

根据预测数据，运用 DEAP-xp1 软件，可以运算得出 2017 年基于总量指标视角下的农业科技投入产出的 DEA 效率，具体见表 6-17。

表 6-17 2017 年基于总量产出视角的农业科技投入 DEA 效率预测数据

省区市	综合技术效率	纯技术效率	规模效率	规模报酬
北京	1.000	1.000	1.000	不变
天津	0.622	1.000	0.622	递增
河北	0.756	0.878	0.861	递减
山西	0.656	0.679	0.966	递减

（续）

省区市	综合技术效率	纯技术效率	规模效率	规模报酬
内蒙古	1.000	1.000	1.000	不变
辽宁	0.747	0.854	0.874	递减
吉林	0.658	0.694	0.949	递减
黑龙江	0.657	0.939	0.700	递减
上海	1.000	1.000	1.000	不变
江苏	0.845	0.998	0.846	递减
浙江	0.905	0.925	0.979	递增
安徽	0.690	0.694	0.994	递增
福建	1.000	1.000	1.000	不变
江西	1.000	1.000	1.000	不变
山东	1.000	1.000	1.000	不变
河南	0.864	1.000	0.864	递减
湖北	1.000	1.000	1.000	不变
湖南	1.000	1.000	1.000	不变
广东	1.000	1.000	1.000	不变
广西	1.000	1.000	1.000	不变
重庆	0.768	0.769	0.999	递增
四川	0.620	1.000	0.620	递减
贵州	1.000	1.000	1.000	不变
云南	0.801	1.000	0.801	递减
陕西	0.854	0.876	0.974	递减
甘肃	0.802	0.947	0.846	递减
青海	1.000	1.000	1.000	不变
宁夏	1.000	1.000	1.000	不变
新疆	1.000	1.000	1.000	不变
均值	0.871	0.940	0.927	—

　　从 2017 年总量指标视角下的农业科技 DEA 效率的综合技术效率值方面来看，29 个省区市综合技术效率农业科技投入效率 DEA 有效的数量为 14 个，分别为：北京、内蒙古、上海、福建、江西、山东、湖北、湖南、广东、广西、贵州、青海、宁夏、新疆，占总数的 48.3%。未达到 DEA 有效的省区市数量为 15 个，占总数的 51.7%。在未达到 DEA 有效的省区市中综合技术效率值大于 0.6 的省区市数量为 15 个，占总数的 58.2%。没有非 DEA 有效且

综合技术效率值小于 0.6 的省区市，所以，总量指标视角下，高于综合技术效率值及格线的省区市为 100％。且基于总量指标视角下 2017 年 29 个省区市的农业科技 DEA 综合技术效率均值为 0.871。这说明总量指标视角下，2017 年我国各省区市的综合技术效率的发展整体上将是良好的。

从纯技术效率值方面来看，2017 年总量指标视角下 29 个省区市农业科技纯技术效率有效的数量为 18 个，分别为：北京、天津、内蒙古、上海、福建、江西、山东、河南、湖北、湖南、广东、广西、四川、贵州、云南、青海、宁夏、新疆，占总数的 62.1％。在未达到纯技术效率有效的省区市中纯技术效率值大于 0.6 的省区市数量为 11 个，占总数的 37.2％，纯技术效率值小于 0.6 的省区市数量为 0 个，即所有省区市的纯技术效率值都是处于及格状态的。总量指标视角下 2017 年 29 个省区市的农业科技 DEA 纯技术效率均值为 0.94。通过对总量指标的视角下纯技术效率值的简单分析可以得到，纯技术效率有效的数量占总数 60％以上，且高于及格线的省区市数量占总数的 100％，表明基于总量指标视角下纯技术效率已经达到了一定水平。

从规模效率值方面来看，总量指标视角下 2017 年 29 个省区市农业科技投入规模效率有效的数量为 14 个，占总数的 48.3％，与综合技术效率有效的省区市一致。在未达到规模有效的省区市中规模效率值中大于 0.6 的省区市数量为 15 个，占总数的 51.7％，即全部省区市均大于及格线，没有规模效率值小于及格线的省区市。总量指标视角下 29 个省区市规模效率的均值为 0.927，表明规模效率是蓬勃发展的。所以，总量指标视角下 2017 年 29 个省区市的规模效率整体上发展状况将基本是有效的。

6.3.4 2017 年农业科技投入 DEA 效率整理小结

2017 年总量指标、间接产出视角下的农业科技 DEA 效率发展情况良好，直接产出指标视角下的农业科技 DEA 效率的发展稍逊一筹。从农业科技 DEA 效率的分布来看，与总量指标、间接产出视角下农业科技 DEA 效率的分布状况相比，直接产出视角下的有效的省区市数量较少；纯技术效率值小于及格线的省区市占总数的 34.5％，且及格省区市与不及格省区市的纯技术效率值相差很大；除天津市外，其他省区市的规模效率均处于及格线以上，大部分省区市的规模效率大于 0.8。而总量指标、间接产出视角下农业科技 DEA 效率中的规模效率值均大于及格线，无小于及格线的省区市。而且总量指标、间接产出视角下农业科技 DEA 效率中纯技术效率值的发展也比较稳健。因此，在三个侧重不同的农业科技 DEA 效率中，直接产出视角发展相对较弱，间接产出视角较好。毋庸置疑，结合了直接产出视角与间接产出视角的总量指标视角农业科技 DEA 效率，使直接与间接产出视角的指标融合到一起，取长补短，从而发展最好。

6.4 基于预测数据的 2020 年农业科技投入 DEA 效率评价

6.4.1 直接产出视角的效率评价

根据预测数据，运用 DEAP-xp1 软件，可以运算得出 2020 年基于直接产出视角下的农业科技投入产出的 DEA 效率，具体见表 6-18。

表 6-18 2020 年基于直接产出视角的农业科技投入 DEA 效率预测数据

省区市	综合技术效率	纯技术效率	规模效率	规模报酬
北京	1.000	1.000	1.000	不变
天津	0.425	1.000	0.425	递增
河北	0.305	0.341	0.894	递增
山西	0.605	0.626	0.966	递减
内蒙古	0.735	0.744	0.988	递减
辽宁	0.718	0.735	0.977	递减
吉林	0.632	0.632	0.999	不变
黑龙江	0.602	0.802	0.750	递减
上海	0.784	1.000	0.784	递增
江苏	0.671	0.672	0.999	不变
浙江	0.735	0.744	0.988	递增
安徽	0.456	0.496	0.919	递增
福建	1.000	1.000	1.000	不变
江西	0.632	0.650	0.973	递增
山东	0.652	0.806	0.809	递减
河南	0.277	0.290	0.954	递增
湖北	1.000	1.000	1.000	不变
湖南	0.473	0.474	0.997	递减
广东	1.000	1.000	1.000	不变
广西	1.000	1.000	1.000	不变
重庆	0.642	0.645	0.996	递增
四川	0.447	0.457	0.979	递减
贵州	1.000	1.000	1.000	不变

（续）

省区市	综合技术效率	纯技术效率	规模效率	规模报酬
云南	0.811	1.000	0.811	递减
陕西	0.487	0.526	0.925	递减
甘肃	0.598	0.722	0.829	递减
青海	0.696	1.000	0.696	递增
宁夏	1.000	1.000	1.000	不变
新疆	1.000	1.000	1.000	不变
均值	0.703	0.771	0.919	—

根据预测数据计算得出的 2020 年直接产出视角下的综合技术效率来看，29 个省区市综合技术效率有效的数量为 8 个，分别为：北京、福建、湖北、广东、广西、贵州、宁夏、新疆，占总数的 27.6%。未达到 DEA 有效的省区市数量为 21 个，占总数的 72.4%。其中，在未达到 DEA 有效的省区市中综合技术效率值大于 0.6 的省区市数量为 13 个，占总数的 44.8%。剩下的省区市为非 DEA 有效且综合技术效率值小于 0.6，占总数的 27.6%。因此，根据综合技术效率的分布情况来看，2020 年基于直接产出视角下的农业科技的 DEA 效率发展状况将比 2017 年略微改善。且基于直接产出视角下 2020 年 29 个省区市的农业科技 DEA 综合技术效率均值为 0.703，大于 0.6，略大于 2017 年的综合技术效率均值。表明 2020 年我国各省区市的农业科技直接产出效率将是向前发展的状态。

从纯技术效率值方面看，2020 年直接产出视角下 29 个省区市农业科技纯技术效率有效的数量为 12 个，分别为北京、天津、上海、福建、广东、广西、云南、湖北、贵州、青海、宁夏、新疆，占总数的 41.4%。在未达到纯技术效率有效的省区市中纯技术效率值大于 0.6 的省区市数量为 11 个，占总数的 37.9%，则纯技术效率值小于及格线的省区市数量为 6 个，占总数的 20.7%。2020 年 29 个省区市纯技术效率均值为 0.771，大于及格线，但是略低于 2017 年的纯技术效率均值。根据纯技术效率值的分布情况可以得出，相比 2017 年直接产出视角下的纯技术效率值，2020 年的发展速度有所减慢甚至些许倒退，但是整体的发展将比 2017 年好。从规模效率值方面来看，2020 年直接产出视角下 29 个省区市农业科技投入规模效率有效的数量为 8 个，与综合技术效率值有效的省区市数量相同。在未达到规模有效的省区市中规模效率值中大于 0.6 的省区市数量为 20 个，占总数的 69%，只有天津市规模效率值低于 0.6，与 2017 年直接产出视角下的规模效率不及格的省区市相同。2020 年直接产出视角下规模效率的均值为 0.919，略大于 2017 年直接产出视角下规模效率的均值，所以 2020 年直接产出视角下的规模效率的发展整体上将是上升的。

6.4.2　间接产出视角的效率评价

根据预测数据，运用 DEAP-xp1 软件，可以运算得出 2020 年基于间接产出视角下的农业科技投入产出的 DEA 效率，具体见表 6-19。

表 6-19　2020 年基于间接产出视角的农业科技投入 DEA 效率预测数据

省区市	综合技术效率	纯技术效率	规模效率	规模报酬
北京	0.906	1.000	0.906	递增
天津	0.571	1.000	0.571	递增
河北	0.697	0.752	0.928	递减
山西	0.668	0.678	0.985	递减
内蒙古	1.000	1.000	1.000	不变
辽宁	0.695	0.827	0.841	递减
吉林	0.406	0.423	0.962	递增
黑龙江	0.588	0.747	0.787	递减
上海	0.468	1.000	0.468	递增
江苏	0.839	0.897	0.935	递减
浙江	0.807	0.853	0.946	递增
安徽	0.612	0.632	0.968	递增
福建	1.000	1.000	1.000	不变
江西	1.000	1.000	1.000	不变
山东	1.000	1.000	1.000	不变
河南	0.671	0.881	0.762	递减
湖北	1.000	1.000	1.000	不变
湖南	1.000	1.000	1.000	不变
广东	0.892	1.000	0.892	递减
广西	1.000	1.000	1.000	不变
重庆	0.767	0.799	0.960	递增
四川	0.541	0.856	0.632	递减
贵州	1.000	1.000	1.000	不变
云南	0.529	0.535	0.989	递减
陕西	0.708	0.806	0.878	递减
甘肃	0.331	0.347	0.951	递减
青海	1.000	1.000	1.000	不变

（续）

省区市	综合技术效率	纯技术效率	规模效率	规模报酬
宁夏	1.000	1.000	1.000	不变
新疆	0.659	0.664	0.992	递减
均值	0.771	0.852	0.909	—

根据表 6-19 得到 2020 年间接产出视角下，29 个省区市综合技术效率农业科技投入效率 DEA 有效的数量为 10 个，分别为：内蒙古、福建、江西、山东、湖北、湖南、广西、贵州、青海、宁夏，占总数的 34.5%。未达到 DEA 有效的省区市数量为 19 个，占总数的 65.5%。其中在未达到 DEA 有效的省区市中综合技术效率值大于 0.6 的省区市数量为 12 个，占总数的 41.4%。其余省区市为非 DEA 有效且综合技术效率值小于 0.6，占总数的 24.1%。根据综合技术效率的分布情况来看，2020 年基于间接产出视角下的农业科技的 DEA 效率发展状况将比 2017 年稍差。且基于间接产出视角下 2020 年 29 个省区市农业科技综合技术效率均值为 0.771，小于 2017 年的综合技术效率均值 0.811，间接产出视角下的综合技术效率值是下降的。表明 2020 年我国各省区市的农业科技间接产出效率的整体发展将是倒退的状态。

从纯技术效率值方面来看，2020 年间接产出视角下 29 个省区市农业科技纯技术效率有效的数量为 14 个，分别为：北京、天津、内蒙古、上海、福建、江西、山东、湖北、湖南、广东、广西、贵州、青海、宁夏，占总数的 48.3%。在未达到纯技术效率有效的省区市中纯技术效率值大于 0.6 的省区市数量为 12 个，占总数的 41.4%，只有吉林、云南、甘肃三省为纯技术效率不及格，占总数的 10.3%。间接产出视角下 2020 年 29 个省区市的农业科技 DEA 纯技术效率均值为 0.852。总体来说，间接产出视角下的纯技术效率水平发展是良好的。间接产出视角下 2020 年 29 个省区市纯技术效率均值小于 2017 年，虽大于及格线，但呈下降趋势。从规模效率值方面来看，间接产出视角下 2020 年 29 个省区市农业科技投入规模效率有效的数量为 10 个，占总数的 34.5%，与综合技术效率有效的省区市相同。在未达到规模有效的省区市中规模效率值中大于 0.6 的省区市数量为 19 个，占总数的 65.5%，只有上海市与天津市的规模效率值低于及格线。间接产出视角下 29 个省区市规模效率的均值为 0.909，接近有效。总体来说，间接产出视角下 2020 年规模效率的发展状况虽仍将是令人满意，但发展状况不如 2017 年。

6.4.3 总量指标视角的效率评价

根据预测数据，运用 DEAP-xp1 软件，可以运算得出 2020 年基于总量指标视角下的农业科技投入产出的 DEA 效率，具体见表 6 - 20。

表 6 - 20 2020 年基于总量产出视角的农业科技投入 DEA 效率预测数据

省区市	综合技术效率	纯技术效率	规模效率	规模报酬
北京	1.000	1.000	1.000	不变
天津	0.571	1.000	0.571	递增
河北	0.697	0.752	0.928	递减
山西	0.698	0.739	0.944	递减
内蒙古	1.000	1.000	1.000	不变
辽宁	0.744	0.831	0.896	递减
吉林	0.632	0.632	0.999	不变
黑龙江	0.617	0.977	0.631	递减
上海	0.816	1.000	0.816	递增
江苏	0.839	0.897	0.935	递减
浙江	0.817	0.853	0.958	递增
安徽	0.612	0.632	0.968	递增
福建	1.000	1.000	1.000	不变
江西	1.000	1.000	1.000	不变
山东	1.000	1.000	1.000	不变
河南	0.671	0.881	0.762	递减
湖北	1.000	1.000	1.000	不变
湖南	1.000	1.000	1.000	不变
广东	1.000	1.000	1.000	不变
广西	1.000	1.000	1.000	不变
重庆	0.767	0.799	0.960	递增
四川	0.556	1.000	0.556	递减
贵州	1.000	1.000	1.000	不变
云南	0.819	1.000	0.819	递减
陕西	0.710	0.832	0.853	递减
甘肃	0.629	0.767	0.820	递减
青海	1.000	1.000	1.000	不变
宁夏	1.000	1.000	1.000	不变
新疆	1.000	1.000	1.000	不变
均值	0.834	0.917	0.911	—

从 2020 年总量指标视角下的农业科技 DEA 效率的综合技术效率值方面来看，29 个省区市综合技术效率农业科技投入效率 DEA 有效的数量为 13 个，分别为：北京、内蒙古、福建、江西、山东、湖北、湖南、广东、广西、贵州、青海、宁夏、新疆，占总数的 44.8%。未达到 DEA 有效的省区市数量为 16 个，占总数的 55.2%。在未达到 DEA 有效的省区市中综合技术效率值大于 0.6 的省区市数量为 14 个，占总数的 48.3%，只有天津市与四川省为非 DEA 有效且综合技术效率值小于 0.6，所以，总量指标视角下综合技术效率值及格线的省区市占比为 93.1%，发展状况良好。基于总量指标视角下 2017 年 29 个省区市的农业科技 DEA 综合技术效率均值为 0.834。这说明总量指标视角下，2020 年我国各省区市的综合技术效率的发展整体上将是较平稳的。但值得注意的一点为，2017 年总量指标视角下全部省区市的综合技术效率值均大于及格线，而 2020 年的总量指标视角下的综合技术效率值大于及格线的占比小于 100%，故 2020 年农业科技的发展将比 2017 年落后。

从纯技术效率值方面来看，2020 年总量指标视角下 29 个省区市农业科技纯技术效率有效的数量为 17 个，分别为：北京、天津、内蒙古、上海、福建、江西、山东、湖北、湖南、广东、广西、四川、贵州、云南、青海、宁夏、新疆，占总数的 58.6%。在未达到纯技术效率有效的省区市中纯技术效率值大于 0.6 的省区市数量为 12 个，占总数的 41.4%，所有省区市纯技术效率值全部处于及格状态。总量指标视角下 2020 年 29 个省区市的农业科技纯技术效率均值为 0.917。通过对 2020 年总量指标的视角下纯技术效率值的简单分析可以得到，高于及格线的省区市数量占总数的 100%，表明 2020 年基于总量指标视角下 29 个省区市纯技术效率的发展依旧是欣欣向荣的，但相对于 2017 年，将依旧是衰退的。从规模效率值方面来看，2020 年总量指标视角下 29 个省区市农业科技投入规模效率有效的数量为 13 个，占总数的 44.8%，将依旧与综合技术效率有效的省区市数量一致。在未达到规模有效的省区市中规模效率值中大于 0.6 的省区市数量为 16 个，占总数的 55.2%，只有天津市与四川省的规模效率值小于及格线，与 2020 年总量指标视角下综合技术效率值的发展一致。总量指标视角下 29 个省区市规模效率的均值为 0.911，综合技术效率均值是略低于 2017 年的。所以，总量指标视角下 2020 年 29 个省区市的规模效率整体上的发展状况将基本稳定但略显颓势。

6.4.4 2020 年农业科技投入 DEA 效率整理小结

2020 年直接产出、间接产出视角下农业科技投入 DEA 效率的发展不相伯仲，总量产出视角下的农业科技投入 DEA 效率的发展形势最好，这是毋庸置疑的。直接产出视角下的农业科技投入 DEA 效率有效的省区市数量比 2017

年将增加 2 个，发展状况良好，且纯技术效率值不及格省区市也大大减少，规模效率的发展与 2017 年相差无几，直接产出视角下的农业科技投入 DEA 效率将平稳发展。间接产出视角下的农业科技投入 DEA 效率较 2017 年的发展有些许回落。间接产出视角下的农业科技投入 DEA 效率中纯技术效率的发展不如 2017 年，纯技术效率均值将小于 2020 年的均值，说明发展状况有些许停滞或回落。而且 2020 年间接产出视角下的农业科技投入 DEA 效率，29 个省区市中的出现了天津与上海的规模效率值小于及格线的情况，原因可能为上海市与天津市是我国经济发达城市，其产业结构更侧重于第二、第三产业，且上海市与天津市人多地少，虽农业技术先进，但农业经营分散，规模经济不理想，因此规模效率值小于及格线。总量指标视角下的农业科技投入 DEA 效率虽然高于其他两个视角下的农业科技投入 DEA 效率，但是相较于 2017 年，其整体发展还是呈下降趋势。其中，规模效率值的降低导致了综合技术效率值的降低，使总量指标视角下的 29 个农业科技投入 DEA 效率中产生了天津和四川两个不及格省市。总的来说，2020 年三个视角下的农业科技 DEA 效率的发展将落后 2017 年三个视角下的农业科技 DEA 效率，呈低速下降趋势且主要原因为规模效率的降低。因此要重点注意 2020 年发展颓势的省区市，注意其发展动态，以找出补救措施，尽力扭转颓势。并在未来农业科技发展中要着重注意规模方面的问题，以避免产生类似情况。

6.5 基于预测数据的 2023 年农业科技投入 DEA 效率评价

6.5.1 直接产出视角的效率评价

根据预测数据，运用 DEAP-xp1 软件，可以运算得出 2023 年基于直接产出视角下的农业科技投入产出的 DEA 效率，具体见表 6-21。

表 6-21 2023 年基于直接产出视角的农业科技投入 DEA 效率预测数据

省区市	综合技术效率	纯技术效率	规模效率	规模报酬
北京	1.000	1.000	1.000	不变
天津	0.386	1.000	0.386	递增
河北	0.266	0.304	0.873	递增
山西	0.613	0.665	0.923	递减
内蒙古	0.964	0.990	0.974	递减
辽宁	0.735	0.742	0.990	递增

（续）

省区市	综合技术效率	纯技术效率	规模效率	规模报酬
吉林	0.553	0.561	0.986	递减
黑龙江	0.547	0.714	0.766	递减
上海	0.643	1.000	0.643	递增
江苏	0.691	0.691	1.000	不变
浙江	0.682	0.720	0.948	递增
安徽	0.411	0.459	0.895	递增
福建	0.933	0.968	0.964	递增
江西	0.645	0.663	0.974	递增
山东	0.605	0.658	0.919	递减
河南	0.227	0.231	0.980	递增
湖北	1.000	1.000	1.000	不变
湖南	0.511	0.533	0.958	递增
广东	1.000	1.000	1.000	不变
广西	1.000	1.000	1.000	不变
重庆	0.763	0.767	0.995	递减
四川	0.458	0.458	0.999	不变
贵州	1.000	1.000	1.000	不变
云南	0.748	1.000	0.748	递减
陕西	0.480	0.531	0.905	递减
甘肃	0.459	0.535	0.858	递减
青海	0.623	1.000	0.623	递增
宁夏	1.000	1.000	1.000	不变
新疆	0.970	1.000	0.970	递减
均值	0.687	0.765	0.906	—

根据表 6-21 的综合技术效率值来看，2023 年直接产出视角下 29 个省区市 DEA 有效的数量为 6 个，分别为：北京、湖北、广东、广西、贵州、宁夏，占总数的 20.7%。未达到 DEA 有效的省区市数量为 23 个，占总数的 79.3%。其中未达到 DEA 有效的省区市中综合技术效率值大于 0.6 的省区市数量为 13 个，占总数的 44.8%。剩下的省区市则为非 DEA 有效且综合技术效率值小于 0.6，数量为 10 个，占总数的 34.5%。且基于直接产出视角下 2023 年 29 个省区市的农业科技 DEA 综合技术效率均值为 0.687，大于 0.6，小于 2020 年的综合技术效率均值。因此，根据综合技术效率的分布情况来看，

2023 年基于直接产出视角下的农业科技的 DEA 效率有效数量将不仅比 2017 年 DEA 有效数量少，而且其均值也小于 2020 年的综合技术效率均值，所以 2023 年我国直接产出视角下的农业科技投入 DEA 效率是下降的。

从纯技术效率值方面看，2020 年 29 个省区市农业科技纯技术效率有效的数量为 11 个，分别为北京、天津、上海、湖北、广东、广西、贵州、云南、青海、宁夏、新疆，占总数的 37.9%。未达到纯技术效率有效的省区市中纯技术效率值大于 0.6 的省区市数量为 10 个，占总数的 34.5%，小于 0.6 的省区市数量为 8 个，占总数的 27.6%，总的来说及格线以上的省区市数量占大多数。2023 年 29 个省区市纯技术效率均值为 0.765，略低于 2023 年直接产出视角下的纯技术效率均值。所以，2023 年直接产出视角下纯技术效率的发展将会是下降趋势。从规模效率值方面来看，2023 年直接产出视角下 29 个省区市农业科技投入规模效率有效的数量为 7 个，比综合技术效率值有效的省区市数量多一个。在未达到规模有效的省区市中规模效率值中大于 0.6 的省区市数量为 21 个，占总数的 72.4%，只有天津市规模效率值低于 0.6，与 2017 年、2023 年直接产出视角下的规模效率不及格的省区市相同。2020 年直接产出视角下规模效率的均值为 0.906，低于 2020 年直接产出视角下规模效率的均值。总体来讲，2023 年直接产出视角下各省区市的规模效率值大于及格线的数量是增加的，整体发展较好，但总体的规模效率均值在下降，不及 2020 年的发展状况。

6.5.2 间接产出视角的效率评价

根据预测数据，运用 DEAP-xp1 软件，可以运算得出 2023 年基于间接产出视角下的农业科技投入产出的 DEA 效率，具体见表 6-22。

表 6-22 2023 年基于间接产出视角的农业科技投入 DEA 效率预测数据

省份	综合技术效率	纯技术效率	规模效率	规模报酬
北京	0.705	1.000	0.705	递增
天津	0.526	1.000	0.526	递增
河北	0.601	0.602	0.999	递减
山西	0.752	0.754	0.996	递减
内蒙古	1.000	1.000	1.000	不变
辽宁	0.689	0.693	0.994	递减
吉林	0.381	0.405	0.940	递增
黑龙江	0.537	0.590	0.910	递减

（续）

省份	综合技术效率	纯技术效率	规模效率	规模报酬
上海	0.274	1.000	0.274	递增
江苏	0.789	0.789	1.000	不变
浙江	0.644	0.761	0.846	递增
安徽	0.543	0.572	0.950	递增
福建	1.000	1.000	1.000	不变
江西	1.000	1.000	1.000	不变
山东	0.920	1.000	0.920	递减
河南	0.569	0.600	0.948	递减
湖北	1.000	1.000	1.000	不变
湖南	1.000	1.000	1.000	不变
广东	0.796	0.801	0.995	递减
广西	1.000	1.000	1.000	不变
重庆	0.764	0.791	0.966	递增
四川	0.495	0.510	0.971	递减
贵州	1.000	1.000	1.000	不变
云南	0.493	0.495	0.995	递增
陕西	0.621	0.669	0.928	递减
甘肃	0.297	0.304	0.980	递减
青海	1.000	1.000	1.000	不变
宁夏	1.000	1.000	1.000	不变
新疆	0.651	0.653	0.998	递减
均值	0.726	0.793	0.926	—

在 2023 年间接产出视角下的农业科技投入 DEA 效率（表 6-22）结果中，29 个省区市综合技术效率农业科技投入效率 DEA 有效的数量为 9 个，分别为：内蒙古、福建、江西、湖北、湖南、广西、贵州、青海、宁夏，占总数的 31%。未达到 DEA 有效的省区市数量为 20 个，占总数的 69%。其中在未达到 DEA 有效的省区市中综合技术效率值中大于 0.6 的省区市数量为 11 个，占总数的 37.9%。余下省区市为非 DEA 有效且综合技术效率值小于 0.6，数量为 9 个，占总数的 31%。根据综合技术效率的分布情况来看，2023 年基于间接产出视角下的农业科技的 DEA 效率有效个数少于 2020 年，且间接产出视角下 2020 年 29 个省区市农业科技综合技术效率均值为 0.726，依旧小于 2020 年的综合技术效率均值。所以 2023 年间接产出视角下的综合技术效率值

相对于 2020 年、2017 年是下降的，农业科技的发展前景不乐观。

从纯技术效率值方面来看，2023 年间接产出视角下 29 个省区市农业科技纯技术效率有效的数量为 13 个，分别为：北京、天津、内蒙古、上海、福建、江西、山东、湖北、湖南、广西、贵州、青海、宁夏，占总数的 44.8％。在未达到纯技术效率有效的省区市中纯技术效率值大于 0.6 的省区市数量为 10 个，占总数的 34.5％，纯技术效率不及格的数量为 6 个，占总数的 20.7％，不及格数量相较于 2020 年有所增加。间接产出视角下 2023 年 29 个省区市的农业科技 DEA 纯技术效率均值为 0.793。总体来说，间接产出视角下的纯技术效率整体均值大于及格线水平，发展是良好的，但相对于 2020 年来说，农业技术间接产出水平不如 2020 年。从规模效率值方面来看，间接产出视角下 2020 年 29 个省区市农业科技投入规模效率有效的数量为 9 个，占总数的 31％，与综合技术效率有效的省区市完全相同。在未达到规模有效的省区市中规模效率值中大于 0.6 的省区市数量为 18 个，占总数的 62.1％。与 2020 年相同，只有上海市与天津市的规模效率值低于及格线，且比 2020 年规模效率值更低。间接产出视角下 29 个省区市规模效率的均值为 0.926，大于 2020 年的规模效率的均值。总体来说，间接产出视角下 2020 年规模效率的整体发展将会更好，但要注意不及格省区市的发展状况，密切关注，采取措施，争取突破不及格省区市的弱项，使间接产出视角下 2023 年各省区市的规模效率发展更好。

6.5.3 总量指标视角的效率评价

根据预测数据，运用 DEAP-xp1 软件，可以运算得出 2023 年基于总量指标视角下的农业科技投入产出的 DEA 效率，具体见表 6-23。

表 6-23 2023 年基于总量产出视角的农业科技投入 DEA 效率预测数据

省区市	综合技术效率	纯技术效率	规模效率	规模报酬
北京	1.000	1.000	1.000	不变
天津	0.535	1.000	0.535	递增
河北	0.601	0.602	0.999	递减
山西	0.752	0.754	0.996	递减
内蒙古	1.000	1.000	1.000	不变
辽宁	0.761	0.766	0.994	递减
吉林	0.553	0.561	0.986	递减
黑龙江	0.552	1.000	0.552	递减
上海	0.651	1.000	0.651	递增

（续）

省区市	综合技术效率	纯技术效率	规模效率	规模报酬
江苏	0.789	0.789	1.000	不变
浙江	0.683	0.761	0.897	递增
安徽	0.543	0.572	0.950	递增
福建	1.000	1.000	1.000	不变
江西	1.000	1.000	1.000	不变
山东	0.920	1.000	0.920	递减
河南	0.569	0.600	0.948	递减
湖北	1.000	1.000	1.000	不变
湖南	1.000	1.000	1.000	不变
广东	1.000	1.000	1.000	不变
广西	1.000	1.000	1.000	不变
重庆	0.805	0.829	0.970	递增
四川	0.540	0.540	0.540	递减
贵州	1.000	1.000	1.000	不变
云南	0.763	0.763	0.763	递减
陕西	0.653	0.798	0.819	递减
甘肃	0.469	0.574	0.817	递减
青海	1.000	1.000	1.000	不变
宁夏	1.000	1.000	1.000	不变
新疆	0.970	1.000	0.970	递减
均值	0.797	0.883	0.907	—

从 2023 年总量指标视角下的综合技术效率值方面来看，29 个省区市综合技术效率农业科技投入效率 DEA 有效的数量为 11 个，分别为：北京、内蒙古、福建、江西、湖北、湖南、广东、广西、贵州、青海、宁夏，占总数的 37.9%。未达到 DEA 有效的省区市数量为 18 个，占总数的 62.1%。其中，未达到 DEA 有效的省区市中综合技术效率值中大于 0.6 的省区市数量为 11 个，占总数的 37.9%。未达到 DEA 有效且综合技术效率值小于 0.6 的省区市数量为 7 个，占总数的 24.1%，相较于 2020 年，总量指标视角下综合技术效率值低于及格线的省区市数量增加了 5 个，DEA 效率呈下降趋势。且基于总量指标视角下 2017 年 29 个省区市的农业科技 DEA 综合技术效率均值为 0.797。通过分析可得，2023 年我国各省区市的综合技术效率的发展整体上将是平稳中带着衰退的，整体发展状况出现了低迷。

　　从纯技术效率值方面来看，2023 年总量指标视角下 29 个省区市农业科技纯技术效率有效的数量为 18 个，分别为：北京、天津、内蒙古、黑龙江、上海、福建、江西、山东、湖北、湖南、广东、广西、四川、贵州、云南、青海、宁夏、新疆，占总数的 62.1%。在未达到纯技术效率有效的省区市中纯技术效率值大于 0.6 的省区市数量为 8 个，占总数的 27.6%，只有吉林、安徽与甘肃的纯技术效率值处于不及格状态。总量指标视角下 2023 年 29 个省区市的农业科技纯技术效率均值为 0.883，低于 2020 年的纯技术效率均值，但总体上基于总量指标视角下的纯技术效率值处于及格线以上的省区市数量与 2020 年一致。表明 2023 年基于总量指标视角下 29 个省区市纯技术效率的发展是平稳的。从规模效率值方面来看，2020 年总量指标视角下 29 个省区市农业科技投入规模效率有效的数量为 12 个，占总数的 41.4%，比综合技术效率有效的省区市数量多 1 个。在未达到规模有效的省区市中规模效率值中大于 0.6 的省区市数量为 14 个，占总数的 48.3%，只有天津、黑龙江与四川的规模效率值小于及格线。总量指标视角下 29 个省区市规模效率的均值为 0.907，综合技术效率均值略低于 2017 年的。所以，总量指标视角下 2023 年 29 个省区市的规模效率整体上发展状况也将是平稳的。

6.5.4　2023 年农业科技投入 DEA 效率整理小结

　　2023 年直接产出视角下的农业科技投入 DEA 效率的发展将不太乐观，综合技术效率均值将跌破 0.7，是近些年来直接产出视角下综合技术效率均值的最小值，表明如果按照现有思路继续发展农业科技的话，直接产出效率将会更加降低，直接产出的发展环境将会更加恶化。直接产出视角下的纯技术效率的发展也不如 2020 年，例如，2020 年直接产出视角下纯技术效率无效的省区市数量为 6 个，2023 年将增加到 8 个，而且纯技术效率均值也进一步缩小，2020 年为 0.771，2023 年将下降到 0.765。除此之外，2023 年直接产出视角下的农业科技投入 DEA 效率中的规模效率无效省区市数量虽无变化，但是规模效率均值相较于 2020 年却有些许下降，说明了规模效率的发展也存在着些许的问题。间接产出视角下 2023 年农业科技投入 DEA 效率值的发展也有些许停滞甚至倒退，如 2023 年的综合技术效率均值与纯技术效率均值都将比 2020 年的综合技术效率均值与纯技术效率均值小，但是规模效率均值却上升了，说明农业科技的规模经济方面得到了发展。这也说明间接产出视角下 2023 年农业科技投入 DEA 效率均值减小的原因为纯技术效率的降低。总量指标视角下的农业科技 DEA 效率的发展不如 2020 年，综合技术效率值由 2020 年的 0.847 将在 2023 年下降为 0.797，总体发展将落后于 2020 年。总的来说，2023 年直接产出、间接产出与总量指标三个视角下的农业科技 DEA 效率的发展状况总体上将不如 2017 年、2020 年三个视角下的农业科技 DEA 效率发展状况，DEA 效率的发展每况愈下。因此要重点剖析每个省区市的发展趋势，找出引起劣势的根源，重点突破，以改变未来农业科技 DEA 效率的发展方向，力争使我国农业科技的发展蒸蒸日上。

6.6　本章小结

本章通过 GM（1，1）灰色预测模型对各省区市的农业科技投入产出进行预测，用预测数据对 2017 年、2020 年、2023 年三个视角下的农业科技 DEA 效率进行测算，并进行整理分析。结果表明，三个视角下的农业科技 DEA 效率发展呈波动下降趋势，农业科技 DEA 效率的发展将每况愈下。因此要找出各年份农业科技 DEA 效率下降的原因，重点突破，以从根源上转变发展方式，提高农业科技效率。

7 农业科技投入效率纵向比较分析

使用第 5 章运用历史数据测算出三个视角下的 2007 年、2010 年、2013 年农业科技 DEA 效率与第 6 章运用预测数据测算出 2017 年、2020 年、2023 年三个视角下的农业科技 DEA 效率进行纵向比较分析，可以总结分析出我国农业科技 DEA 效率的发展趋势，找出妨碍农业科技发展的障碍，为以后各省区市农业科技发展找出漏洞，根据分析出的各省区市的发展问题提供相应对策建议，从而使未来各省区市农业科技发展能够查漏补缺，平稳健康的发展。

7.1 直接产出视角下农业科技投入效率纵向比较分析

从 2007 年、2010 年、2013 年、2017 年、2020 年、2023 年得出的农业科技 DEA 效率直接产出视角下的综合技术效率值方面来看，29 个省区市中综合技术效率始终有效的数量为 3 个，分别为：北京、广东、宁夏，占总数的 10.3%。2007 年至 2023 年基于直接产出视角的综合技术效率有效省区市的数量总体在减少，2007 年综合技术效率有效省区市的数量为 8 个，2010 年为 7 个，2013 年减少到 6 个，2017 年保持不变，2020 年又增加到 8 个，2023 年减少到 6 个，综合技术效率有效省区市的数量将在不久的将来保持波动减少的趋势，直接产出视角下的农业科技 DEA 效率前景不容乐观。说明我国的大多数省区市的农业科技资源的投入是无效的，盲目投入以求增加产出提高效率，导致我国未来几年直接产出视角下的农业科技效率并未得到实质上的提高。其中，福建、新疆在 2007 年、2010 年、2013 年、2017 年、2020 年均为 DEA 有效，在 2023 年综合技术效率值下降转为非 DEA 有效；上海、甘肃在 2007 年、2010 年的 DEA 效率达到了有效，2013 年、2017 年、2020 年、2023 年的综合技术效率值一直在下降，其中，甘肃的综合技术效率值将由 DEA 有效减少到了 2023 年的 0.459，未达到及格线。

2007 年至 2023 年直接产出视角下综合技术效率值呈下降趋势的省区市数量为 14 个，占总数的 48.3%，分别为：天津、河北、吉林、黑龙江、上海、安徽、福建、山东、河南、湖南、四川、甘肃、青海、新疆。其中，天津、吉林、黑龙江、河南、甘肃将由 2007 年的及格水平降为 2023 年的不及格水平，综合技术效率呈现波动下滑趋势；河北、安徽、湖南、四川四省的综合技术效率值一直低于及格线，到2023年的综合技术效率值将会更小。以上省区市在直接产出视角下的综合技术效率值在2007年到2023年之间均出现了不同程度的降低，如果按照农业科技水平的发展趋势而不采取措施任由其发展的话，这些省区市农业科技直接产出的发展将会影响到其整体的发展。2007年至2023年综合技术效率值呈上升趋势的省区市数量为13个，占总数的41.4%，分别为：山西、内蒙古、辽宁、江苏、浙江、江西、湖北、广西、重庆、贵州、云南、陕西、宁夏。其中，内蒙古、辽宁、江西、湖北、重庆、云南在2007年到2023年间的综合技术效率值都是经历了先下降后上升且综合技术效率值总体呈波动上升的趋势，且2023年的综合技术效率值将均超过及格线。山西、江苏、浙江、广西、贵州几省的综合技术效率值在2007年到2023年的总趋势为上升，且广西在2013年、贵州将在2020年综合技术效率值均达到有效状态，这些省区市在直接产出视角下的农业科技DEA效率得到了不同程度的增长。从直接产出视角下2007年、2010年、2013年、2017年、2020年、2023年的综合技术效率均值（图7-1）来看，2007年到2023年各省区市的综合技术效率均值变化幅度不大，但是基本上呈波动下降趋势。2007年各省区市的综合技术效率均值为0.724，到2023年各省区市的综合技术效率均值将下降到0.687，下降幅度为5.1%。总体来说直接产出视角下的农业科技产出DEA效率在未来的发展中将呈下降趋势，发展前景不是很乐观。

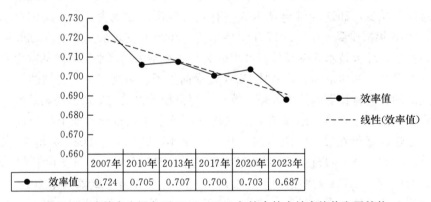

	2007年	2010年	2013年	2017年	2020年	2023年
效率值	0.724	0.705	0.707	0.700	0.703	0.687

图7-1　直接产出视角下2007—2023年综合技术效率均值发展趋势

从直接产出视角下2007年、2010年、2013年、2017年、2020年、2023年得出的农业科技DEA效率中的纯技术效率值方面来看，29个省区市中纯技术效率始终有效的数量为6个，分别为：北京、天津、上海、广东、宁夏、新疆，占总数的20.7%。2007年至2023年基于直接产出视角的纯技术效率有效省区市的数量在波动减少，在 2013 年降到数量最少为 9 个，而后数量开始增加，到 2023 年的纯技术有效数量将为 12 个。直接产出视角下纯技术效率有效省区市的数量在将来保持波动减少的趋势，但波动幅度不大，直接产出视角下的纯技术效率的发展较为平稳。说明我国的大多数省区市的农业科技水平还是在持续发展的。其中，福建在 2007 年、2010 年、2013 年、2017 年、2020 年均为纯技术效率有效，在 2023 年纯技术效率值略微下降转为非有效；四川、甘肃在 2007 年、2010 年的纯技术效率达到了有效，2013 年、2017 年、2020 年、2023 年的纯技术效率值将持续下降，且均减少到了及格线以下。

2007 年至 2023 年直接产出视角下纯技术效率值呈下降趋势的省区市数量为 10 个，占总数的 34.5%，分别为：河北、吉林、黑龙江、安徽、福建、山东、河南、湖南、四川、甘肃。其中，吉林、安徽、河南、湖南、四川、甘肃将由 2007 年的高于及格水平降为 2023 年的低于及格水平，纯技术效率降低幅度稍大，河南自 2007 年呈现出持续下降的趋势；河北纯技术效率值一直低于及格线，2023 年的纯技术效率值将会达到史低。相反，山东一直处于及格线以上，在 2013 年达到了纯技术效率有效。以上省区市在直接产出视角下的纯技术效率值在 2007 年到 2023 年之间均出现了下降趋势。2007 年至 2023 年纯技术效率值呈上升趋势的省区市数量为 13 个，占总数的 44.8%，分别为：山西、内蒙古、辽宁、江苏、浙江、江西、湖北、广西、重庆、贵州、云南、陕西、青海。其中，青海在 2007 年、2010 年的纯技术效率值均到了有效，在 2013 年纯技术效率值有些许降低，在 2017 年、2020 年、2023 年将得到增长，重新返回到纯技术效率有效行列；内蒙古、辽宁、江西、湖北、重庆、云南在 2007 年到 2023 年间纯技术效率值均经历了先下降后上升总体呈波动上升的发展趋势，且 2023 年的纯技术效率值将超过及格线；山西、江苏、贵州三省的纯技术效率值在 2007 年到 2023 年的发展趋势为上升，且纯技术效率值均由不及格增加到了及格线以上；广西在 2007 年、2013 年的纯技术效率为远超过及格线但未有效状态，在 2013 年其纯技术效率值均达到有效状态。从直接产出视角下 2007 年、2010 年、2013 年、2017 年、2020 年、2023 年的纯技术效率均值（图 7-2）来看，2007 年到 2023 年各省区市的纯技术效率均值变化幅度甚微，2007 年各省区市的纯技术效率均值为 0.768，2023 年各省区市的纯技术效率均值将下降到 0.765，下降幅度为 0.4%。总体来说直接产出视角下的各个省区市的纯技术效率的发展还是比较稳健的，变化幅度不大，未来直接产出视角下的技术水平的发展是呈波动缓慢上升趋势的。

从直接产出视角下 2007 年、2010 年、2013 年、2017 年、2020 年、2023 年得到的农业科技 DEA 效率中的规模效率值方面来看，29 个省区市中规模效率值始终有效的数量为 3 个，与综合技术效率的分布情况一致，分别为：北

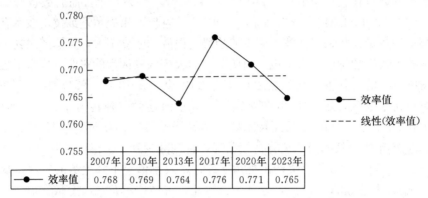

图 7 - 2　直接产出视角下 2007—2023 年纯技术效率均值发展趋势

京、广东、宁夏，占总数的 10.3%。2007 年至 2023 年基于直接产出视角的规模效率有效省区市的数量在低速减少，2013 年是有效省区市数量最少的年份，数量为 6 个，而后规模效率有效数量开始波动增加，到 2023 年的规模有效的省区市数量将增加到 7 个。直接产出视角下规模效率有效省区市的数量在将来将按照减少再增加又减少的趋势发展，总体波动幅度不大，表明我国的多数省区市的农业科技规模保持在一定程度，围绕其上下波动。其中，福建、新疆在 2007 年、2010 年、2013 年、2017 年、2020 年均为规模效率有效，2023 年规模效率值将略微降低转为非规模效率有效；上海、甘肃在 2007 年、2010 年的规模效率达到了有效，以后几年的规模效率值将持续降低，但都高于及格线。

　　2007 年至 2023 年直接产出视角下规模效率值呈下降趋势的省区市数量为 15 个，占总数的 51.7%，分别为：天津、河北、黑龙江、上海、浙江、安徽、福建、山东、河南、湖南、云南、陕西、甘肃、青海、新疆。其中，天津是唯一一个由规模效率值高于及格线而又在未来几年将下降到低于及格线的地区，下降幅度稍大；河北、安徽、陕西的发展趋势为规模效率值先下降后增加，2023 年的规模效率值将低于 2007 年的规模效率值但高于 0.6；浙江、山东、河南、湖南、云南与前边三省正好相反，发展趋势为先下降后上升，总体趋势呈下降的轨迹。2007 年至 2023 年规模效率值呈上升趋势的省区市数量为 8 个，占总数的 27.6%，分别为：山西、吉林、江西、湖北、广西、重庆、四川、贵州。广西在 2013 年由规模效率无效转变为规模效率有效，并在以后的几年将持续保持规模效率有效的状态。湖北、贵州在 2007 年至 2017 年间将呈现规模效率值波动递增的趋势，并在 2020 年将达到规模效率有效的状态；吉林在 2010 年达到规模效率有效的状态，但在 2013 年以后将呈现先下降后上升的发展趋势，2023 年的规模效率值达到了 0.986，接近于有效值；重庆、四川两省市的规模效率值在 2007 年至 2023 年将呈现出持续上升的发展趋势，其中四川的规模效率值由不及格增加到了 0.999，接近有效。2007 年至 2023 年规模效率值保持不变的省区市数量为 3 个，分别为内蒙古、辽宁与江苏。这三个省区市的规模效率值自 2007 年到 2023 年均大于 0.9，并且围绕 0.9 上下波动，始终保持基本稳定的状态。

　　从直接产出视角下 2007 年、2010 年、2013 年、2017 年、2020 年、2023 年的规模效率均值（图 7 - 3）来看，2007 年到 2023 年各省区市的规模效率均值变化大体上呈下降趋势，2007 年各省区市的规模效率均值为 0.945，2023 年各省区市的规模效率均值将下降到 0.906，下降幅度为 4%。总体来说直接产出视角下 29 个省区市的规模效率的发展还是比较平稳的，规模效率值控制在 4%，但不可否认，各省区市农业科技规模的发展还略有欠缺，需要找出近些年规模效率值产生落后的原因，提出相关对策以增强其发展能力。

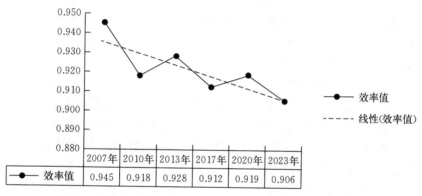

图 7 - 3 直接产出视角下 2007—2023 年规模效率均值发展趋势

	2007年	2010年	2013年	2017年	2020年	2023年
效率值	0.945	0.918	0.928	0.912	0.919	0.906

　　通过对直接产出视角下 2007 年至 2023 年农业科技 DEA 效率的分析，可以得出大致结论：直接产出视角下 2007 年至 2023 年的农业科技 DEA 效率整体上是呈下降的发展趋势的。期间，各省区市的纯技术效率发展较为平稳，纯技术效率值变化不大。而相对于纯技术效率，2007 年至 2023 年规模效率值的发展呈明显的下降趋势，发展状况不稳定，总体不如纯技术效率。直接产出视角下，导致综合技术效率发展每况愈下的主要原因为纯技术效率的发展不尽如人意，从而影响了直接产出视角下农业科技效率的整体发展。从各年份直接产出视角下的产出不足及投入冗余值来看，规模效率值下降的原因可能为从事农业技术人员的盲目增加，导致规模报酬方面的欠缺，规模效率没有发挥最大效用，使得规模效率值不增反降。因此应该更加合理调度各省区市的农业科技人员，不能只顾发展农业科技的科研方面，应该深入发展农业科技的各个方面，渗透到农业科技的各个环节，使科技人员各司其职，从而大力激发农业领域科

技人员的总体质量水平以及业务素质。

7.2 间接产出视角下农业科技投入效率纵向比较分析

从间接产出视角下 2007 年到 2023 年得出的农业科技 DEA 效率的综合技术效率值方面来看，29 个省区市中综合技术效率始终有效的数量为 3 个，分别为：福建、青海、宁夏，占总数的 10.3%，这三个省区市的综合技术效率值一直处于有效状态，原因可能为这三省区市虽然地处沿海及偏远地区，经济相对来说不是很发达，但是其对农业的投入相对来说占比还是比较大的，在其有限投入下其产出得到了最优。基于间接产出视角下的 2007 年至 2023 年的综合技术效率有效省区市的数量在减少，2007 年综合技术效率有效省区市的数量为 11 个，2010 年为 13 个，2013 年减到最少为 9 个，2017 年又将增加到 12 个，2020 年至 2023 年将继续保持下降趋势，2023 年的有效省区市数量为 9 个。间接产出视角下综合技术效率有效的数量将在 2007 年到 2023 年保持减少然后增加然后又减少的趋势，因而间接产出视角下的农业科技 DEA 效率在未来几年的发展是比较波折的。

2007 年至 2023 年间接产出视角下综合技术效率值呈下降趋势的省区市数量为 15 个，占总数的 51.7%，分别为：北京、天津、河北、辽宁、吉林、黑龙江、上海、浙江、安徽、山东、河南、广东、重庆、四川、甘肃。其中，北京、广东在 2007 年、2010 年、2013 年、2017 年均为 DEA 有效省份，在 2020 年、2023 年的综合技术效率值下降转为非 DEA 有效；天津、浙江在 2007 年、2010 年、2013 年的 DEA 效率达到了有效，2017 年、2020 年、2023 年的综合技术效率值一直在下降，间接产出视角下天津的综合技术效率值将由 DEA 有效减少到了 2023 年的 0.526，低于及格线。河南、重庆在 2007 年、2010 年的 DEA 效率达到了有效，在 2013 年、2017 年、2020 年、2023 年其综合技术效率值将呈直线下降，河南在 2023 年将降低到及格线以下。间接产出视角下河北的综合技术效率在 2007 年至 2023 年呈现持续下滑的趋势；辽宁、黑龙江、安徽、四川、甘肃的综合技术效率值的发展趋势为先上升再降低，其中黑龙江、四川、安徽的技术效率值将慢慢滑落到及格线以下，甘肃除了 2007 年的综合技术效率值在及格线以上，其他年份都低于及格线。

2007 年至 2023 年综合技术效率值呈上升趋势的省区市数量为 10 个，占总数的 34.5%，分别为：山西、内蒙古、江苏、江西、湖北、广西、贵州、云南、陕西、新疆。其中，湖北在 2007 年为非综合技术效率值有效地区，在 2010 年以后发展为综合技术效率有效地区；内蒙古、江西、广西、贵州四省在 2017 年均由综合技术效率无效转变成为综合技术效率有效地区，且内蒙古的综合技术效率值在 2010 年就上升为 1，但是在 2013 年又转变为综合技术效率无效，2017 年将再次转变成为综合技术效率有效地区；贵州在 2007 年以后综合技术效率值直线上升，在 2017 年将上升为 DEA 有效省区市；山西、江苏、陕西、新疆在间接产出视角下 2007 年到 2023 年间的综合技术效率值都是经历了先上升后下降且综合技术效率值总体呈波动上升的趋势，且 2023 年的综合技术效率值将均超过了及格线。从间接产出视角下 2007 年、2010 年、2013 年、2017 年、2020 年、2023 年的综合技术效率均值（图 7 - 4）来看，2007 年到 2023 年各省区市的综合技术效率均值变化幅度不大，呈先上升后下降的波动发展趋势。间接产出视角下 2007 年各省区市的综合技术效率均值为0.795，到 2023 年各省区市的综合技术效率均值将下降到 0.726，波动幅度为8.6%。但从总趋势来说间接产出视角下的农业科技产出 DEA 效率在未来几年发展中将是呈下降趋势的。

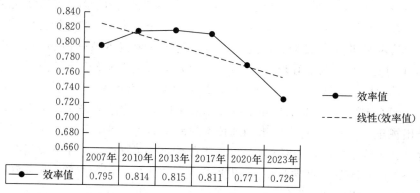

	2007年	2010年	2013年	2017年	2020年	2023年
效率值	0.795	0.814	0.815	0.811	0.771	0.726

图 7 - 4　间接产出视角下 2007—2023 年综合技术效率均值发展趋势

从间接产出视角下 2007—2023 年得出的农业科技 DEA 效率中的纯技术效率值方面来看，29 个省区市中纯技术效率始终有效的数量为 9 个，分别为：北京、天津、上海、福建、山东、湖北、湖南、青海、宁夏，占总数的 31%。2007 年至 2023 年基于间接产出视角的纯技术效率有效的数量经历了先增加然后减少与 2007 年持平最后又减少的发展趋势，在 2007 年纯技术效率有效省区市数量为 15 个，而后 2010 年纯技术效率有效省区市数量开始增加到 18 个，然后在 2013 年、2017 年、2020 年、2023 年有效省区市数量将保持直线减少的趋势，到 2023 年的纯技术效率有效数量将为 13 个。

2007 年至 2023 年间接产出视角下纯技术效率值呈下降趋势的省区市数量为 13 个，占总数的 44.8%，分别为：河北、辽宁、吉林、黑龙江、江苏、浙江、安徽、河南、广东、重庆、四川、云南、甘肃。其中，广东在 2007 年、2010 年、2013 年、2017 年、2020 年均为纯技术效率有效，在 2023 年下降为纯技术效率非有效地区；河南在 2007 年、2010 年、2013 年、2017 年均为纯技术效率有效，在 2020 年纯技术效率值开始下降，在 2023 年纯技术效率值正好在及格线上；浙江、四川在 2007 年、2010 年、2013 年均为纯技术效率有效，在 2017 年纯技术效率值将开始下降，其中四川在 2023 年将低于及格线；重庆在 2007 年、2010 年的纯技术效率达到了有效，2013 年至 2023 年的纯技术效率值将呈现持续下降的趋势；河北、黑龙江、江苏、安徽、甘肃在间接产出视角下的纯技术效率值的发展趋势为先上升后下降，且甘肃将在 2017 年、黑龙江和安徽将在 2023 年步入纯技术效率值低于及格线的行列；吉林与云南将在 2007 年至 2023 年的纯技术效率值均低于及格线且未来几年的发展趋势为下降。

2007 年至 2023 年间接产出视角下纯技术效率值呈上升趋势的省区市数量为 7 个，占总数的 24.1%，分别为：山西、内蒙古、江西、广西、贵州、陕西、新疆。其中，内蒙古、江西、广西、贵州四省都将在 2017 年达到纯技术效率有效，在未来几年保持有效状态，其中甘肃是由不及格状态转化为了有效状态，技术水平的发展十分迅速；山西、陕西的纯技术效率值在 2007 年到 2023 年的发展趋势为上升趋势，且纯技术效率值均由不及格上升到了及格线以上。从间接产出视角下 2007 年至 2023 年的纯技术效率均值（图 7 - 5）来看，2007 年到 2023 年各省区市的纯技术效率均值变化趋势是波动下降的，间接产出视角下 2007 年各省区市的纯技术效率均值为 0.845，2023 年各省区市的综合技术效率均值将下降到 0.793，下降幅度为 6.1%。总体来说间接产出视角下的各省区市农业技术水平的发展变化是不大的，但应注意分析使其缓慢下降的原因，以改变其发展趋势，使其健康平稳发展。

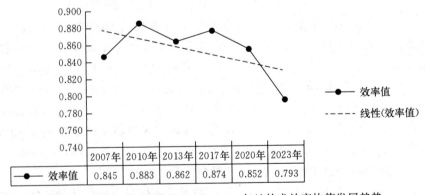

	2007年	2010年	2013年	2017年	2020年	2023年
效率值	0.845	0.883	0.862	0.874	0.852	0.793

图 7 - 5 间接产出视角下 2007—2023 年纯技术效率均值发展趋势

从间接产出视角下 2007 年、2010 年、2013 年、2017 年、2020 年、2023 年测算得到的农业科技 DEA 效率中的规模效率值方面来看，29 个省区市中规模效率值始终有效的数量为 3 个，与综合技术效率有效的省区市一致，分别为：福建、青海、宁夏，占总数的 10.3%。在 2007 年至 2023 年间，基于间接产出视角的农业科技 DEA 效率中规模效率有效省区市的数量在减少，有效省区市数量的发展总趋势为先增加然后减少，2010 年是规模有效省区市数量最多的年份，数量为 14 个，而后规模效率有效数量开始波动减少，到 2023 年的规模有效的省区市数量将减少到 10 个。其中，北京、广东在 2007 年、2010 年、2013 年、2017 年均为规模效率有效地区，2020 年、2023 年的规模效率值将降低转变为非规模效率有效；天津、上海、浙江在 2007 年、2010 年、2013 年的规模效率均达到了有效，未来几年的规模效率值将保持下降趋势，且天津、上海两省在 2017 年以后几年的规模效率值将跌破及格线。

2007 年至 2023 年间接产出视角下规模效率值呈下降趋势的省区市数量为 10 个，占总数的 34.5%，分别为：北京、天津、吉林、上海、浙江、安徽、山东、河南、广东、重庆。其中，吉林的发展趋势为规模效率值先增加又下降然后增加，2023 年的规模效率值将低于 2007 年的规模效率值但高于 0.6；安徽、山东、河南、重庆与吉林的发展趋势正好相反，为先下降后上升又下降的发展趋势，总体趋势呈下降。2007 年至 2023 年规模效率值呈上升趋势的省区市数量为 15 个，占总数的 51.7%，分别为：河北、山西、内蒙古、黑龙江、江苏、江西、湖北、广西、四川、贵州、云南、陕西、甘肃、新疆。其中，贵州、广西在 2017 年由规模效率无效转变为规模效率有效，并在以后的几年将持续保持规模效率有效的状态；河北、黑龙江、广西、云南、陕西、甘肃、新疆的规模效率值遵循先下降后上升的发展趋势，且这几个省区市的规模效率值均大于及格线；四川、山西则遵循先上升后下降的发展趋势；湖北在 2007 年为非规模效率有效状态，在 2010 年转变为规模效率有效省区市，并在未来几年保持为规模效率有效省区市；内蒙古、江苏将呈现规模效率值持续递增下降又增加的趋势，并都在 2010 年达到规模效率有效的状态。

从间接产出视角下 2007 年、2010 年、2013 年、2017 年、2020 年、2023 年的规模效率均值（图 7-6）来看，2007 年到 2023 年各省区市的规模效率均值变化大体上保持持平，变化甚微。2007 年各省区市的规模效率均值为 0.937，2023 年各省区市的规模效率均值将下降到 0.926，下降幅度为 1.1%。整体上来说间接产出视角下 29 个省区市的规模效率发展比较平稳。

通过对间接产出视角下 2007 年至 2023 年农业科技 DEA 效率的整理分析，可以得出结论：间接产出视角下 2007 年至 2023 年的农业科技 DEA 效率整体上是呈下降的发展趋势的。与直接产出视角下的农业科技纯技术效率与规模效率的发展趋势相反，各省区市的规模效率发展较为平稳，而纯技术效率的发展呈明显的下降趋势。因此间接产出视角下，引起综合技术效率值下降的主要原

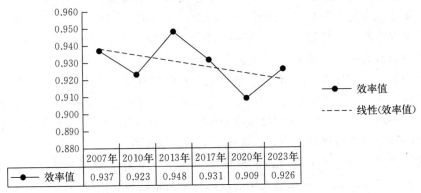

	2007年	2010年	2013年	2017年	2020年	2023年
●—效率值	0.937	0.923	0.948	0.931	0.909	0.926

图 7-6　间接产出视角下 2007—2023 年规模效率均值发展趋势

因为纯技术效率值的下降，而纯技术效率值下降的原因可能为从事农业科技人员的不足，以及农业科技人员在农业方面所做出的科研成果没有及时的进入到农业领域，从而没有产生回报。因此，提高间接产出视角下农业科技效率，一方面，可以提高农业科研及工作人员的薪资待遇，完善科研奖励体系，另一方面，促进农业科技成果产业化，完善农业科技推广体系，使农业科技成果能够快速有效地进入农业领域。

7.3　总量指标视角下农业科技投入效率纵向比较分析

从总量指标视角下 2007 年到 2023 年测算得出的农业科技 DEA 效率的综合技术效率值来看，29 个省区市中综合技术效率 2007 年到 2023 年始终有效的数量为 6 个，分别为：北京、福建、广东、青海、宁夏、新疆，占总数的 20.7%，这 6 个地区的综合技术效率值 2007 年到 2023 年始终有效的原因分别可能为：发达地区技术水平高，偏远地区虽然投入少，但物以稀为贵使得物尽其用。总量指标视角下的 2007 年至 2023 年的综合技术效率有效省区市的数量在减少，2007 年综合技术效率有效省区市的数量为 11 个，2010 年虽然增加到 16 个，但在 2013 年又减少到 12 个，2017 年将增加到 14 个，2020 年至 2023 年将继续保持下降趋势，2023 年的有效省区市数量为 11 个。总量指标视角下综合技术效率有效省区市的数量经历了增加然后减少又增加然后又减少的曲折过程。

2007 年至 2023 年总量指标视角下的综合技术效率值呈下降趋势的省区市数量为 14 个，占总数的 48.3%，分别为：天津、河北、辽宁、吉林、黑龙江、上海、浙江、安徽、山东、河南、重庆、四川、甘肃、新疆。其中，上海在 2007 年至 2017 年均为 DEA 有效省份，在 2020 年、2023 年的综合技术效率值下降转为非 DEA 有效；天津、浙江、甘肃在 2007 年、2010 年、2013 年的 DEA 效率达到了有效，2017 年、2020 年、2023 年的综合技术效率值一直在下降，天津、甘肃的综合技术效率值将在 2020 年由 DEA 有效下降到低于及格线；河南、重庆在 2007 年、2010 年的综合技术效率达到了有效，在 2013 年至 2023 年其综合技术效率值将直线下降，河南在 2023 年将降到及格线以下。总量指标视角下河北的综合技术效率在 2007 年至 2023 年呈现持续降低的趋势，到 2023 年的综合技术效率值将发展为略高于及格线；安徽、四川呈现出先上升后下降的发展趋势，且两省都将在 2023 年转变为综合技术效率不及格地区。

2007 年至 2023 年综合技术效率值呈上升趋势的省区市数量为 9 个，占总数的 31%，分别为：山西、内蒙古、江苏、江西、湖北、广西、贵州、云南、陕西。其中，湖北在 2007 年为非综合技术效率值有效地区，在 2010 年以后发展为综合技术效率有效地区；贵州和江西在 2017 年均由综合技术效率无效转变成为综合技术效率有效地区，贵州在 2010 年上升为 DEA 有效地区后又回落到无效状态，在 2017 年再次成为综合技术效率有效地区；内蒙古和江苏的综合技术效率值在 2010 年上升为 1，但是在 2013 年又转变为综合技术效率无效，内蒙古在 2017 年将再次转变成为综合技术效率有效地区，而江苏则继续保持综合技术效率无效的状态；山西、陕西两省在总量指标视角下 2007 年到 2023 年间的综合技术效率值都是经历了先上升后下降且综合技术效率值总体呈波动上升的过程，2023 年的综合技术效率值将大于及格线；总量指标视角下云南 2007 年至 2023 年的发展趋势正好相反。

从总量指标视角下 2007 年至 2023 年的综合技术效率均值（图 7-7）看来，2007 年到 2023 年各省区市的综合技术效率均值变化呈下降的发展趋势。根据图 7-7 所示，总量指标视角下 2007 年各省区市的综合技术效率均值为 0.868，2023 年各省区市的综合技术效率均值将下降到 0.797，下降幅度为 8.6%。总量指标下 29 个省区市的农业科技 DEA 效率在 2013 年之前是缓慢上升的，之后是在逐渐下降，且下降幅度较大。

从总量指标视角下 2007—2023 年得出的农业科技 DEA 效率中的纯技术效率值方面来看，29 个省区市中纯技术效率始终有效的数量为 13 个，分别为：北京、天津、上海、福建、山东、湖北、湖南、广东、广西、四川、青海、宁夏、新疆，占总数 44.8%。2007 年至 2023 年基于总量指标视角的纯技术效率有效省区市的数量在 2007 年至 2023 年间经历了先增加然后减少而又与 2007 年持平的发展趋势，在 2007 年纯技术效率有效省区市数量为 18 个，2010 纯技术效率有效省区市数量增加到 21 个，然后在 2013 年、2017 年、2020 年有效省区市数量将保持直线减少的趋势，到 2023 年的纯技术效率有效

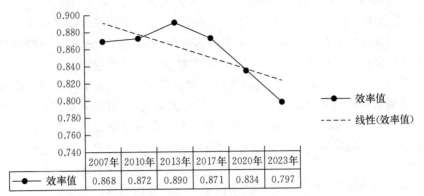

图 7-7　总量指标视角下 2007—2023 年综合技术效率均值发展趋势

数量与 2007 年持平为 18 个。整体来说，总量指标视角下大部分省区市的农业科技水平的发展是不错的。

2007 年至 2023 年总量指标视角下纯技术效率值呈下降趋势的省区市数量为 9 个，占总数的 31%，分别为：河北、辽宁、吉林、江苏、浙江、安徽、河南、重庆、甘肃。其中，河南在 2007 年、2010 年、2013 年、2017 年均为纯技术效率有效，在 2020 年、2023 年将转变为纯技术效率非有效地区；浙江、甘肃两省在 2007 年、2010 年、2013 年均为纯技术效率有效，在 2020 年的纯技术效率值开始下降，且甘肃在 2023 年的纯技术效率值低于及格线上；重庆在 2007 年、2010 年的纯技术效率达到了有效，2013 年至 2023 年的纯技术效率值将呈现波动下降的趋势；吉林在 2007 年至 2023 年的纯技术效率值发展趋势为下降，且在 2023 年的纯技术效率值转变为不及格地区。

2007 年至 2023 年间纯技术效率值呈上升趋势的省区市数量为 8 个，占总数的 24.1%，分别为：山西、内蒙古、黑龙江、江西、贵州、云南、陕西、新疆。其中，内蒙古、江西、云南三省都将在 2017 年达到纯技术效率有效，并在将来几年保持纯技术效率有效状态，其中贵州在 2010 年就上升为纯技术效率有效省区市；内蒙古是在 2010 年纯技术效率就达到了有效，但在 2013 年纯技术效率值又下降为不及格状态；山西的纯技术效率值在 2007 年到 2023 年的发展趋势为上升，纯技术效率值均由不及格增加到及格线以上；陕西在总量指标视角下的纯技术效率值在 2007 年到 2023 年先上升然后下降，但总体上其纯技术效率值还是上升的。从总量指标视角下 2007 年至 2023 年的纯技术效率均值（图 7-8）来看，2007 年到 2023 年各省区市的纯技术效率均值变化趋势总体上是下降的，从 2017 年开始总量指标视角下的纯技术效率值下降幅度增大，2007 年各省区市的纯技术效率均值为 0.91，2023 年各省区市的综合技术效率均值将下降到 0.883，下降幅度为 3%。总体来说总量指标视角下的各省区市农业技术水平的变化幅度是较平稳的，未来几年内 29 个省区市的纯技术效率不会发生太大变化。

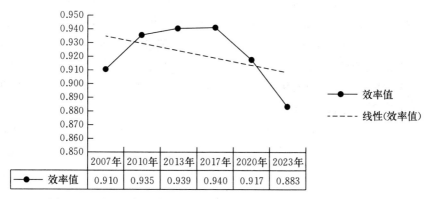

图 7-8 总量指标视角下 2007—2023 年纯技术效率均值发展趋势

从总量指标视角下测算得到的农业科技 DEA 效率中的规模效率值来看，29 个省区市中 2007 年至 2023 年规模效率值始终有效的数量为 5 个，与综合技术效率有效的省区市数量一致，占总数的 17.2%，分别为：北京、福建、广东、青海、宁夏。在 2007 年至 2023 年间，基于总量指标视角的农业科技 DEA 效率中规模效率有效省区市的数量变化幅度很大，集中体现在 2007 至 2013 年。在 2010 年规模效率有效省区市的数量由 13 个增加到了 18 个，增加了 38.5%，然后有效省区市的数量又下降到 12 个，减少了 33%。而后几年农业总量指标视角下农业科技 DEA 效率中的规模效率有效省区市数量没有发生很大变化，上下波动范围为 1。

2007 年至 2023 年总量指标视角下规模效率值呈下降趋势的省区市数量为 13 个，占总数的 44.8%，分别为：天津、黑龙江、上海、浙江、安徽、山东、河南、重庆、四川、云南、陕西、甘肃、新疆。其中，天津、上海、浙江、河南、重庆、甘肃、新疆都是由规模效率有效地区转变为规模效率无效地区，只是转为规模效率无效的时间不同；黑龙江、安徽、山东、云南的发展趋势为规模效率值先下降又增加然后又下降，2023 年的规模效率值将低于 2007 年的规模效率值但高于及格值；四川与陕西二省的发展趋势正好相反，为先上升后下降又上升的发展趋势，且四川在 2023 年的规模效率值降到了及格线以下。2007 年至 2023 年规模效率值呈上升趋势的省区市数量为 10 个，占总数的 43.5%，分别为：河北、山西、内蒙古、辽宁、吉林、江苏、江西、湖北、广西、贵州。其中，内蒙古、江西、广西、湖北、贵州均在 2017 年由规模效率无效地区转变为规模效率有效地区，并在以后的几年将持续保持规模效率有效的状态，且湖北早在 2010 年就发展成为规模效率有效地区；山西、江苏二省的规模效率值遵循先上升后下降的波动发展趋势，二者均在 2010 年达到过规模效率有效。

从总量指标视角下 2007 年至 2023 年的规模效率均值（图 7-9）来看，近年来各省区市的规模效率均值总体呈下降趋势。2007 年各省区市的规模效率均值为 0.937，2023 年各省区市的规模效率均值将下降到 0.926，2007 年与 2023 年之间的下降幅度为 4.5%。从图 7-9 可以看出，总量指标视角下 2007 年与 2023 年规模效率均值相差不大，因此可以推测出 29 个省区市近几年的规模效率的发展是比较平稳的。

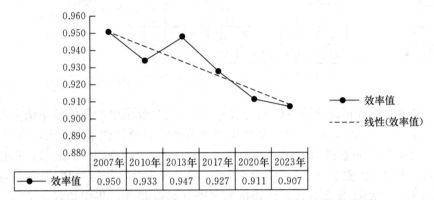

	2007年	2010年	2013年	2017年	2020年	2023年
效率值	0.950	0.933	0.947	0.927	0.911	0.907

图 7-9 总量指标视角下 2007—2023 年规模效率均值发展趋势

通过对总量指标视角下 2007 年至 2023 年农业科技 DEA 效率进行的分解可以得出结论：总量指标视角下 2007 年至 2023 年的农业科技 DEA 效率的分布情况变化不大，但整体上是呈下降的发展趋势的，且规模效率值的下降幅度大于纯技术效率值的下降幅度。这间接表明各省区市农业科技水平发展平稳，规模报酬方面发展不理想。且从 2023 年的结果中可以得到，规模报酬递减的省区市占非 DEA 有效的省区市数量的 70.6%，表明多数省区市盲目增加投入，例如江苏省区市的 R&D 经费内部支出投入的冗余值达到了 101 976.14 万元。盲目增加投入，但效率没有得到最大化发挥是大部分省区市规模效率值下降的主要原因。

7.4 本章小结

本章对直接产出、间接产出、总量指标视角下 2007 年、2010 年、2013 年、2017 年、2020 年、2023 年的农业科技 DEA 效率值进行纵向对比分析，可以得出结论，随着时间的推移，三个视角下的我国农业科技 DEA 效率随着时间的变化将是呈下降的发展趋势的，有效省区市的数量在减少。但三个视角下导致综合技术效率下降的侧重点不同，直接产出视角下规模效率的下降幅度大于纯技术效率；间接产出视角下的侧重点正好相反，纯技术效率的下降幅度大于规模效率；总量指标视角下纯技术效率的下降幅度小于规模效率。因此，我国农业科技的发展应该摒弃现在的发展方式，找出导致农业科技发展效率缓慢的原因，重点剖析，以提高农业科技的发展效率。如果我国遵循现有的发展思路进行农业科技的扩展与推广，将使农业科技效率的发展日益衰退。

8 结论及展望

8.1 结论

本书通过确定省级农业科技产出的滞后期，测算实际的农业科技产出，并对我国省级农业科技投入效率进行测算及评价。利用具有滞后因素的 DEA 模型和比较静态分析法，对省级农业科技投入效率进行评价，分析近年来我国农业科技投入产出情况，总结其发展趋势；然后基于灰色预测建模技术，对农业科技投入和产出指标进行发展预测，然后在预测数据的基础上基于三个视角测算 2017 年、2020 年、2023 年农业科技投入效率，并进行相应分析，掌握农业科技投入效率的大致发展趋势；最后基于农业科技投入的直接产出指标和间接推动产出指标维度、基于产出总量指标维度的两个维度形成的三个视角测算得出的 2017 年、2020 年、2023 年农业科技投入效率与 2007 年、2010 年、2013年农业科技投入效率测度结果进行比较分析，得出十年来基于三个视角下的农业科技投入效率发展状况与发展趋势。

根据对 2007 年、2010 年、2013 年农业科技投入产出数据进行的基于三个视角的农业科技投入 DEA 效率测算结果进行分析与对其进行的比较静态分析可以得到以下结论：直接产出视角下的农业科技直接产出 DEA 效率随着时间的推移总体上是递减的；基于间接产出视角的农业科技投入 DEA 效率的发展是越来越好的，效率是递增的；基于总量产出视角的农业科技投入 DEA 效率只规模效率值在减少，表明总量产出指标视角下规模效率的发展出现了些许倒退，以后的发展重点应该在于规模效率方面，同时兼顾纯技术效率方面。但纵观全局，农业科技投入 DEA 效率随着时间的流逝是在逐步发展的。通过对基于预测数据的 2017 年、2020 年、2023 年三个视角下的农业科技 DEA 效率进行整理分析发现，三个视角下的农业科技 DEA 效率发展呈波动下降趋势，农业科技 DEA 效率的发展日渐衰弱。因此在未来的农业科技发展中，着重分析农业科技 DEA 效率下降的根源，重点突破，以保持农业科技效率的平稳发展。

三个视角下对 2007 年、2010 年、2013 年、2017 年、2020 年、2023 年的农业科技 DEA 效率值进行的纵向对比分析可以得出结论：随着时间的推移，三个视角下的我国农业科技 DEA 效率随着时间的变化将是呈下降的发展趋势,有效省区市的数量在减少。但不同视角下导致综合技术效率下降的侧重点不同,直接产出视角下规模效率的下降幅度最大;间接产出视角下纯技术效率的下降幅度大于规模效率;总量产出指标视角下纯技术效率的下降幅度小于规模效率。不过,总体来说,虽然纯技术效率有效的省区市的数量多于规模报酬最优的省区市的数量,但是农业科技 DEA 效率有效的数量与规模报酬最优的数量一致,说明了相对于纯技术效率,规模效率对于综合效率的影响更为强烈,因此要时刻关注规模效率的发展状况。

8.2 发展思路

通过前文对我国 29 个省区市进行的农业科技效率的分析,可以得出下列发展思路:

(1)重点建设农业科技水平落后地区,缩小各省农业科技差距。我国幅员辽阔,区域间自然要素禀赋与农业发展水平之间的差距很大,这会导致我国农业科技发展水平存在不均衡的现象。所以,我国对农业发展落后的地方需要加强扶持且重点扶持,由此达到缩小农业科技 DEA 效率水平之间的差异,并且降低各省区市之间关于农业科技发展水平的差异程度。

(2)深刻剖析导致农业科技非 DEA 有效的原因,合理配置农业科技资源。造成各省市之间关于农业科技非 DEA 有效的因素有很多。所以对于有些非 DEA 有效的省市应该重点研究造成其无效的因素,从而避免盲目增加农业科技的投入,并对农业科技发展的薄弱环节进行研究。

(3)调整优化农业科技资源投入结构,增强规模优势。美国等发达国家的农业实现了大规模作业的方式,我国很多的农业地区分布相对比较分散,农业的分布形式造成我国农业不具有发展大规模作业的优势。所以我们应该从提高农业技术效率,完善农业科技管理体制,宣传大规模生产的优势,促进农业集约化生产方式等方面着手,循序渐进的发展农业规模,增强规模效益的优势。

(4)继续深化农业科技研究,努力促进农业科技成果转化。我国的农业水平正处于由传统农业向现代农业转型的关键时期,农业科技创新体系的实现是我国农业现代化和农业经济持续发展的重要战略支撑。因此我国要加大对农业科研的支持力度,提供政策上的支持,并培养专业的农业科研与技术方面的人才。为了实现我国农业现代化水平,应该从以下两点出发:一是要继续深化关于农业科技的投入,二是要努力促进农业科技成果的转化。

8.3 研究展望

本书在样本数据、指标体系等方面还存在一定的不足之处，可以在后续的学术工作中做进一步的研究。这些不足具体如下：

（1）研究指标数量较少。本书只大体上对农业科技投入产出方面进行了划分，没有对各指标进行进一步的细分，原因在于我国农业方面数据的缺失。因此，将来随着经济的发展，各方面统计资料的完善，对于农业科技效率的评价将会更加的全面。

（2）评价指标体系设计方面还不够全面。农业科技投入产出效率评价是一个复杂的过程，需考虑的方面较多，但相关的定量指标和定性指标数量较少，且有些指标数据难以获取。本书为了保证评价结果的客观性，以及考虑指标数据的可获得性，选取的指标都是易于量化的。因此后续研究可以加上对定性指标的研究，定性与定量指标相结合，将两者糅合到同一个效率评价模型中，以进一步完善农业科技投入产出效率的评价体系。

（3）研究数据存在滞后性。由于受到数据资料公布时间的限制，在写作本书稿时，2018年的各省市的统计年鉴还未公布，相关数据还不全面，因此本书对农业科技评价的数据时间截止至2016年，研究时间存在滞后。

参 考 文 献

[1] 王雅鹏. 现代农业经济学 [M]. 北京: 中国农业出版社, 2017.

[2] Julian M, Alston, Philip G, Pardeyand Johannes Roseboom. Financing Agricultural Research: International Investment Patterns and Policy Perspectives [J]. World Development, 1998 (26): 1057 - 1071.

[3] 王平, 杨巍. 发展中国家农业科研投资现状 [J]. 中国农业科技导报, 2002, (05): 74 - 79.

[4] 陈世军. 我国农技推广投资总量和结构的研究 [J]. 农业科技管理, 1998, (02): 9 - 12.

[5] 黄季焜, 胡瑞法. 政府是农业科技投资的主体 [J]. 中国科技论坛, 2000, (04): 59 - 62.

[6] 高启杰. 我国农业推广投资现状与制度改革的研究 [J]. 农业经济问题, 2002, (08): 27 - 33.

[7] 王宁, 刘黎明, 刘玲玲, 邓乃扬. 农业科技投入的总量预测 [J]. 中国软科学, 2000, (04): 22 - 25.

[8] David P A, B H Hall, A A Toole. Is Public R&D a Complement or Substitute for Private R&D? A Review of the Economic Evidence [J]. Research Policy, 2000 (29): 497 - 529.

[9] Pray C E, R G Echeverria. Private-Sector Agricultural Research in Less-Developed Countries, Agricultural Research Policy International Quantitative Perspective [M]. London: Cambridge University Press, 1991.

[10] Bulter, L J, Marion, B W. Impacts of Patent Protection in the U. S. Seed Industry and Public Plant Breeding, North Central Project 117, Monograph 16 [M]. Madison: University of Wisconsin, 1983.

[11] T. Besley, M. Ghatak. Public-Private Partnerships for the Provision of Public Goods: Theory and an Application to NGOs [R]. The Suntory and Toyota International Centers for Economics and Related Discipliners, London: London School of Economics: 1999.

[12] McIntire John. Coping with Fiscal Stress in Developing Country Agricultural Research [R]. International Service for National Agricultural Research, 1998.

[13] 刘晓昀, 辛贤. 国外私人农业 R&D 投资及对我国农业科研机构转制的政策启示 [J]. 中国农村经济, 2001, (07): 72 - 78.

[14] 马发展. 关于当前我国农业科技投入若干问题的思考 [J]. 农业经济问题, 2003, (06): 44 - 49, 80.

[15] 朱亮. 我国农业科研投资的市场导向性分析 [J]. 华南农业大学学报 (社会科学版), 2006, (02): 45 - 52.

[16] Griliches, Zvi. Research Costand Social Returns: Hybridcorn and Related Innovations [J]. Journal of Political Economy, 1958 (66): 419 - 431.

[17] Akino, Masakatsu and YujiroHayami, Efficiency and Equityin Public Research: Rice

Breeding in Japan's Economic Development [J]. American Journal of Agricultural Economics，1975 (57)：1-10.

[18] Evenson, R E. Economic Impact Studies of Agricultural Research and Extension, Working Paper, Yale University，1997.12. Alston, J. Edwards, G. and Freebairn, J.：Market Distortions and Benefits from Research, American Journal of Agricultural Economics，Vol. 70，281-288，1988.

[19] 樊胜根.科研投资、投入质量和中国农业科研投资的经济报酬 [J]. 中国农村经济，1997，(02)：11-17.

[20] 黄季焜，胡瑞法.中国农业科研投资：效益、利益分配及政策含义 [J]. 中国软科学，2000，(09)：22-25.

[21] 赵芝俊，张社梅.我国农业科研投资宏观经济效益分析 [J]. 农业技术经济，2005，(06)：43-49.

[22] 杨剑波.1978—2003 年我国农业科技投入和粮食产量关系的计量分析 [J]. 科技管理研究，2007 (5)：69-71.

[23] 张红辉，李伟.农业科技投入与农业经济发展的动态关联机制分析 [J]. 科技管理研究，2013，33 (11)：149-151，159.

[24] 黄敬前，郑庆昌.我国农业科技投入与农业科技进步长期均衡关系研究 [J]. 福州大学学报（哲学社会科学版），2013，27 (3)：48-51.

[25] 刘敦虎，赖廷谦，王卿.农业科技投入与农业经济增长的动态关联关系研究——基于四川省 2000—2015 年的经验数据 [J]. 农村经济，2017 (10)：118-122.

[26] 高布权.论农业科技创新的内涵及其在农业现代化中的功效 [J]. 农业现代化研究，2008 (05)：522-526.

[27] 董明涛.科技创新资源配置与农业现代化的协调发展关系 [J]. 广东农业科学，2014，41 (21)：197-203.

[28] 邢晓柳.我国农业科技创新资源投入与农业现代化的关系——基于 VEC 模型的实证研究 [J]. 资源开发与市场，2015，31 (06)：666-668，747.

[29] 任佳敏，张琦.农业现代化与农业经济发展互动关系 [J]. 北方园艺，2018 (09)：194-198.

[30] 董江爱，张嘉凌.政策变迁、科技驱动与农业现代化进程 [J]. 科学技术哲学研究，2016，33 (05)：104-109.

[31] 王雅鹏，吕明，范俊楠，文清.我国现代农业科技创新体系构建：特征、现实困境与优化路径 [J]. 农业现代化研究，2015，36 (02)：161-167.

[32] 刘克非.科技创新对农业产业化与现代化作用机制研究 [J]. 科学管理研究，2015，33 (01)：88-91.

[33] 程长明，陈学云，郑峰.中国农业现代化的科技创新支持效率研究 [J]. 农业经济，2018，(06)：3-5.

[34] 曲雯毓，唐焕文，李克秋.工业经济效益综合评价的 DEA 方法 [J]. 系统工程与电子技术，1998 (10)：34-36，81.

[35] 王军霞，官建成．复合 DEA 方法在测度企业知识管理绩效中的应用 [J]．科学学研究，2002，20（1）：84 - 88.

[36] 刘肖肖，宋瑶瑶，刘慧晖，杨国梁．基于 DEA 方法的中国科技企业孵化器的效率评价——以 29 个省份的孵化器为例 [J]．科技管理研究，2018，38（22）：50 - 57.

[37] 江曙霞，戴晓彬，高国伟．基于 DEA 的福建省科技企业投入产出效率及生产力变动评价 [J]．统计研究，2008，25（12）：30 - 35.

[38] 李培哲，菅利荣，刘勇．基于 DEA 与 Malmquist 指数的区域高技术产业创新效率评价研究 [J]．工业技术经济，2019（01）：27 - 34.

[39] 李籽墨，余国新．我国粮油加工业上市公司融资效率研究 [J]．农业经济，2018（12）：103 - 105.

[40] 朱尔茜，刘嘉玮．基于 DEA 方法的文化金融服务体系效率研究 [J]．管理世界，2018，34（11）：186 - 187.

[41] 路华，王世成，曹志鹏．基于 DEA-TOBIT 模型的我国鞋业效率影响因素分析 [J]．商业经济研究，2018（19）：181 - 184.

[42] 杜童，任轶男，张超．投入产出视角下电商平台效率实证分析 [J]．商业经济研究，2018（18）：87 - 89.

[43] 张玥．基于 DEA 模型的我国省际卫生服务效率评价 [J]．中国卫生统计，2018，35（04）：559 - 562.

[44] 胡剑芬，饶烜．基于 DEA 方法的生产性服务业融资效率分析 [J]．企业经济，2018，37（08）：160 - 166.

[45] 刘德光，朱茜．我国景区类上市公司的营销效率及影响因素研究 [J]．软科学，2018，32（07）：79 - 83.

[46] 尹秀珍，高峰．中国生态农业上市公司技术效率测度及提升路径——基于三阶段 DEA 模型的实证分析 [J]．生态经济，2018，34（04）：136 - 141.

[47] 尹秀珍，高峰．中国农业上市公司技术效率测度及提升路径——基于面板数据的实证分析 [J]．农业经济，2018（03）：41 - 43.

[48] 石瑞琪．基于 DEA 模型的我国商业银行效率测度研究 [J]．特区经济，2018（12）：52 - 56.

[49] 李玲玲，杨坤，杨建利．我国农村产业融合发展的效率评价 [J]．中国农业资源与区划，2018，39（10）：78 - 85.

[50] 冯锋，马雷，张雷勇．两阶段链视角下我国科技投入产出链效率研究——基于高技术产业 17 个子行业数据 [J]．科学学与科学技术管理，2011，32（10）：21 - 26，34.

[51] 刘杰，谭清美．科技投入产出效率评价模型的改进研究——以江苏省为例 [J]．科学管理研究，2011，（01）：106 - 109.

[52] 方爱平，李虹．基于 DEA 模型的西部区域科技投入产出效率分析——以西部大开发 12 个省、市、自治区为例 [J]．科技进步与对策，2013，（15）：54 - 58.

[53] 侯启娉．基于 DEA 的研究型高校科研绩效评价应用研究 [J]．研究与发展管理．2005，17（1）：118 - 124.

[54] 易小丽, 陈伟雄. 基于 DEA 方法的国家创新绩效评价与比较研究 [J]. 经济研究参考, 2018 (45): 11-22.

[55] 马雄亚, 董纪昌, 李秀婷. 基于 DEA 和 Malmquist 指数方法的新疆科技与金融结合效率测度 [J]. 科技促进发展, 2017, 13 (12): 988-993.

[56] 刘广斌, 李建坤. 基于 DEA 方法的地区科普资源配置及利用效率评价 [J]. 科普研究, 2017, 12 (06): 69-76+108-109.

[57] 黄寰, 王玮, 曾智. 基于 DEA-Malmquist 指数的四川创新科技效率评价分析 [J]. 软科学, 2015, 29 (10): 131-135.

[58] 睢党臣, 董玉迪. 中国新丝绸之路经济带科技效率的测度及分解——基于 DEA-Malmquist 指数的方法 [J]. 地域研究与开发, 2015, 34 (05): 19-23.

[59] 肖阳, 朱立志. 基于三阶段 DEA 模型的农户生产技术效率研究——以甘肃省定西市和临夏县为例 [J]. 世界农业, 2017 (04): 180-185.

[60] 邓敏慧, 杨传喜. 基于超效率 DEA 模型的中国农业科技资源配置效率动态演化研究 [J]. 中国农业资源与区划, 2017, 38 (11): 61-66.

[61] 胡扬名, 陈军. 政府农村科技服务绩效及其影响因素实证研究——基于超效率 DEA-Tobit 模型 [J]. 江苏农业科学, 2018, 46 (22): 319-323.

[62] 陈振, 郑锐, 李佩华, 黄松. 河南省农业科技创新效率评价与分析 [J]. 河南农业大学学报, 2018, 52 (03): 464-469, 484.

[63] 李许卡, 高卓. 基于超效率 DEA 模型的城镇化效率评价 [J]. 统计与决策, 2018, 34 (15): 60-63.

[64] 王刚毅, 刘杰. 东北地区农业生产效率测度及影响因素 [J]. 北方园艺, 2018 (15): 192-202.

[65] 许罗丹, 张媛. 基于 DEA 模型的中国省际生态效率测度与影响因素分析 [J]. 河北经贸大学学报, 2018, 39 (04): 30-35.

[66] 郭建平, 常菁, 黄海滨. 产业发展视角下高新技术企业效率评价——基于 DEA 模型的实证研究 [J]. 科技管理研究, 2018, 38 (12): 67-72.

[67] 刘其涛. 我国农田水利基础设施投资效率现状及动态效率研究 [J]. 江苏农业科学, 2017, 45 (23): 303-307.

[68] 于晓秋, 任晓雪, 野金花, 田宏. 基于数据包络分析的农业循环经济评价——以黑龙江省各地区为例 [J]. 数学的实践与认识, 2017, 47 (06): 35-41.

[69] 谌贻庆, 王华瑞, 陶春峰. 江西省农业生产效率评价及影响因素研究 [J]. 华东经济管理, 2016, 30 (07): 21-28.

[70] 孙慧波, 赵霞, 何晨曦. 农业科技服务对农业生产效率的影响研究 [J]. 科技管理研究, 2016, 36 (12): 256-260, 266.

[71] 石风光. 基于非径向超效率 DEA 模型的中国地区技术效率研究 [J]. 统计与决策, 2012, (14): 90-93.

[72] 万程成, 周葵, 王超, 张錾. 我国农业循环经济发展效率评估——基于超效率 DEA 模型 [J]. 数学的实践与认识, 2018, 48 (19): 34-45.

[73] 吴小庆，王亚平，何丽梅，等．基于 AHP 和 DEA 模型的农业生态效率评价 [J]．长江流域资源与环境，2012，21 (6)：714-718.

[74] 陈遵一．安徽农业生态效率评价——基于 DEA 方法的实证分析 [J]．安徽农业科学，2012，40 (17)：9439-9440.

[75] 何伟．基于 DEA 方法的农业科技园区投入产出综合效益评价 [J]．统计与决策，2007，(24)：154-156.

[76] 杜娟．基于 DEA 模型的我国农业科技创新投入产出分析 [J]．科技进步与对策，2013，30 (8)：82-85.

[77] 马剑锋，佟金萍，王慧敏，王圣．长江经济带农业用水全局技术效率的空间效应研究 [J]．长江流域资源与环境，2018 (12)：2757-2765.

[78] 王海力，韩光中，谢贤健．基于 DEA 模型的西南地区耕地利用效率时空格局演变及影响因素分析 [J]．长江流域资源与环境，2018 (12)：2784-2795.

[79] 冯俊华，刘静洁．西北地区农业生产效率评价研究——以陕西省为例 [J]．价格理论与实践，2018 (08)：143-146.

[80] 华吉庆，叶长盛．基于 DEA 的广东省城市土地利用效率及其时空分异特征 [J]．水土保持研究，2018，25 (04)：283-288.

[81] 李子君．基于 DEA 的辽宁省农业生产效率分析 [J]．农业经济，2018 (02)：54-56.

[82] 崔宁波，张正岩．基于超效率 DEA 模型和 Malmquist 指数的黑龙江省农业生产效率测度 [J]．北方园艺，2017 (22)：192-199.

[83] 吴敏，管艳．关于 DEA 模型应用过程中滞后问题的探讨 [J]．统计与决策，2011，(10)：29-31.

[84] 范德成，李昊，刘赟．基于改进 DEA——以复相关系数为基准的滞后期的我国产业结构演化效率评价 [J]．运筹与管理，2016，(03)：195-203.

[85] 张虹敏．滞后性统计方法论证及应用 [J]．统计与决策，2014，(15)：66-69.

[86] 江期武，张浩敏．基于主成分回归的分布滞后模型及实证 [J]．统计与决策，2016，(02)：23-25.

[87] 熊俊．对中国城市化水平国际比较中若干问题的探讨——兼论中国城市化水平的滞后性 [J]．中国人口科学，2009，(06)：32-40，111.

[88] 陶建格．基于灰色关联度模型的城市化滞后性定量分析 [J]．经济地理，2013，(12)：68-72.

[89] 冉江宇，戴彦欣．基于特征子序列修正的公交刷卡滞后时间推算 [J]．城市交通，2017，15 (01)：59-65.

[90] 董奋义，李学明，韩咏梅，郭三党，李炳军．基于 Moore 值的河南省就业结构滞后时间测算及趋势预测 [J]．河南农业大学学报，2016，50 (02)：282-287.

[91] 王庆丰．中国农村劳动力转移滞后问题研究 [J]．经济问题，2011 (03)：80-84.

[92] 王庆丰，党耀国．基于 Moore 值的中国就业结构滞后时间测算 [J]．管理评论，2010，22 (07)：3-7.

[93] 罗富民．城镇化发展对农业供给侧结构变动的影响——基于分布滞后模型的实证 [J].

华中农业大学学报（社会科学版），2017，（02）：52-59，132.

[94] 杨晓晨.我国发达地区健身消费滞后性研究——基于全国31个省市区的分析 [J].沈阳体育学院学报，2016，（01）：50-54，81.

[95] 冯秀珍，聂巧.技术转移投入要素对区域经济发展的贡献滞后性分析——以北京市高技术产业为例 [J].经济问题探索，2014，（09）：68-73.

[96] 杜凤莲，张冠莉.资源禀赋与腐败——基于中国的实证分析 [J].广播电视大学学报（哲学社会科学版），2015，（03）：3-10.

[97] 胡振华，刘笃池.我国区域科技投入促进经济增长绩效评价——基于滞后性的绩效分析 [J].中国软科学，2009，（08）：94-100.

[98] 贲友红.我国企业研发投入对经营绩效滞后性影响的研究——以医药制造企业为例 [J].价格理论与实践，2017，（04）：155-158.

[99] 周宁，廖西元.基于经济增长的农业科研机构投资时滞的实证分析 [J].科研管理，2008，（04）：157-163.

[100] 刘春平，黄宝燕，徐琼花.基于灰色预测模型的海南卫生总费用预测 [J/OL].统计与决策，2018（24）：88-90.

[101] 魏微.辽阳市艾滋病时间序列模型灰色预测研究 [J].中国卫生统计，2018，35（06）：935-936.

[102] 相静，孔杨，徐天和.基于灰色系统GM（1，1）模型的山东省卫生总费用预测研究 [J].中国卫生统计，2016，33（04）：653-656.

[103] 张小允，李哲敏.基于GM（1，1）模型的中国小杂粮种植面积预测分析 [J].中国农业资源与区划，2018，39（09）：81-86.

[104] 徐敏，王立兵，谢德尚.灰色系统GM（1，1）模型在地下热水水位预测中的应用——以河北省廊坊市为例 [J].中国地质灾害与防治学报，2018，29（04）：135-139.

[105] 胡峰，陆丽娜，黄斌，周文魁.江苏省高技术产业人才需求预测研究——基于改进的新陈代谢GM（1，1）模型 [J].科技管理研究，2018，38（16）：57-62.

[106] 王海涛，宁云才.基于改进GM（1，1）模型的新疆煤炭消费预测 [J].数学的实践与认识，2018，48（14）：192-196.

[107] 田梓辰，刘森.基于改进灰色GM（1，1）模型的GDP预测实证 [J].统计与决策，2018，34（11）：83-85.

[108] 吴潇，陈绍志，赵荣.基于GM（1，1）模型的中国油茶产业发展预测 [J].林业经济问题，2017，37（05）：92-96，112.

[109] 孙幸荣，张春.基于GM（1，1）模型的我国人口发展趋势分析 [J].统计与决策，2016，（23）：104-106.

[110] 朱婧，范亚东，徐勇.基于改进GM（1，1）模型的中国大豆价格预测 [J].大豆科学，2016，35（02）：315-319.

[111] 张振华.基于灰色GM（1，1）模型的城市人口老龄化预测 [J].统计与决策，2015（19）：76-79.

[112] 鲁珊珊，俞菊生．基于灰色模型 GM（1，1）的上海蔬菜产量预测研究［J］．中国农学通报，2014，30（35）：255-260.

[113] 戴华炜，陈小旋，孙晓通．基于 GM（1，1）模型群的深圳市大气污染物灰色预测［J］．数学的实践与认识，2014，44（01）：131-136.

[114] 高原，冯仲科，仇琪，焦有权，徐伟恒．基于 GM（1，1）的华山松生长量预测研究［J］．中南林业科技大学学报，2013，33（06）：94-96，121.

[115] 祖培福，姬春秋，王秀英，赵娜．基于 GM（1，1）黑龙江居民储蓄存款预测的数学模型［J］．数学的实践与认识，2013，43（09）：23-27.、

附录1 各省区市 2000—2016 年农业科技投入产出原始数据

附表 1-1 北京市 2000—2016 年农业科技投入产出原始数据

年份	农业机械总动力（万千瓦）	农业技术人员（人）	研究与开发机构（R&D）人员（人）	R&D经费内部支出（万元）	发表科技论文（篇）	技术市场合同成交额（万元）	农林牧渔业总产值（亿元）
2000	399	5 064	2 685	51 217	1 457	23 959	189
2001	395	4 971	2 791	59 037	1 337	38 416	202
2002	382	5 644	3 641	69 270	1 281	29 826	214
2003	367	6 555	3 511	66 901	1 223	25 233	225
2004	340	5 183	3 795	96 093	1 194	27 323	235
2005	338	5 323	3 548	117 787	1 090	86 574	239
2006	326	4 922	3 568	111 292	1 026	43 853	240
2007	301	4 898	4 401	227 820	1 030	94 717	272
2008	267	4 544	4 550	217 069	1 016	131 190	304
2009	272	4 687	4 459	158 198	1 139	381 830	315
2010	276	4 521	4 822	178 565	1 035	116 979	328
2011	265	4 548	4 721	168 383	1 039	989 736	363
2012	241	4 600	5 088	194 797	1 119	79 450	396
2013	208	4 738	5 427	205 308	1 111	400 904	422
2014	196	4 552	5 910	237 400	1 108	297 670	420
2015	186	4 470	6 361	274 982	913	104 089	368
2016	144	4 400	6 056	316 056	985	180 762	338

附表 1-2 天津市 2000—2016 年农业科技投入产出原始数据

年份	农业机械总动力（万千瓦）	农业技术人员（人）	研究与开发机构（R&D）人员（人）	R&D经费内部支出（万元）	发表科技论文（篇）	技术市场合同成交额（万元）	农林牧渔业总产值（亿元）
2000	593	2 760	1 146	10 250	195	24 115	156
2001	603	2 684	936	10 669	191	27 029	170
2002	613	2 888	781	9 164	185	30 583	181

附录 1　各省区市 2000—2016 年农业科技投入产出原始数据

（续）

年份	农业机械总动力（万千瓦）	农业技术人员（人）	研究与开发机构（R&D）人员（人）	R&D经费内部支出（万元）	发表科技论文（篇）	技术市场合同成交额（万元）	农林牧渔业总产值（亿元）
2003	602	2 611	714	9 062	167	31 515	193
2004	608	2 989	634	9 495	162	32 038	221
2005	612	3 822	604	11 763	141	30 945	238
2006	603	2 995	488	8 223	118	29 682	225
2007	605	3 014	462	7 406	109	33 152	241
2008	597	2 988	393	10 324	97	34 561	268
2009	595	3 091	248	6 791	94	39 489	282
2010	588	2 709	247	8 417	84	41 054	317
2011	584	2 984	242	7 965	80	52 352	349
2012	568	3 147	247	8 444	77	67 681	376
2013	554	3 058	257	11 884	85	78 851	412
2014	552	3 137	287	10 828	87	109 133	442
2015	547	2 853	292	12 497	79	142 293	467
2016	470	2 943	301	12 893	76	152 763	494

附表 1-3　河北省 2000—2016 年农业科技投入产出原始数据

年份	农业机械总动力（万千瓦）	农业技术人员（人）	研究与开发机构（R&D）人员（人）	R&D经费内部支出（万元）	发表科技论文（篇）	技术市场合同成交额（万元）	农林牧渔业总产值（亿元）
2000	7 000	23 951	3 038	30 884	472	28 830	1 545
2001	7 244	25 078	2 841	30 081	501	14 250	1 680
2002	7 451	24 511	2 594	34 531	505	17 353	1 729
2003	7 765	25 129	2 288	38 526	509	18 436	1 877
2004	8 136	25 109	2 120	32 347	541	19 605	2 286
2005	8 487	26 311	2 276	41 249	502	24 672	2 379
2006	8 796	26 256	2 141	45 031	504	33 573	2 466
2007	9 143	24 371	2 372	54 622	547	37 145	3 076
2008	9 525	25 899	2 350	55 234	524	36 319	3 505
2009	9 861	26 778	1 294	49 100	499	36 358	3 641
2010	10 151	27 096	1 384	44 911	409	40 767	4 309
2011	10 349	27 115	1 383	44 915	551	52 416	4 896
2012	10 554	26 844	1 522	57 569	435	75 993	5 340

（续）

年份	农业机械总动力（万千瓦）	农业技术人员（人）	研究与开发机构（R&D）人员（人）	R&D经费内部支出（万元）	发表科技论文（篇）	技术市场合同成交额（万元）	农林牧渔业总产值（亿元）
2013	11 000	28 096	1 680	53 300	444	64 718	5 833
2014	10 943	27 606	1 790	61 912	469	59 544	5 995
2015	11 103	27 086	1 886	81 448	472	79 322	5 979
2016	7 402	26 379	1 924	72 823	487	111 918	6 084

附表1-4 山西省2000—2016年农业科技投入产出原始数据

年份	农业机械总动力（万千瓦）	农业技术人员（人）	研究与开发机构（R&D）人员（人）	R&D经费内部支出（万元）	发表科技论文（篇）	技术市场合同成交额（万元）	农林牧渔业总产值（亿元）
2000	1 701	17 074	1 152	6 052	106	547	194
2001	1 768	17 549	937	6 883	98	1 292	181
2002	1 869	17 705	967	7 333	107	3 477	210
2003	1 928	18 596	811	6 762	102	2 521	227
2004	2 186	20 011	693	5 107	93	3 940	239
2005	2 289	20 191	1 285	9 504	174	5 398	484
2006	2 365	20 162	1 198	10 390	173	6 117	512
2007	2 441	20 061	1 215	11 329	174	7 866	583
2008	2 510	20 468	1 094	12 435	159	10 304	596
2009	2 655	20 840	744	11 626	263	20 020	909
2010	2 809	23 269	727	9 732	273	21 086	1 048
2011	2 927	23 823	697	13 209	271	24 210	1 208
2012	3 056	25 613	754	12 476	269	32 921	1 304
2013	3 183	25 931	814	16 538	298	60 288	1 447
2014	3 286	25 313	632	14 730	282	58 117	1 530
2015	3 352	23 736	660	18 442	297	61 066	1 523
2016	1 744	22 836	662	18 267	283	50 029	1 534

附表1-5 内蒙古自治区2000—2016年农业科技投入产出原始数据

年份	农业机械总动力（万千瓦）	农业技术人员（人）	研究与开发机构（R&D）人员（人）	R&D经费内部支出（万元）	发表科技论文（篇）	技术市场合同成交额（万元）	农林牧渔业总产值（亿元）
2000	1 350	19 076	2 453	9 126	246	21 276	543
2001	1 424	18 979	2 073	11 366	271	20 227	556

（续）

年份	农业机械总动力（万千瓦）	农业技术人员（人）	研究与开发机构（R&D）人员（人）	R&D经费内部支出（万元）	发表科技论文（篇）	技术市场合同成交额（万元）	农林牧渔业总产值（亿元）
2002	1 510	18 288	1 877	10 393	253	17 600	587
2003	1 617	22 202	1 723	10 392	258	30 259	666
2004	1 772	26 978	1 710	10 215	219	29 137	851
2005	1 922	27 393	1 535	11 141	203	27 596	980
2006	2 053	27 465	1 200	9 956	176	22 934	1 058
2007	2 209	27 645	1 025	11 948	154	21 827	1 276
2008	2 779	32 659	1 129	12 987	176	16 956	1 526
2009	2 894	32 144	633	8 563	105	23 808	1 571
2010	3 034	27 792	626	8 178	131	42 877	1 844
2011	3 173	33 396	586	9 708	136	34 806	2 205
2012	3 281	31 234	592	9 829	154	163 637	2 449
2013	3 431	28 404	610	13 977	187	61 819	2 699
2014	3 633	24 058	484	10 132	154	21 805	2 780
2015	3 805	25 537	542	14 428	174	23 744	2 752
2016	3 331	24 839	594	13 494	233	18 572	2 794

附表 1-6　辽宁省 2000—2016 年农业科技投入产出原始数据

年份	农业机械总动力（万千瓦）	农业技术人员（人）	研究与开发机构（R&D）人员（人）	R&D经费内部支出（万元）	发表科技论文（篇）	技术市场合同成交额（万元）	农林牧渔业总产值（亿元）
2000	1 340	27 167	4 669	46 580	985	72 065	967
2001	1 401	27 553	4 051	45 194	981	84 913	1 046
2002	1 485	26 906	3 899	47 685	974	105 471	1 133
2003	1 542	26 215	3 509	52 255	944	125 538	1 215
2004	1 620	26 943	3 742	57 971	1 049	170 433	1 511
2005	1 923	26 381	3 857	55 691	957	179 714	1 672
2006	1 995	25 440	3 388	54 784	855	150 655	1 738
2007	2 087	26 747	3 499	68 941	867	177 130	2 128
2008	2 193	25 974	3 408	79 209	819	180 720	2 477
2009	2 299	22 803	2 253	55 459	811	212 829	2 705
2010	2 408	25 293	2 196	74 301	726	219 946	3 107

（续）

年份	农业机械总动力（万千瓦）	农业技术人员（人）	研究与开发机构（R&D）人员（人）	R&D经费内部支出（万元）	发表科技论文（篇）	技术市场合同成交额（万元）	农林牧渔业总产值（亿元）
2011	2 558	22 048	2 245	74 779	737	261 016	3 634
2012	2 678	24 061	2 386	87 176	816	377 138	4 062
2013	2 789	25 434	2 315	90 246	876	277 123	4 350
2014	2 887	24 076	2 316	85 078	955	341 725	4 498
2015	2 984	23 595	2 413	98 494	691	437 287	4 687
2016	2 169	22 899	3 071	138 590	962	642 429	4 422

附表 1-7 吉林省 2000—2016 年农业科技投入产出原始数据

年份	农业机械总动力（万千瓦）	农业技术人员（人）	研究与开发机构（R&D）人员（人）	R&D经费内部支出（万元）	发表科技论文（篇）	技术市场合同成交额（万元）	农林牧渔业总产值（亿元）
2000	1 015	26 485	4 077	31 570	996	22 292	609
2001	1 097	27 578	3 543	31 902	851	28 890	692
2002	1 151	27 132	3 119	38 701	835	25 923	734
2003	1 231	27 903	3 096	37 995	741	25 975	792
2004	1 320	27 263	2 910	42 155	833	32 511	941
2005	1 471	27 676	3 163	46 686	892	35 476	1 050
2006	1 572	23 209	2 998	38 452	845	41 534	1 156
2007	1 678	25 639	2 976	47 910	843	46 945	1 419
2008	1 800	27 690	2 894	51 109	868	49 269	1 615
2009	2 001	28 373	1 882	39 440	997	47 080	1 734
2010	2 145	26 756	1 760	38 222	897	40 152	1 850
2011	2 355	27 715	1 806	43 491	907	56 533	2 275
2012	2 555	27 355	1 766	52 028	1 011	52 638	2 502
2013	2 727	30 211	1 790	53 426	945	71 065	2 671
2014	2 919	28 132	1 804	52 891	922	57 201	2 763
2015	3 153	29 531	1 869	59 436	727	54 219	2 881
2016	3 105	29 991	1 679	53 502	826	58 313	2 725

附表 1－8　上海市 2000—2016 年农业科技投入产出原始数据

年份	农业机械总动力（万千瓦）	农业技术人员（人）	研究与开发机构（R&D）人员（人）	R&D 经费内部支出（万元）	发表科技论文（篇）	技术市场合同成交额（万元）	农林牧渔业总产值（亿元）
2000	143	3 097	1 472	19 828	237	33 531	217
2001	134	2 823	1 027	15 883	238	46 377	228
2002	127	2 659	1 062	22 942	231	48 909	234
2003	113	2 372	946	20 779	219	52 744	247
2004	105	2 674	761	19 740	191	52 935	249
2005	97	2 834	788	17 224	163	58 484	233
2006	97	2 186	680	15 895	151	69 386	237
2007	98	2 368	673	17 781	144	72 710	256
2008	95	3 488	652	21 591	146	76 946	280
2009	99	3 879	469	16 363	145	81 937	283
2010	104	3 356	444	17 615	132	72 140	287
2011	106	3 907	460	21 892	137	78 785	315
2012	113	3 723	479	28 851	148	82 697	322
2013	116	3 587	457	28 546	145	78 828	323
2014	118	3 765	451	31 750	135	81 000	322
2015	119	3 640	409	31 884	122	79 955	303
2016	122	3 895	342	28 268	97	79 017	285

附表 1－9　江苏省 2000—2016 年农业科技投入产出原始数据

年份	农业机械总动力（万千瓦）	农业技术人员（人）	研究与开发机构（R&D）人员（人）	R&D 经费内部支出（万元）	发表科技论文（篇）	技术市场合同成交额（万元）	农林牧渔业总产值（亿元）
2000	2 925	40 364	5 801	71 694	1 044	98 270	1 870
2001	2 958	36 862	5 362	86 390	1 008	109 455	1 956
2002	2 984	33 422	4 428	87 119	1 043	112 812	2 011
2003	3 029	34 157	3 630	80 425	857	120 049	1 952
2004	3 053	30 982	3 570	82 074	840	144 677	2 418
2005	3 135	29 880	3 732	79 873	597	139 707	2 577
2006	3 279	30 219	3 230	74 535	615	86 064	2 719
2007	3 392	28 309	3 107	90 078	636	92 368	3 065
2008	3 631	30 395	3 174	100 309	725	108 969	3 591

（续）

年份	农业机械总动力（万千瓦）	农业技术人员（人）	研究与开发机构（R&D）人员（人）	R&D经费内部支出（万元）	发表科技论文（篇）	技术市场合同成交额（万元）	农林牧渔业总产值（亿元）
2009	3 811	29 752	2 083	71 133	751	119 848	3 816
2010	3 937	27 070	2 083	81 650	718	258 646	4 297
2011	4 106	28 284	2 292	81 540	749	355 594	5 237
2012	4 215	26 720	2 259	98 896	846	430 801	5 809
2013	4 406	25 782	2 416	104 994	827	543 630	6 158
2014	4 650	26 336	2 570	119 873	836	537 696	6 443
2015	4 825	25 864	2 535	130 673	799	574 480	7 031
2016	4 907	24 416	2 433	147 631	986	594 268	7 235

附表 1-10 浙江省 2000—2016 年农业科技投入产出原始数据

年份	农业机械总动力（万千瓦）	农业技术人员（人）	研究与开发机构（R&D）人员（人）	R&D经费内部支出（万元）	发表科技论文（篇）	技术市场合同成交额（万元）	农林牧渔业总产值（亿元）
2000	1 990	19 183	1 485	16 154	292	47 556	1 057.07
2001	2017	19 195	1 193	16 147	280	48 362	1 053.57
2002	2 053	18 319	1 090	14 046	273	53 614	1 101.86
2003	2 040	18 928	926	17 910	262	64 705	1 184.04
2004	2 027	18 738	859	17 938	266	66 503	1 332.27
2005	2 111	18 838	922	20 686	268	41 190	1 428.28
2006	2 293	18 316	823	19 163	247	36 167	1 422.60
2007	2 332	18 852	906	21 330	252	38 620	1 597.15
2008	2 331	18 236	895	22 992	265	48 864	1 780.01
2009	2 451	18 852	402	10 469	281	45 990	1 873.40
2010	2 500	17 079	411	12 032	296	47 257	2 172.86
2011	2 542	17 520	463	14 155	317	56 314	2 534.90
2012	2 588	16 656	495	16 705	330	62 227	2 658.66
2013	2 471	15 844	473	18 164	327	61 244	2 837.39
2014	2 437	16 190	544	19 202	333	61 782	2 844.59
2015	2 393	15 989	589	20 712	325	67 098	2 933.44
2016	2 137	15 972	601	23 325	359	132 080	3 146.06

附表 1-11 安徽省 2000—2016 年农业科技投入产出原始数据

年份	农业机械总动力（万千瓦）	农业技术人员（人）	研究与开发机构（R&D）人员（人）	R&D经费内部支出（万元）	发表科技论文（篇）	技术市场合同成交额（万元）	农林牧渔业总产值（亿元）
2000	2 976	22 814	4 641	37 568	560	25 230	1 200
2001	3 166	20 471	4 131	37 782	559	24 860	1 258
2002	3 372	19 220	3 911	44 945	570	27 977	1 306
2003	3 545	19 659	3 400	45 490	545	29 268	1 305
2004	3 784	19 642	3 431	41 344	603	31 330	1 644
2005	3 984	19 381	3 482	48 251	577	44 229	1 668
2006	4 240	18 959	3 208	73 246	574	53 531	1 780
2007	4 535	19 707	2 801	64 798	594	74 389	2 070
2008	4 808	20 421	2 897	63 979	623	89 807	2 447
2009	5 109	20 276	1 686	53 212	597	91 390	2 582
2010	5 410	19 750	1 425	50 167	644	110 350	2 955
2011	5 657	19 086	1 732	50 640	602	147 049	3 460
2012	5 903	22 070	1 961	58 804	617	186 629	3 728
2013	6 140	23 202	2 170	76 026	668	272 766	4 009
2014	6 366	20 783	2 226	95 638	694	344 057	4 224
2015	6 581	19 493	2 287	95 881	614	380 040	4 391
2016	6 868	19 683	2 337	91 154	624	414 620	4 656

附表 1-12 福建省 2000—2016 年农业科技投入产出原始数据

年份	农业机械总动力（万千瓦）	农业技术人员（人）	研究与开发机构（R&D）人员（人）	R&D经费内部支出（万元）	发表科技论文（篇）	技术市场合同成交额（万元）	农林牧渔业总产值（亿元）
2000	873	14 495	1 346	10 758	395	47 559	1 037
2001	890	14 498	1 194	11 794	403	35 832	1 066
2002	916	13 844	1 154	12 749	405	31 465	1 090
2003	952	13 859	1 056	12 536	419	39 172	1 171
2004	981	14 218	1 001	12 582	439	32 318	1 317
2005	1 000	14 212	1 034	12 296	440	36 629	1 396
2006	1 032	15 425	968	13 267	425	21 638	1 450
2007	1 063	13 540	989	14 702	438	26 636	1 692
2008	1 113	13 023	1 027	18 619	468	32 624	1 965

（续）

年份	农业机械总动力（万千瓦）	农业技术人员（人）	研究与开发机构（R&D）人员（人）	R&D经费内部支出（万元）	发表科技论文（篇）	技术市场合同成交额（万元）	农林牧渔业总产值（亿元）
2009	1 175	13 247	534	9 986	461	38 040	2 001
2010	1 206	11 781	526	10 239	453	55 821	2 307
2011	1 251	11 848	512	10 603	506	53 765	2 731
2012	1 287	12 617	548	14 074	459	76 463	3 007
2013	1 337	13 001	658	16 171	480	67 067	3 282
2014	1 368	12 962	702	18 904	467	57 385	3 522
2015	1 384	13 247	712	22 160	593	74 623	3 718
2016	1 269	11 973	780	26 830	491	62 342	4 156

附表 1-13　江西省 2000—2016 年农业科技投入产出原始数据

年份	农业机械总动力（万千瓦）	农业技术人员（人）	研究与开发机构（R&D）人员（人）	R&D经费内部支出（万元）	发表科技论文（篇）	技术市场合同成交额（万元）	农林牧渔业总产值（亿元）
2000	902	19 470	2 907	16 670	340	26 302	760
2001	1 002	19 717	2 467	11 169	259	22 125	767
2002	1 112	19 619	239	16 048	403	21 173	825
2003	1 221	18 307	2 152	15 051	216	24 979	842
2004	1 465	20 335	2 168	16 123	253	28 586	1 055
2005	1 781	19 694	2 019	16 148	230	31 338	1 143
2006	3 137	19 837	1 846	16 726	326	23 732	1 228
2007	2 506	20 558	1 784	21 263	318	24 488	1 427
2008	2 946	20 032	1 747	25 477	338	18 717	1 681
2009	3 359	19 950	1 011	17 118	337	22 469	1 757
2010	3 805	20 391	923	18 866	329	46 348	1 901
2011	4 200	20 068	984	15 558	257	64 478	2 207
2012	4 600	20 010	1 049	16 787	300	73 708	2 399
2013	2 014	19 245	1 031	21 956	339	77 037	2 578
2014	2 118	20 046	1 001	19 813	282	88 069	2 727
2015	2 261	18 337	1 033	20 862	313	110 865	2 859
2016	2 202	16 908	1 039	23 241	317	133 693	3 130

附表 1-14　山东省 2000—2016 年农业科技投入产出原始数据

年份	农业机械 总动力 （万千瓦）	农业技 术人员 （人）	研究与开 发机构（R&D） 人员（人）	R&D经费 内部支出 （万元）	发表科 技论文 （篇）	技术市场合 同成交额 （万元）	农林牧渔 业总产值 （亿元）
2000	7 025	50 699	4 611	40 112	919	79 291	2 294
2001	7 690	51 940	4 061	40 492	951	85 918	2 454
2002	8 156	49 504	3 765	42 539	934	85 464	2 526
2003	8 337	48 947	3 548	46 763	975	126 324	2 902
2004	8 752	50 406	3 438	40 737	995	172 640	3 454
2005	9 919	49 307	3 306	37 358	941	200 388	3 742
2006	9 555	49 025	3 033	42 042	913	42 996	4 059
2007	9 918	46 735	3 142	52 398	972	83 257	4 766
2008	10 350	45 765	3 098	58 778	1 018	119 782	5 613
2009	11 081	53 748	1 739	39 207	1 050	127 404	6 003
2010	11 629	53 916	1 898	45 854	1 105	170 946	6 651
2011	12 098	56 991	1 910	52 340	1 106	206 435	7 410
2012	12 420	53 696	1 962	59 359	1 157	222 447	7 946
2013	12 740	52 077	2 043	63 028	1 147	284 216	8 750
2014	13 101	56 310	2 010	70 850	1 127	385 866	9 198
2015	13 353	55 004	1 919	72 893	1 062	466 178	9 550
2016	9 798	53 148	2 086	63 849	945	542 826	9 326

附表 1-15　湖南省 2000—2016 年农业科技投入产出原始数据

年份	农业机械 总动力 （万千瓦）	农业技 术人员 （人）	研究与开 发机构（R&D） 人员（人）	R&D经费 内部支出 （万元）	发表科 技论文 （篇）	技术市场 合同成交额 （万元）	农林牧渔 业总产值 （亿元）
2000	2 210	24 711	3 593	29 467	1 245	101 108	1 252
2001	2 358	26 275	3 002	25 516	1 124	100 718	1 313
2002	2 498	25 758	2 702	23 260	990	105 164	1 350
2003	2 664	27 886	2 546	23 722	882	115 148	1 453
2004	2 924	32 369	2 651	23 782	890	138 457	1 913
2005	3 190	29 207	2 418	23 524	760	130 117	2 056
2006	3 417	30 660	2 301	26 410	627	126 240	2 132
2007	3 684	30 595	2 457	28 812	586	128 492	2 632
2008	4 021	31 134	2 581	40 031	561	137 245	3 325

（续）

年份	农业机械总动力（万千瓦）	农业技术人员（人）	研究与开发机构（R&D）人员（人）	R&D经费内部支出（万元）	发表科技论文（篇）	技术市场合同成交额（万元）	农林牧渔业总产值（亿元）
2009	4 353	30 014	1 625	28 206	449	108 184	3 208
2010	4 652	27 583	1 635	28 919	390	94 685	3 787
2011	4 936	28 662	1 658	38 219	362	81 113	4 508
2012	5 189	26 941	1 693	45 045	370	93 508	4 904
2013	5 436	27 452	1 656	34 476	345	158 159	5 044
2014	5 680	28 793	1 623	32 968	373	192 150	5 305
2015	5 894	28 541	1 642	38 193	454	204 674	5 631
2016	6 098	29 004	1 493	41 586	407	203 612	6 082

附表 1-16 广西壮族自治区 2000—2016 年农业科技投入产出原始数据

年份	农业机械总动力（万千瓦）	农业技术人员（人）	研究与开发机构（R&D）人员（人）	R&D经费内部支出（万元）	发表科技论文（篇）	技术市场合同成交额（万元）	农林牧渔业总产值（亿元）
2000	1 468	23 630	2 412	15 780	597	7 070	829
2001	1 552	23 754	2 023	16 471	609	14 458	873
2002	1 640	23 079	2 467	24 172	612	16 126	917
2003	1 696	22 881	2 335	25 305	653	15 278	1 031
2004	1 814	24 905	2 345	22 675	714	34 293	1 295
2005	1 910	24 159	2 239	21 709	730	34 194	1 448
2006	2 011	23 527	2 248	23 556	728	3 221	1 622
2007	2 127	23 337	2 285	32 214	785	3 469	2 026
2008	2 374	23 016	2 276	34 692	815	9 189	2 390
2009	2 551	22 353	1 041	16 317	752	5 419	2 381
2010	2 768	21 145	1 151	21 219	810	11 760	2 721
2011	3 033	21 169	1 222	28 188	787	15 985	3 323
2012	3 196	17 838	1 335	37 149	810	6 759	3 491
2013	3 383	19 495	1 239	33 676	763	19 088	3 755
2014	3 568	17 430	1 300	32 237	867	29 176	3 948
2015	3 803	17 845	1 311	32 626	825	18 267	4 197
2016	3 527	17 549	1 295	33 188	765	26 856	4 591

附表 1 - 17   四川省 2000—2016 年农业科技投入产出原始数据

年份	农业机械总动力（万千瓦）	农业技术人员（人）	研究与开发机构（R&D）人员（人）	R&D经费内部支出（万元）	发表科技论文（篇）	技术市场合同成交额（万元）	农林牧渔业总产值（亿元）
2000	1 680	42 473	13 372	137 231	1 172	39 333	1 484
2001	1 735	43 258	12 010	162 871	1 170	45 155	1 535
2002	1 804	43 475	11 597	178 195	1 207	27 097	1 652
2003	1 891	43 194	11 145	201 258	1 218	43 059	1 784
2004	2 007	46 795	11 382	178 262	1 355	58 478	2 252
2005	2 182	49 240	11 362	245 958	1 347	63 498	2 457
2006	2 345	48 390	10 075	269 967	1 279	77 649	2 602
2007	2 523	47 835	11 025	317 068	1 437	96 959	3 370
2008	2 688	49 667	10 242	288 294	1 389	127 341	3 686
2009	2 953	46 859	5 773	237 266	1 269	142 358	3 690
2010	3 155	44 769	5 216	294 488	1 318	130 014	4 082
2011	3 426	46 057	5 750	300 567	1 277	159 132	4 933
2012	3 694	43 930	5 951	350 069	1 356	253 176	5 433
2013	3 937	44 722	6 241	357 619	1 411	316 395	5 620
2014	4 397	44 239	7 130	389 452	1 397	410 710	5 888
2015	4 405	43 889	7 923	449 145	1 421	599 137	6 378
2016	4 267	45 499	7 967	450 854	1 587	620 793	6 831

附表 1 - 18   贵州省 2000—2016 年农业科技投入产出原始数据

年份	农业机械总动力（万千瓦）	农业技术人员（人）	研究与开发机构（R&D）人员（人）	R&D经费内部支出（万元）	发表科技论文（篇）	技术市场合同成交额（万元）	农林牧渔业总产值（亿元）
2000	619	25 833	2 002	9 157	239	249	413
2001	648	26 491	1 710	10 308	242	221	419
2002	699	26 745	1 454	9 329	248	4 678	431
2003	762	27 170	1 402	9 594	256	5 855	467
2004	797	27 749	1 340	10 911	268	4 232	525
2005	1 012	27 484	1 343	10 120	267	2 991	572
2006	1 207	26 931	1 280	9 322	264	1 379	602
2007	1 412	26 715	1 216	12 530	272	1 585	697
2008	1 538	25 957	1 113	12 776	268	4 823	844

（续）

年份	农业机械总动力（万千瓦）	农业技术人员（人）	研究与开发机构（R&D）人员（人）	R&D经费内部支出（万元）	发表科技论文（篇）	技术市场合同成交额（万元）	农林牧渔业总产值（亿元）
2009	1 611	25 958	565	8 255	304	3 983	875
2010	1 730	24 115	513	6 143	315	16 736	998
2011	1 851	24 881	499	5 887	332	27 897	1 165
2012	2 107	23 646	622	8 959	346	20 283	1 437
2013	2 241	23 847	683	12 761	348	37 833	1 663
2014	2 458	23 537	756	15 438	463	45 814	2 118
2015	2 575	23 918	900	20 562	538	67 700	2 739
2016	2 041	25 013	881	17 656	528	53 766	3 097

附表 1-19　陕西省 2000—2016 年农业科技投入产出原始数据

年份	农业机械总动力（万千瓦）	农业技术人员（人）	研究与开发机构（R&D）人员（人）	R&D经费内部支出（万元）	发表科技论文（篇）	技术市场合同成交额（万元）	农林牧渔业总产值（亿元）
2000	1 047	18 966	10 645	93 398	297	23 853	465
2001	1 100	19 350	8 743	90 755	316	20 151	479
2002	1 167	20 701	8 230	88 748	344	34 238	509
2003	1 228	23 668	6 865	82 833	345	33 196	511
2004	1 323	24 350	7 097	100 931	412	28 531	651
2005	1 430	25 555	6 296	121 842	428	35 104	731
2006	1 452	24 774	6 278	120 218	458	31 085	822
2007	1 605	26 874	6 490	154 610	529	52 554	1 003
2008	1 710	27 254	6 442	169 398	610	76 571	1 278
2009	1 833	28 142	4 381	163 513	657	114 260	1 337
2010	1 889	30 030	4 473	177 215	756	168 546	1 666
2011	2 183	28 099	4 476	186 581	871	354 334	2 059
2012	2 350	32 272	4 576	203 639	914	533 531	2 303
2013	2 453	26 841	4 975	244 897	955	843 253	2 563
2014	2 552	35 042	4 787	239 566	914	991 986	2 742
2015	2 667	34 281	4 921	255 460	827	1 126 877	2 813
2016	2 172	33 695	4 836	258 100	895	1 235 576	2 986

附表 1-20 甘肃省 2000—2016 年农业科技投入产出原始数据

年份	农业机械总动力（万千瓦）	农业技术人员（人）	研究与开发机构（R&D）人员（人）	R&D经费内部支出（万元）	发表科技论文（篇）	技术市场合同成交额（万元）	农林牧渔业总产值（亿元）
2000	1 057	17 847	2 842	19 113	847	8 031	320
2001	1 122	18 296	2 586	24 817	878	8 268	340
2002	1 185	18 742	2 411	30 933	870	15 650	353
2003	1 255	19 125	2 490	34 074	969	23 712	428
2004	1 321	20 336	2 338	31 102	988	35 667	504
2005	1 407	22 161	2 543	29 481	983	49 098	550
2006	1 466	24 211	2 296	27 400	942	55 929	594
2007	1 577	24 210	2 304	33 877	958	66 506	686
2008	1 686	25 046	2 406	38 754	1 006	75 930	808
2009	1 823	24 980	1 474	30 432	925	89 765	876
2010	1 978	23 859	1 751	30 778	1 315	110 113	1 057
2011	2 136	25 675	1 477	32 143	970	124 983	1 188
2012	2 279	28 715	1 580	41 953	995	174 849	1 358
2013	2 418	29 285	1 654	45 256	917	239 728	1 518
2014	2 546	31 458	1 647	49 480	927	271 147	1 619
2015	2 685	31 497	1 869	62 954	1 045	328 921	1 722
2016	1 904	30 652	1 937	62 922	945	372 031	1 778

附表 1-21 青海省 2000—2016 年农业科技投入产出原始数据

年份	农业机械总动力（万千瓦）	农业技术人员（人）	研究与开发机构（R&D）人员（人）	R&D经费内部支出（万元）	发表科技论文（篇）	技术市场合同成交额（万元）	农林牧渔业总产值（亿元）
2000	256	5 821	419	2 381	63	1 201	58
2001	265	5 864	224	2 216	65	982	63
2002	281	5 680	132	1 674	63	2 379	66
2003	294	5 808	127	2 099	68	1 636	77
2004	329	7 528	124	2 004	69	2 380	87
2005	327	7 964	178	1 531	68	2 044	94
2006	335	8 173	143	1 495	63	3 714	98
2007	349	8 372	147	1 929	68	8 065	121
2008	362	8 833	154	2 086	71	11 601	153

（续）

年份	农业机械总动力（万千瓦）	农业技术人员（人）	研究与开发机构（R&D）人员（人）	R&D经费内部支出（万元）	发表科技论文（篇）	技术市场合同成交额（万元）	农林牧渔业总产值（亿元）
2009	401	8 853	112	1 519	72	12 361	157
2010	421	8 860	122	1 937	82	17 003	201
2011	431	8 802	115	2 006	78	23 275	231
2012	435	7 764	117	2 245	83	26 897	264
2013	411	9 027	149	2 456	81	39 315	310
2014	441	8 487	134	3 003	73	41 376	328
2015	454	8 103	118	3 085	59	61 936	319
2016	459	8 443	119	2 818	73	74 963	339

附表 1-22　新疆维吾尔自治区 2000—2016 年农业科技投入产出原始数据

年份	农业机械总动力（万千瓦）	农业技术人员（人）	研究与开发机构（R&D）人员（人）	R&D经费内部支出（万元）	发表科技论文（篇）	技术市场合同成交额（万元）	农林牧渔业总产值（亿元）
2000	859	27 764	2 098	12 046	659	23 642	487
2001	883	30 043	1 794	12 701	634	27 441	497
2002	924	31 867	1 683	14 107	638	32 785	525
2003	974	30 808	1 787	17 994	738	43 931	688
2004	1 048	32 831	1 703	15 599	708	45 321	751
2005	1 121	32 744	1 785	15 345	686	25 540	831
2006	1 196	34 131	1 654	16 063	643	22 075	884
2007	1 276	33 859	1 757	18 130	690	21 650	1 063
2008	1 376	31 799	1 676	20 463	662	20 805	1 177
2009	1 503	30 126	960	11 678	758	3 664	1 298
2010	1 644	28 433	1 167	14 965	804	15 343	1 846
2011	1 797	27 921	1 094	17 018	783	12 952	1 955
2012	1 969	30 422	1 169	21 066	953	16 329	2 276
2013	2 166	30 607	1 179	24 731	999	9 006	2 539
2014	2 338	29 805	1 083	21 818	729	8 351	2 744
2015	2 483	28 797	1 293	25 978	709	9 119	2 804
2016	2 552	29 935	1 143	30 719	1 033	13 158	2 970

附录 2　各省区市 2000—2015 年农业科技产出滞后影响系数

由于各省区市的农业科技产出滞后期不同，农业科技产出滞后影响系数的个数也不相同。因此，各省区市的农业科技产出滞后影响系数按照各大区的划分进行列示。

附表 2-1　吉林省 2000—2015 年农业科技产出滞后影响系数

年份	发表科技论文		技术市场合同成交额		农林牧渔总产值		
	α_0	α_1	α_0	α_1	α_0	α_1	α_2
2000	0.500 0	0.500 0	0.437 3	0.562 7	0.330 7	0.337 1	0.332 2
2001	0.464 8	0.535 2	0.556 1	0.443 9	0.336 2	0.333 1	0.330 7
2002	0.515 6	0.484 4	0.518 4	0.481 6	0.329 5	0.328 8	0.341 7
2003	0.440 5	0.559 5	0.451 2	0.548 8	0.322 1	0.337 5	0.340 4
2004	0.465 5	0.534 5	0.492 5	0.507 5	0.329 4	0.335 0	0.335 5
2005	0.493 6	0.506 4	0.469 1	0.530 9	0.323 3	0.326 1	0.350 6
2006	0.490 2	0.509 8	0.490 9	0.509 1	0.312 1	0.339 3	0.348 6
2007	0.478 4	0.521 6	0.503 3	0.496 7	0.326 9	0.339 6	0.333 6
2008	0.444 3	0.555 7	0.535 7	0.464 3	0.337 7	0.335 0	0.327 3
2009	0.506 5	0.493 5	0.563 9	0.436 1	0.325 6	0.321 3	0.353 0
2010	0.483 6	0.516 4	0.422 4	0.577 6	0.318 4	0.340 8	0.340 8
2011	0.471 1	0.528 9	0.550 1	0.449 9	0.333 3	0.333 3	0.333 3
2012	0.516 0	0.484 0	0.432 8	0.567 2	0.333 3	0.333 3	0.333 3
2013	0.500 7	0.499 3	0.576 1	0.423 9	0.333 7	0.332 5	0.333 7
2014	0.565 0	0.435 0	0.542 8	0.457 2	0.336 8	0.336 8	0.326 3
2015	0.459 5	0.540 5	0.502 3	0.497 7	—	—	—

附表 2-2　辽宁省 2000—2015 年农业科技产出滞后影响系数

年份	发表科技论文		技术市场合同成交额		农林牧渔总产值		
	α_0	α_1	α_0	α_1	α_0	α_1	α_2
2000	0.500 0	0.500 0	0.495 2	0.504 8	0.330 0	0.334 0	0.336 0
2001	0.500 0	0.500 0	0.501 3	0.498 7	0.330 4	0.334 0	0.335 7

（续）

年份	发表科技论文		技术市场合同成交额		农林牧渔总产值		
	α_0	α_1	α_0	α_1	α_0	α_1	α_2
2002	0.517 2	0.482 8	0.509 8	0.490 2	0.325 6	0.328 9	0.345 4
2003	0.492 0	0.508 0	0.501 2	0.498 8	0.317 8	0.337 2	0.345 0
2004	0.541 5	0.458 5	0.535 0	0.465 0	0.324 4	0.338 3	0.337 4
2005	0.548 2	0.451 8	0.573 3	0.426 7	0.327 4	0.327 1	0.345 5
2006	0.512 0	0.488 0	0.526 0	0.474 0	0.313 9	0.336 7	0.349 3
2007	0.524 8	0.475 2	0.528 3	0.471 7	0.315 0	0.338 3	0.346 8
2008	0.508 3	0.491 7	0.507 5	0.492 5	0.313 6	0.332 5	0.353 9
2009	0.523 7	0.476 3	0.578 8	0.421 2	0.318 0	0.341 0	0.341 0
2010	0.495 5	0.504 5	0.530 6	0.469 4	0.305 8	0.337 2	0.357 0
2011	0.458 6	0.541 4	0.492 5	0.507 5	0.318 7	0.338 3	0.343 0
2012	0.476 5	0.523 5	0.647 1	0.352 9	0.323 9	0.339 9	0.336 2
2013	0.475 5	0.524 5	0.526 6	0.473 4	0.331 0	0.333 4	0.335 6
2014	0.592 2	0.407 7	0.529 4	0.470 6	0.336 9	0.336 9	0.326 1
2015	0.401 0	0.599 0	0.484 7	0.515 3	—		—

附表 2-3　北京市 2000—2015 年农业科技产出滞后影响系数

年份	发表科技论文		技术市场合同成交额			农林牧渔总产值		
	α_0	α_1	α_0	α_1	α_2	α_0	α_1	α_2
2000	0.500 0	0.500 0	0.344 5	0.318 3	0.337 3	0.333 3	0.333 3	0.333 3
2001	0.484 9	0.515 1	0.322 4	0.332 1	0.345 5	0.333 7	0.333 7	0.332 5
2002	0.489 2	0.510 8	0.329 9	0.334 1	0.336 0	0.334 8	0.332 7	0.332 4
2003	0.481 8	0.518 2	0.354 7	0.348 3	0.297 0	0.333 3	0.333 3	0.333 3
2004	0.508 6	0.491 4	0.357 8	0.301 5	0.340 8	0.346 0	0.332 8	0.321 2
2005	0.498 1	0.501 9	0.323 7	0.354 2	0.322 1	0.340 7	0.321 9	0.337 4
2006	0.479 6	0.520 4	0.365 2	0.322 6	0.312 2	0.319 8	0.332 7	0.347 5
2007	0.486 8	0.513 2	0.358 0	0.339 0	0.302 9	0.329 9	0.338 2	0.331 9
2008	0.445 0	0.555 0	0.343 8	0.305 4	0.350 8	0.341 5	0.331 9	0.326 6
2009	0.514 9	0.485 1	0.275 4	0.311 9	0.412 7	0.337 7	0.326 2	0.336 2
2010	0.480 5	0.519 5	0.298 1	0.387 4	0.314 5	0.324 4	0.331 4	0.344 2
2011	0.455 0	0.545 0	0.403 7	0.326 7	0.269 7	0.333 3	0.333 3	0.333 3
2012	0.485 1	0.514 9	0.375 1	0.314 7	0.310 3	0.333 3	0.333 3	0.333 3

（续）

年份	发表科技论文		技术市场合同成交额			农林牧渔总产值		
	α_0	α_1	α_0	α_1	α_2	α_0	α_1	α_2
2013	0.500 0	0.500 0	0.327 2	0.316 3	0.356 6	0.333 3	0.333 3	0.333 3
2014	0.546 4	0.453 6	0.318 7	0.354 8	0.326 5	0.342 9	0.321 9	0.335 2
2015	0.446 4	0.553 6	—	—	—	—	—	—

附表 2-4　河北省 2000—2015 年农业科技产出滞后影响系数

年份	发表科技论文		技术市场合同成交额			农林牧渔总产值		
	α_0	α_1	α_0	α_1	α_2	α_0	α_1	α_2
2000	0.492 4	0.507 6	0.349 8	0.326 9	0.323 3	0.333 8	0.334 2	0.332 1
2001	0.500 0	0.500 0	0.334 6	0.332 7	0.332 8	0.335 9	0.332 3	0.331 9
2002	0.505 8	0.494 2	0.333 0	0.333 1	0.333 8	0.329 0	0.330 5	0.340 5
2003	0.491 3	0.508 7	0.334 2	0.333 6	0.332 2	0.325 5	0.337 1	0.337 4
2004	0.500 0	0.500 0	0.325 0	0.328 5	0.346 5	0.339 6	0.333 5	0.326 9
2005	0.497 4	0.502 6	0.327 0	0.337 1	0.336 0	0.325 6	0.326 4	0.347 9
2006	0.467 9	0.532 1	0.332 9	0.338 3	0.328 8	0.312 6	0.335 6	0.351 8
2007	0.500 4	0.499 6	0.334 1	0.334 8	0.331 2	0.316 2	0.341 0	0.342 8
2008	0.507 8	0.492 2	0.333 2	0.334 1	0.332 6	0.314 8	0.328 3	0.356 8
2009	0.564 7	0.435 3	0.320 0	0.329 9	0.350 1	0.317 3	0.336 1	0.346 7
2010	0.408 9	0.591 1	0.295 0	0.316 9	0.388 2	0.323 9	0.337 1	0.339 0
2011	0.577 6	0.422 4	0.306 1	0.378 1	0.315 9	0.333 3	0.333 3	0.333 3
2012	0.492 5	0.507 5	0.365 0	0.331 3	0.303 7	0.333 3	0.333 3	0.333 3
2013	0.481 9	0.518 1	0.338 2	0.314 0	0.347 8	0.336 2	0.336 2	0.327 5
2014	0.495 1	0.504 9	0.281 2	0.335 3	0.383 5	0.335 4	0.333 2	0.331 4
2015	0.485 7	0.514 3	—	—	—	—	—	—

附表 2-5　天津市 2000—2015 年农业科技产出滞后影响系数

年份	发表科技论文		技术市场合同成交额			农林牧渔总产值		
	α_0	α_1	α_0	α_1	α_2	α_0	α_1	α_2
2000	0.500 0	0.500 0	0.336 1	0.334 6	0.329 3	0.332 8	0.333 1	0.334 1
2001	0.500 0	0.500 0	0.336 3	0.333 1	0.330 6	0.331 9	0.332 4	0.335 7
2002	0.500 0	0.500 0	0.330 8	0.333 5	0.335 8	0.331 9	0.331 6	0.336 5
2003	0.497 8	0.502 2	0.330 0	0.332 8	0.337 2	0.327 7	0.334 5	0.337 8

（续）

年份	发表科技论文		技术市场合同成交额			农林牧渔总产值		
	α_0	α_1	α_0	α_1	α_2	α_0	α_1	α_2
2004	0.5215	0.4785	0.3281	0.3334	0.3385	0.3362	0.3365	0.3273
2005	0.5331	0.4669	0.3291	0.3365	0.3344	0.3365	0.3315	0.3319
2006	0.4992	0.5008	0.3332	0.3330	0.3338	0.3334	0.3307	0.3359
2007	0.5087	0.4913	0.3333	0.3334	0.3333	0.3327	0.3356	0.3317
2008	0.4857	0.5143	0.3336	0.3327	0.3337	0.3306	0.3295	0.3400
2009	0.5000	0.5000	0.3317	0.3282	0.3401	0.3260	0.3332	0.3408
2010	0.4844	0.5156	0.3250	0.3300	0.3450	0.3275	0.3340	0.3385
2011	0.4769	0.5231	0.3165	0.3349	0.3486	0.3345	0.3297	0.3358
2012	0.4413	0.5587	0.3079	0.3161	0.3760	0.3333	0.3333	0.3333
2013	0.4718	0.5282	0.2815	0.3293	0.3892	0.3287	0.3356	0.3356
2014	0.5113	0.4887	0.3044	0.3478	0.3478	0.3327	0.3336	0.3336
2015	0.4887	0.5113	—	—	—	—	—	—

附表 2-6 福建省 2000—2015 年农业科技产出滞后影响系数

年份	发表科技论文		技术市场合同成交额			农林牧渔总产值	
	α_0	α_1	α_0	α_1	α_2	α_0	α_1
2000	0.5000	0.5000	0.3878	0.3164	0.2958	0.5035	0.4965
2001	0.5051	0.4949	0.3392	0.3175	0.3433	0.5034	0.4966
2002	0.4971	0.5029	0.3253	0.3533	0.3214	0.4997	0.5003
2003	0.4938	0.5062	0.3501	0.3200	0.3299	0.4953	0.5047
2004	0.5062	0.4938	0.3355	0.3467	0.3178	0.5017	0.4983
2005	0.5205	0.4795	0.3534	0.3226	0.3240	0.5054	0.4946
2006	0.4967	0.5033	0.3297	0.3313	0.3390	0.4861	0.5139
2007	0.4853	0.5147	0.3246	0.3326	0.3428	0.4830	0.5170
2008	0.5122	0.4878	0.3078	0.3174	0.3748	0.5035	0.4965
2009	0.5184	0.4816	0.3245	0.3452	0.3303	0.4860	0.5140
2010	0.4737	0.5263	0.3584	0.2832	0.3584	0.4754	0.5246
2011	0.5248	0.4752	0.3292	0.3504	0.3204	0.5000	0.5000
2012	0.4861	0.5139	0.3758	0.3294	0.2949	0.5000	0.5000
2013	0.5177	0.4823	0.3432	0.3033	0.3533	0.5018	0.4982
2014	0.4316	0.5684	0.3170	0.3634	0.3196	0.5033	0.4967
2015	0.5672	0.4328	—	—	—	0.4884	0.5116

附表 2-7 江苏省 2000—2015 年农业科技产出滞后影响系数

年份	发表科技论文		技术市场合同成交额			农林牧渔总产值	
	α_0	α_1	α_0	α_1	α_2	α_0	α_1
2000	0.500 0	0.500 0	0.334 8	0.332 6	0.332 5	0.500 8	0.499 2
2001	0.487 3	0.512 7	0.333 4	0.333 8	0.332 8	0.500 0	0.500 0
2002	0.532 3	0.467 7	0.334 3	0.333 9	0.331 8	0.503 8	0.496 2
2003	0.480 2	0.519 8	0.334 2	0.332 8	0.333 0	0.483 2	0.516 8
2004	0.579 8	0.420 2	0.327 7	0.327 6	0.344 7	0.496 4	0.503 6
2005	0.481 6	0.518 4	0.322 8	0.339 8	0.337 4	0.500 3	0.499 7
2006	0.483 3	0.516 7	0.335 3	0.334 8	0.329 9	0.489 7	0.510 3
2007	0.447 7	0.552 3	0.338 0	0.332 4	0.329 6	0.473 5	0.526 5
2008	0.475 5	0.524 5	0.332 6	0.330 3	0.337 1	0.493 5	0.506 5
2009	0.512 7	0.487 3	0.300 4	0.337 9	0.361 7	0.495 1	0.504 9
2010	0.490 8	0.509 2	0.296 7	0.339 7	0.363 6	0.460 9	0.539 1
2011	0.478 8	0.521 2	0.306 4	0.340 7	0.352 9	0.500 0	0.500 0
2012	0.512 7	0.487 3	0.303 4	0.348 3	0.348 3	0.500 0	0.500 0
2013	0.505 9	0.494 1	0.334 3	0.331 3	0.334 3	0.500 0	0.500 0
2014	0.523 3	0.476 7	0.322 4	0.337 4	0.340 2	0.488 0	0.512 0
2015	0.439 1	0.560 9	—			0.500 0	0.500 0

附表 2-8 上海市 2000—2015 年农业科技产出滞后影响系数

年份	发表科技论文		技术市场合同成交额			农林牧渔总产值	
	α_0	α_1	α_0	α_1	α_2	α_0	α_1
2000	0.478 9	0.521 1	0.326 0	0.337 1	0.336 9	0.508 7	0.491 3
2001	0.500 0	0.500 0	0.325 8	0.335 5	0.338 7	0.520 7	0.479 3
2002	0.479 6	0.520 4	0.333 0	0.336 4	0.330 6	0.509 8	0.490 2
2003	0.507 2	0.492 8	0.335 9	0.328 5	0.335 6	0.526 7	0.473 3
2004	0.528 5	0.471 5	0.320 7	0.327 7	0.351 6	0.547 3	0.452 7
2005	0.492 5	0.507 5	0.308 5	0.347 8	0.343 8	0.523 0	0.477 0
2006	0.500 0	0.500 0	0.333 3	0.333 3	0.333 3	0.500 0	0.500 0
2007	0.477 9	0.522 1	0.333 3	0.333 3	0.333 3	0.500 0	0.500 0
2008	0.478 7	0.521 3	0.341 6	0.342 9	0.315 5	0.504 4	0.495 6
2009	0.512 0	0.488 0	0.335 2	0.329 5	0.335 2	0.506 9	0.493 1
2010	0.492 8	0.507 2	0.328 5	0.335 7	0.335 7	0.500 0	0.500 0

（续）

年份	发表科技论文		技术市场合同成交额			农林牧渔总产值	
	α_0	α_1	α_0	α_1	α_2	α_0	α_1
2011	0.482 5	0.517 5	0.329 6	0.345 2	0.325 2	0.500 0	0.500 0
2012	0.506 9	0.493 1	0.350 2	0.326 9	0.322 9	0.518 2	0.481 8
2013	0.520 1	0.479 9	0.336 4	0.337 9	0.325 6	0.502 5	0.497 5
2014	0.536 2	0.463 8	0.338 9	0.332 8	0.328 3	0.517 5	0.482 5
2015	0.575 6	0.424 4	—		—	0.504 7	0.495 3

附表 2 - 9　浙江省 2000—2015 年农业科技产出滞后影响系数

年份	发表科技论文		技术市场合同成交额			农林牧渔总产值	
	α_0	α_1	α_0	α_1	α_2	α_0	α_1
2000	0.514 9	0.485 1	0.336 7	0.330 0	0.333 4	0.502 0	0.498 0
2001	0.510 3	0.489 7	0.329 9	0.328 7	0.341 4	0.499 9	0.500 1
2002	0.521 7	0.478 3	0.328 2	0.340 3	0.331 6	0.498 2	0.501 8
2003	0.492 5	0.507 5	0.348 4	0.338 0	0.313 6	0.491 7	0.508 3
2004	0.493 6	0.506 4	0.359 5	0.319 8	0.320 7	0.493 5	0.506 5
2005	0.506 0	0.494 0	0.332 5	0.334 6	0.332 9	0.495 5	0.504 5
2006	0.495 6	0.504 4	0.333 1	0.334 1	0.332 7	0.490 0	0.510 0
2007	0.479 3	0.520 7	0.334 3	0.332 9	0.332 8	0.483 4	0.516 6
2008	0.465 7	0.534 3	0.333 3	0.333 4	0.333 3	0.482 7	0.517 3
2009	0.500 0	0.500 0	0.338 7	0.320 8	0.340 4	0.502 2	0.497 8
2010	0.500 0	0.500 0	0.324 9	0.335 1	0.340 0	0.500 0	0.500 0
2011	0.504 3	0.495 7	0.340 4	0.336 8	0.322 8	0.509 1	0.490 9
2012	0.514 2	0.485 8	0.347 5	0.329 5	0.323 0	0.492 4	0.507 6
2013	0.500 0	0.500 0	0.334 9	0.332 3	0.332 7	0.500 0	0.500 0
2014	0.520 5	0.479 5	0.293 8	0.291 0	0.415 2	0.501 5	0.498 5
2015	0.479 9	0.520 1	—		—	0.492 0	0.508 0

附表 2 - 10　山东省 2000—2015 年农业科技产出滞后影响系数

年份	发表科技论文		技术市场合同成交额		农林牧渔总产值			
	α_0	α_1	α_0	α_1	α_0	α_1	α_2	α_3
2000	0.500 0	0.500 0	0.516 0	0.484 0	0.246 2	0.249 7	0.249 8	0.254 3
2001	0.513 8	0.486 2	0.507 8	0.492 2	0.245 3	0.246 9	0.250 1	0.257 7

（续）

年份	发表科技论文		技术市场合同成交额		农林牧渔总产值			
	α_0	α_1	α_0	α_1	α_0	α_1	α_2	α_3
2002	0.490 9	0.509 1	0.519 0	0.481 0	0.242 9	0.246 9	0.253 3	0.256 8
2003	0.500 0	0.500 0	0.484 8	0.515 2	0.239 7	0.249 8	0.253 2	0.257 3
2004	0.522 3	0.477 7	0.452 0	0.548 0	0.242 6	0.247 5	0.249 4	0.260 5
2005	0.524 7	0.475 3	0.499 0	0.501 0	0.244 5	0.244 6	0.250 4	0.260 5
2006	0.486 0	0.514 0	0.562 7	0.437 3	0.234 2	0.246 9	0.258 1	0.260 8
2007	0.493 1	0.506 9	0.534 5	0.465 5	0.228 8	0.250 2	0.254 9	0.266 1
2008	0.500 0	0.500 0	0.509 6	0.490 4	0.231 2	0.245 1	0.255 2	0.268 5
2009	0.500 0	0.500 0	0.461 7	0.538 3	0.250 0	0.250 0	0.250 0	0.250 0
2010	0.506 5	0.493 5	0.460 2	0.539 8	0.245 6	0.252 2	0.249 9	0.252 2
2011	0.496 4	0.503 6	0.474 4	0.525 6	0.244 5	0.250 0	0.252 7	0.252 7
2012	0.500 0	0.500 0	0.448 0	0.552 0	0.238 8	0.253 7	0.253 7	0.253 7
2013	0.500 0	0.500 0	0.402 6	0.597 4	0.244 4	0.251 9	0.251 9	0.251 9
2014	0.521 2	0.478 8	0.445 3	0.554 7	—		—	—
2015	0.542 7	0.457 3	0.475 9	0.524 1	—		—	—

附表 2-11　山西省 2000—2015 年农业科技产出滞后影响系数

年份	发表科技论文		技术市场合同成交额		农林牧渔总产值			
	α_0	α_1	α_0	α_1	α_0	α_1	α_2	α_3
2000	0.514 0	0.486 0	0.521 8	0.478 2	0.247 7	0.251 8	0.250 1	0.250 4
2001	0.481 7	0.518 3	0.545 3	0.454 7	0.250 8	0.249 9	0.249 6	0.249 7
2002	0.504 5	0.495 5	0.464 7	0.535 3	0.249 2	0.249 8	0.250 1	0.250 9
2003	0.510 8	0.489 2	0.518 3	0.481 7	0.246 6	0.247 9	0.253 8	0.251 8
2004	0.373 1	0.626 9	0.509 0	0.491 0	0.224 7	0.259 1	0.256 5	0.259 7
2005	0.495 5	0.504 5	0.494 8	0.505 2	0.249 5	0.248 7	0.251 2	0.250 6
2006	0.497 4	0.502 6	0.510 5	0.489 5	0.241 2	0.244 3	0.243 2	0.271 4
2007	0.523 0	0.477 0	0.515 8	0.484 2	0.232 2	0.233 1	0.261 3	0.273 4
2008	0.363 1	0.636 9	0.523 1	0.476 9	0.216 9	0.246 8	0.261 0	0.275 2
2009	0.500 0	0.500 0	0.501 6	0.498 4	0.228 7	0.243 6	0.262 0	0.265 7
2010	0.500 0	0.500 0	0.508 8	0.491 2	0.250 0	0.250 0	0.250 0	0.250 0
2011	0.504 0	0.496 0	0.471 5	0.528 5	0.237 2	0.247 3	0.257 8	0.257 8
2012	0.465 1	0.534 9	0.379 7	0.620 3	0.251 0	0.252 1	0.252 1	0.244 8

（续）

年份	发表科技论文		技术市场合同成交额		农林牧渔总产值			
	α_0	α_1	α_0	α_1	α_0	α_1	α_2	α_3
2013	0.513 4	0.486 6	0.520 4	0.479 6	0.241 5	0.259 5	0.253 5	0.245 5
2014	0.500 0	0.500 0	0.500 0	0.500 0	—	—	—	—
2015	0.505 1	0.494 9	0.546 4	0.453 6	—	—	—	—

附表 2 - 12　陕西省 2000—2015 年农业科技产出滞后影响系数

年份	发表科技论文		技术市场合同成交额		农林牧渔总产值			
	α_0	α_1	α_0	α_1	α_0	α_1	α_2	α_3
2000	0.507 6	0.492 4	0.492 6	0.507 4	0.250 6	0.250 1	0.249 9	0.249 4
2001	0.491 8	0.508 2	0.527 4	0.472 6	0.250 1	0.249 6	0.248 3	0.252 0
2002	0.516 6	0.483 4	0.496 9	0.503 1	0.248 5	0.246 0	0.251 5	0.254 0
2003	0.460 3	0.539 7	0.489 8	0.510 2	0.240 7	0.250 1	0.252 4	0.256 8
2004	0.506 4	0.493 6	0.510 9	0.489 1	0.245 2	0.246 9	0.248 8	0.259 2
2005	0.496 3	0.503 7	0.493 8	0.506 2	0.241 9	0.243 4	0.249 7	0.265 0
2006	0.471 4	0.528 6	0.529 2	0.470 8	0.236 2	0.244 6	0.260 9	0.258 2
2007	0.497 4	0.502 6	0.524 0	0.476 0	0.235 3	0.253 4	0.249 5	0.261 8
2008	0.518 5	0.481 5	0.532 1	0.467 9	0.234 1	0.240 0	0.255 2	0.270 6
2009	0.483 3	0.516 7	0.531 2	0.468 8	0.225 9	0.243 3	0.263 1	0.267 8
2010	0.498 2	0.501 8	0.531 4	0.468 6	0.227 4	0.254 9	0.258 8	0.258 8
2011	0.500 0	0.500 0	0.460 5	0.539 5	0.244 0	0.251 8	0.252 1	0.252 1
2012	0.500 0	0.500 0	0.393 4	0.606 6	0.247 0	0.251 0	0.251 0	0.251 0
2013	0.500 0	0.500 0	0.447 3	0.552 7	0.250 0	0.250 0	0.250 0	0.250 0
2014	0.547 7	0.452 3	0.460 0	0.540 0	—	—	—	—
2015	0.488 3	0.511 7	0.471 1	0.528 9	—	—	—	—

附表 2 - 13　安徽省 2000—2015 年农业科技产出滞后影响系数

年份	发表科技论文		技术市场合同成交额			农林牧渔总产值			
	α_0	α_1	α_0	α_1	α_2	α_0	α_1	α_2	α_3
2000	0.500 0	0.500 0	0.333 6	0.334 0	0.332 5	0.250 5	0.251 0	0.250 8	0.247 7
2001	0.500 0	0.500 0	0.336 2	0.329 8	0.334 0	0.248 4	0.247 7	0.244 9	0.259 0
2002	0.521 5	0.478 5	0.335 9	0.332 0	0.332 0	0.245 1	0.243 3	0.257 1	0.254 5
2003	0.482 2	0.517 8	0.341 3	0.336 4	0.322 3	0.240 6	0.254 1	0.251 8	0.253 5

（续）

年份	发表科技论文		技术市场合同成交额			农林牧渔总产值			
	α_0	α_1	α_0	α_1	α_2	α_0	α_1	α_2	α_3
2004	0.500 0	0.500 0	0.345 3	0.327 8	0.327 0	0.249 8	0.245 7	0.247 3	0.257 2
2005	0.502 6	0.497 4	0.342 2	0.332 7	0.325 1	0.240 2	0.241 7	0.251 7	0.266 4
2006	0.488 4	0.511 6	0.343 2	0.330 5	0.326 3	0.235 3	0.244 2	0.259 1	0.261 4
2007	0.483 3	0.516 7	0.336 3	0.331 7	0.332 0	0.235 7	0.248 7	0.251 2	0.264 4
2008	0.514 0	0.486 0	0.334 4	0.333 5	0.332 1	0.237 3	0.239 6	0.252 3	0.270 8
2009	0.481 0	0.519 0	0.329 2	0.333 1	0.337 8	0.233 8	0.242 9	0.259 2	0.264 0
2010	0.500 0	0.500 0	0.307 2	0.336 2	0.356 6	0.250 0	0.250 0	0.250 0	0.250 0
2011	0.487 7	0.512 3	0.295 1	0.333 1	0.371 8	0.250 0	0.250 0	0.250 0	0.250 0
2012	0.468 0	0.532 0	0.278 4	0.360 8	0.360 8	0.250 4	0.250 4	0.250 4	0.248 9
2013	0.482 5	0.517 5	0.293 2	0.353 4	0.353 4	0.248 3	0.250 1	0.249 8	0.251 8
2014	0.531 5	0.468 5	0.317 7	0.333 1	0.349 2	—	—	—	—
2015	0.482 8	0.517 2	—	—	—				

附表 2-14　湖南省 2000—2015 年农业科技产出滞后影响系数

年份	发表科技论文		技术市场合同成交额			农林牧渔总产值			
	α_0	α_1	α_0	α_1	α_2	α_0	α_1	α_2	α_3
2000	0.500 0	0.500 0	0.353 1	0.326 0	0.320 9	0.249 3	0.250 1	0.249 5	0.251 0
2001	0.500 0	0.500 0	0.339 7	0.326 8	0.333 5	0.244 5	0.244 2	0.246 2	0.265 0
2002	0.498 9	0.501 1	0.327 4	0.320 4	0.352 2	0.238 5	0.240 5	0.259 3	0.261 7
2003	0.472 6	0.527 4	0.327 6	0.346 9	0.325 5	0.235 6	0.252 9	0.256 6	0.254 9
2004	0.521 4	0.478 6	0.352 5	0.330 0	0.317 5	0.243 0	0.246 3	0.246 3	0.264 3
2005	0.536 4	0.463 6	0.343 4	0.327 4	0.329 2	0.234 4	0.234 7	0.251 8	0.279 1
2006	0.499 6	0.500 4	0.336 0	0.325 9	0.338 1	0.228 0	0.243 6	0.271 1	0.257 4
2007	0.494 5	0.505 5	0.351 0	0.348 3	0.300 8	0.232 4	0.257 1	0.246 7	0.263 8
2008	0.521 9	0.478 1	0.379 8	0.318 1	0.302 2	0.242 6	0.234 0	0.251 1	0.272 3
2009	0.518 6	0.481 4	0.355 0	0.329 3	0.315 6	0.227 7	0.240 2	0.262 5	0.268 8
2010	0.501 3	0.498 7	0.341 2	0.325 0	0.333 8	0.233 7	0.251 5	0.256 9	0.257 9
2011	0.482 3	0.517 7	0.303 2	0.308 9	0.387 9	0.244 4	0.252 7	0.251 1	0.251 8
2012	0.500 3	0.499 7	0.272 1	0.342 3	0.385 7	0.249 0	0.248 0	0.250 3	0.252 8
2013	0.472 3	0.527 7	0.303 1	0.345 9	0.351 0	0.247 9	0.246 8	0.250 0	0.255 3
2014	0.433 4	0.566 6	0.333 3	0.333 3	0.333 3	—	—	—	—
2015	0.510 7	0.489 3	—	—	—				

附表 2-15　江西省 2000—2015 年农业科技产出滞后影响系数

年份	发表科技论文		技术市场合同成交额			农林牧渔总产值			
	α_0	α_1	α_0	α_1	α_2	α_0	α_1	α_2	α_3
2000	0.605 0	0.395 0	0.337 6	0.331 9	0.330 6	0.248 4	0.250 8	0.251 4	0.249 3
2001	0.471 8	0.528 2	0.333 2	0.333 2	0.333 6	0.243 9	0.249 5	0.246 7	0.259 9
2002	0.657 2	0.342 8	0.334 3	0.332 5	0.333 3	0.242 5	0.244 6	0.255 2	0.257 7
2003	0.463 9	0.536 1	0.333 3	0.333 1	0.333 6	0.239 2	0.252 3	0.253 4	0.255 2
2004	0.522 6	0.477 4	0.331 5	0.330 1	0.338 5	0.244 4	0.249 4	0.249 7	0.256 5
2005	0.410 1	0.589 9	0.324 5	0.337 3	0.338 2	0.243 3	0.242 7	0.247 2	0.266 8
2006	0.506 0	0.494 0	0.325 3	0.328 9	0.345 8	0.243 1	0.246 4	0.253 0	0.257 5
2007	0.471 4	0.528 6	0.322 9	0.343 6	0.333 5	0.245 3	0.248 2	0.250 1	0.256 5
2008	0.486 9	0.513 1	0.351 4	0.340 9	0.307 6	0.241 6	0.243 6	0.252 9	0.261 8
2009	0.500 0	0.500 0	0.335 6	0.323 7	0.340 7	0.242 2	0.241 9	0.251 9	0.264 0
2010	0.553 1	0.446 9	0.320 8	0.334 1	0.345 1	0.236 2	0.244 1	0.250 8	0.268 9
2011	0.453 7	0.546 3	0.330 5	0.335 4	0.334 1	0.249 2	0.250 3	0.250 3	0.250 3
2012	0.462 5	0.537 5	0.336 2	0.323 8	0.340 1	0.250 1	0.250 1	0.249 6	0.250 1
2013	0.529 7	0.470 3	0.303 3	0.328 9	0.367 8	0.239 7	0.253 1	0.250 0	0.257 1
2014	0.454 4	0.545 6	0.301 0	0.331 4	0.367 6	—	—	—	—
2015	0.484 7	0.515 3	—						

附表 2-16　广西壮族自治区 2000—2015 年农业科技产出滞后影响系数

年份	发表科技论文		技术市场合同成交额				农林牧渔总产值			
	α_0	α_1	α_0	α_1	α_2	α_3	α_0	α_1	α_2	α_3
2000	0.500 0	0.500 0	0.239 6	0.252 4	0.267 8	0.240 3	0.247 5	0.250 8	0.249 9	0.251 8
2001	0.500 0	0.500 0	0.227 5	0.237 2	0.237 8	0.297 4	0.244 7	0.247 7	0.249 2	0.258 4
2002	0.499 3	0.500 7	0.215 8	0.212 4	0.285 9	0.285 9	0.240 9	0.246 3	0.254 9	0.257 9
2003	0.493 8	0.506 2	0.208 2	0.279 0	0.279 0	0.233 9	0.236 3	0.251 4	0.254 2	0.258 1
2004	0.501 4	0.498 6	0.272 3	0.272 3	0.227 1	0.228 4	0.234 4	0.246 9	0.250 2	0.268 5
2005	0.509 4	0.490 6	0.293 8	0.245 2	0.241 5	0.219 5	0.226 9	0.241 1	0.258 1	0.273 9
2006	0.493 5	0.506 5	0.261 8	0.259 5	0.231 9	0.246 8	0.223 4	0.253 3	0.266 9	0.256 4
2007	0.500 0	0.500 0	0.267 6	0.240 4	0.255 3	0.236 7	0.229 9	0.262 0	0.249 3	0.258 9
2008	0.536 7	0.463 3	0.246 9	0.262 1	0.244 1	0.246 9	0.233 7	0.242 6	0.250 8	0.272 9
2009	0.500 0	0.500 0	0.230 6	0.246 9	0.293 3	0.229 2	0.250 0	0.250 0	0.250 0	0.250 0
2010	0.512 3	0.487 7	0.238 0	0.262 3	0.231 8	0.267 9	0.238 6	0.255 6	0.250 5	0.255 2

（续）

年份	发表科技论文		技术市场合同成交额				农林牧渔总产值			
	α_0	α_1	α_0	α_1	α_2	α_3	α_0	α_1	α_2	α_3
2011	0.491 5	0.508 5	0.230 6	0.220 4	0.254 2	0.294 7	0.236 8	0.254 1	0.254 6	0.254 5
2012	0.513 2	0.486 8	0.220 8	0.242 3	0.293 3	0.243 6	0.232 5	0.255 1	0.252 4	0.259 9
2013	0.463 3	0.536 7	0.225 0	0.276 3	0.224 4	0.274 3	0.234 4	0.253 4	0.252 8	0.259 4
2014	0.500 0	0.500 0	—	—	—	—	—	—	—	—
2015	0.510 8	0.489 2	—	—	—	—	—	—	—	—

附表 2 - 17　贵州省 2000—2015 年农业科技产出滞后影响系数

年份	发表科技论文		技术市场合同成交额				农林牧渔总产值			
	α_0	α_1	α_0	α_1	α_2	α_3	α_0	α_1	α_2	α_3
2000	0.500 0	0.500 0	0.280 4	0.281 8	0.220 3	0.217 5	0.243 9	0.252 9	0.251 9	0.251 3
2001	0.500 0	0.500 0	0.298 6	0.232 5	0.230 2	0.238 6	0.242 3	0.250 8	0.252 7	0.254 2
2002	0.500 0	0.500 0	0.244 6	0.241 3	0.250 7	0.263 4	0.241 0	0.250 3	0.254 6	0.254 1
2003	0.496 0	0.504 0	0.231 5	0.239 7	0.252 7	0.276 1	0.241 1	0.252 2	0.254 7	0.252 1
2004	0.503 3	0.496 7	0.230 4	0.241 6	0.265 0	0.263 0	0.239 3	0.252 0	0.252 3	0.256 4
2005	0.512 0	0.488 0	0.242 0	0.262 6	0.261 4	0.234 0	0.242 8	0.247 5	0.251 8	0.257 8
2006	0.498 5	0.501 5	0.262 3	0.260 6	0.235 1	0.242 0	0.244 7	0.248 9	0.254 6	0.251 8
2007	0.501 1	0.498 9	0.274 2	0.247 1	0.255 4	0.223 2	0.246 6	0.250 9	0.250 5	0.252 0
2008	0.462 6	0.537 4	0.258 7	0.265 8	0.232 6	0.242 9	0.245 3	0.248 6	0.251 6	0.254 5
2009	0.490 7	0.509 3	0.264 0	0.241 3	0.255 6	0.239 1	0.244 5	0.250 3	0.250 6	0.254 7
2010	0.494 2	0.505 8	0.229 0	0.293 1	0.222 4	0.255 5	0.250 2	0.248 2	0.257 2	0.244 5
2011	0.500 0	0.500 0	0.259 8	0.220 6	0.259 8	0.259 8	0.250 0	0.250 0	0.250 0	0.250 0
2012	0.523 5	0.476 5	0.209 6	0.262 8	0.254 6	0.273 0	0.236 8	0.243 4	0.259 8	0.260 1
2013	0.443 5	0.556 5	0.243 1	0.242 7	0.275 8	0.238 3	0.221 8	0.247 3	0.265 4	0.265 4
2014	0.500 0	0.500 0	—	—	—	—	—	—	—	—
2015	0.512 3	0.487 7	—	—	—	—	—	—	—	—

附表 2 - 18　四川省 2000—2015 年农业科技产出滞后影响系数

年份	发表科技论文		技术市场合同成交额				农林牧渔总产值			
	α_0	α_1	α_0	α_1	α_2	α_3	α_0	α_1	α_2	α_3
2000	0.500 0	0.500 0	0.244 9	0.244 1	0.262 1	0.248 9	0.255 9	0.250 8	0.247 2	0.246 1
2001	0.498 5	0.501 5	0.244 4	0.261 8	0.250 5	0.243 3	0.246 0	0.246 9	0.246 5	0.260 6

（续）

年份	发表科技论文		技术市场合同成交额				农林牧渔总产值			
	α_0	α_1	α_0	α_1	α_2	α_3	α_0	α_1	α_2	α_3
2002	0.5099	0.4901	0.2635	0.2499	0.2436	0.2431	0.2402	0.2434	0.2571	0.2594
2003	0.4891	0.5109	0.2584	0.2485	0.2482	0.2449	0.2342	0.2552	0.2559	0.2548
2004	0.5000	0.5000	0.2517	0.2523	0.2496	0.2464	0.2446	0.2443	0.2427	0.2684
2005	0.5312	0.4688	0.2566	0.2504	0.2475	0.2455	0.2320	0.2388	0.2626	0.2665
2006	0.4740	0.5260	0.2551	0.2496	0.2477	0.2476	0.2271	0.2602	0.2614	0.2512
2007	0.5282	0.4718	0.2528	0.2488	0.2488	0.2496	0.2438	0.2587	0.2462	0.2513
2008	0.5411	0.4589	0.2502	0.2496	0.2505	0.2496	0.2423	0.2438	0.2465	0.2673
2009	0.5000	0.5000	0.2468	0.2454	0.2457	0.2620	0.2452	0.2459	0.2545	0.2545
2010	0.5000	0.5000	0.2443	0.2436	0.2508	0.2613	0.2345	0.2552	0.2552	0.2552
2011	0.4788	0.5212	0.2333	0.2419	0.2505	0.2743	0.2512	0.2512	0.2504	0.2472
2012	0.4960	0.5040	0.2248	0.2336	0.2464	0.2952	0.2517	0.2517	0.2467	0.2498
2013	0.5113	0.4887	0.2181	0.2355	0.2732	0.2732	0.2500	0.2500	0.2500	0.2500
2014	0.5007	0.4993	—	—	—	—	—	—	—	—
2015	0.4737	0.5263	—	—	—	—	—	—	—	—

附表 2 - 19　内蒙古自治区 2000—2015 年农业科技产出滞后影响系数

年份	发表科技论文		技术市场合同成交额				农林牧渔总产值		
	α_0	α_1	α_0	α_1	α_2	α_3	α_0	α_1	α_2
2000	0.5000	0.5000	0.2486	0.2498	0.2536	0.2479	0.3311	0.3338	0.3352
2001	0.5083	0.4917	0.2502	0.2540	0.2480	0.2478	0.3279	0.3322	0.3399
2002	0.5000	0.5000	0.2549	0.2482	0.2481	0.2488	0.3181	0.3277	0.3542
2003	0.5427	0.4573	0.2485	0.2486	0.2494	0.2536	0.3098	0.3361	0.3542
2004	0.5158	0.4842	0.2463	0.2473	0.2519	0.2544	0.3167	0.3378	0.3454
2005	0.5276	0.4724	0.2430	0.2477	0.2501	0.2592	0.3146	0.3279	0.3576
2006	0.5295	0.4705	0.2460	0.2483	0.2572	0.2484	0.2996	0.3326	0.3678
2007	0.4448	0.5552	0.2506	0.2593	0.2503	0.2397	0.3069	0.3471	0.3459
2008	0.5662	0.4338	0.2628	0.2532	0.2392	0.2448	0.3200	0.3275	0.3525
2009	0.4512	0.5488	0.2389	0.2254	0.2311	0.3046	0.3071	0.3284	0.3644
2010	0.4977	0.5023	0.2287	0.2321	0.3101	0.2292	0.3008	0.3467	0.3525
2011	0.4725	0.5275	0.2306	0.3036	0.2234	0.2424	0.3176	0.3316	0.3508
2012	0.4473	0.5527	0.3005	0.2211	0.2406	0.2378	0.3253	0.3373	0.3373
2013	0.5329	0.4671	0.2352	0.2523	0.2536	0.2586	0.3225	0.3409	0.3366
2014	0.4568	0.5432	—	—	—	—	0.3333	0.3333	0.3333
2015	0.4328	0.5672	—	—	—	—	—	—	—

附表 2－20　甘肃省 2000—2015 年农业科技产出滞后影响系数

年份	发表科技论文		技术市场合同成交额				农林牧渔总产值		
	α_0	α_1	α_0	α_1	α_2	α_3	α_0	α_1	α_2
2000	0.500 0	0.500 0	0.257 5	0.259 7	0.246 0	0.236 7	0.334 2	0.333 8	0.332 0
2001	0.520 1	0.479 9	0.269 6	0.253 6	0.243 5	0.233 4	0.328 1	0.331 1	0.340 8
2002	0.481 4	0.518 6	0.268 6	0.253 0	0.242 4	0.236 1	0.319 8	0.334 2	0.346 0
2003	0.501 8	0.498 2	0.266 5	0.249 4	0.242 8	0.241 4	0.316 1	0.339 7	0.344 2
2004	0.523 4	0.476 6	0.257 4	0.249 0	0.247 6	0.246 0	0.320 4	0.338 1	0.341 5
2005	0.533 6	0.466 4	0.251 4	0.250 4	0.249 4	0.248 8	0.321 9	0.331 8	0.346 3
2006	0.515 4	0.484 6	0.250 1	0.249 9	0.249 9	0.250 2	0.317 5	0.331 1	0.351 4
2007	0.506 4	0.493 6	0.249 7	0.249 3	0.249 4	0.251 6	0.310 3	0.341 7	0.348 0
2008	0.544 1	0.455 9	0.248 9	0.248 5	0.250 3	0.252 3	0.305 1	0.330 8	0.364 1
2009	0.439 4	0.560 6	0.242 8	0.246 5	0.246 7	0.264 0	0.316 0	0.338 2	0.345 8
2010	0.584 2	0.415 8	0.232 3	0.233 0	0.252 2	0.282 5	0.331 5	0.330 0	0.338 5
2011	0.544 7	0.455 3	0.217 9	0.239 7	0.270 4	0.272 0	0.333 3	0.333 3	0.333 3
2012	0.568 9	0.431 1	0.228 3	0.251 7	0.251 7	0.268 3	0.325 0	0.337 6	0.337 3
2013	0.539 1	0.460 9	0.242 1	0.242 9	0.254 5	0.260 6	0.333 3	0.333 3	0.333 3
2014	0.514 0	0.486 0	—	—	—	—	0.333 3	0.333 3	0.333 3
2015	0.559 7	0.440 3	—	—	—	—			

附表 2－21　青海省 2000—2015 年农业科技产出滞后影响系数

年份	发表科技论文		技术市场合同成交额				农林牧渔总产值		
	α_0	α_1	α_0	α_1	α_2	α_3	α_0	α_1	α_2
2000	0.500 0	0.500 0	0.252 7	0.255 9	0.241 5	0.249 9	0.334 3	0.333 6	0.332 1
2001	0.512 0	0.488 0	0.258 2	0.244 1	0.251 6	0.246 1	0.333 9	0.334 1	0.332 1
2002	0.500 0	0.500 0	0.248 0	0.253 4	0.246 5	0.252 1	0.334 1	0.332 6	0.333 3
2003	0.500 0	0.500 0	0.256 6	0.250 0	0.253 4	0.240 0	0.333 0	0.332 9	0.334 1
2004	0.516 2	0.483 8	0.259 2	0.260 5	0.248 1	0.232 2	0.333 4	0.333 3	0.333 4
2005	0.545 6	0.454 4	0.275 3	0.257 3	0.235 8	0.231 6	0.332 9	0.330 4	0.336 6
2006	0.503 0	0.497 0	0.272 7	0.246 2	0.239 5	0.241 6	0.320 0	0.331 5	0.348 4
2007	0.511 2	0.488 8	0.260 7	0.247 7	0.247 1	0.244 5	0.323 4	0.337 8	0.338 8
2008	0.517 3	0.482 7	0.255 8	0.251 7	0.246 6	0.245 9	0.323 7	0.319 7	0.356 6
2009	0.500 0	0.500 0	0.243 4	0.244 6	0.257 6	0.254 4	0.304 1	0.343 9	0.352 1
2010	0.532 6	0.467 4	0.241 2	0.245 4	0.250 0	0.263 5	0.323 5	0.335 5	0.340 9
2011	0.495 3	0.504 7	0.232 2	0.239 8	0.270 1	0.257 9	0.322 0	0.331 8	0.346 2

（续）

年份	发表科技论文		技术市场合同成交额				农林牧渔总产值		
	α_0	α_1	α_0	α_1	α_2	α_3	α_0	α_1	α_2
2012	0.500 0	0.500 0	0.217 4	0.243 5	0.245 6	0.293 5	0.323 7	0.338 1	0.338 1
2013	0.544 6	0.455 4	0.216 8	0.227 1	0.278 1	0.278 1	0.333 3	0.333 3	0.333 3
2014	0.559 7	0.440 3	—	—	—	—	0.338 6	0.322 7	0.338 6
2015	0.433 3	0.566 7	—	—	—	—	—	—	—

附表 2 - 22 新疆维吾尔自治区 2000—2015 年农业科技产出滞后影响系数

年份	发表科技论文		技术市场合同成交额				农林牧渔总产值		
	α_0	α_1	α_0	α_1	α_2	α_3	α_0	α_1	α_2
2000	0.508 0	0.492 0	0.229 8	0.237 3	0.248 8	0.284 1	0.336 2	0.332 6	0.331 3
2001	0.516 1	0.483 9	0.225 6	0.238 1	0.268 2	0.268 2	0.330 5	0.328 4	0.341 1
2002	0.486 2	0.513 8	0.240 7	0.273 2	0.273 2	0.212 9	0.323 7	0.338 4	0.338 0
2003	0.514 9	0.485 1	0.284 3	0.284 3	0.218 7	0.212 6	0.333 5	0.332 6	0.333 9
2004	0.539 6	0.460 4	0.306 1	0.235 8	0.228 3	0.229 8	0.334 0	0.334 9	0.331 1
2005	0.543 2	0.456 8	0.256 5	0.248 7	0.247 4	0.247 4	0.331 7	0.327 4	0.340 9
2006	0.501 9	0.498 1	0.242 9	0.242 8	0.240 6	0.273 7	0.323 5	0.337 3	0.339 3
2007	0.526 7	0.473 3	0.241 4	0.241 0	0.278 7	0.238 9	0.332 0	0.333 3	0.334 6
2008	0.469 8	0.530 2	0.242 6	0.277 0	0.239 7	0.240 7	0.311 4	0.312 1	0.376 5
2009	0.500 0	0.500 0	0.254 5	0.249 4	0.238 9	0.257 2	0.310 5	0.344 7	0.344 7
2010	0.541 9	0.458 1	0.251 3	0.247 6	0.253 3	0.247 9	0.335 3	0.324 5	0.340 2
2011	0.478 8	0.521 2	0.247 7	0.257 6	0.247 2	0.247 4	0.318 8	0.340 6	0.340 6
2012	0.506 9	0.493 1	0.253 6	0.248 3	0.250 3	0.247 7	0.330 6	0.335 2	0.334 2
2013	0.606 4	0.393 6	0.249 9	0.251 0	0.249 9	0.249 3	0.336 6	0.337 0	0.326 4
2014	0.516 1	0.483 9	—	—	—	—	0.333 3	0.333 3	0.333 3
2015	0.402 8	0.597 2	—	—	—	—	—	—	—

附录3 各省区市 2000—2015 年农业科技产出实际值

附表 3-1 吉林省、辽宁省 2000—2015 年农业科技产出实际值

年份	吉林省			辽宁省		
	发表科技论文（篇）	技术市场合同成交额（万元）	农林牧渔业总产值（亿元）	发表科技论文（篇）	技术市场合同成交额（万元）	农林牧渔业总产值（亿元）
2000	923	26 004	679	983	78 551	1 049
2001	842	27 573	739	978	95 165	1 132
2002	790	25 948	824	960	115 308	1 290
2003	793	29 562	930	997	147 932	1 472
2004	865	34 016	1 050	1 007	174 749	1 642
2005	868	38 692	1 214	911	167 314	1 851
2006	844	44 288	1 405	860	163 204	2 127
2007	856	48 099	1 591	844	178 823	2 446
2008	940	48 253	1 732	815	196 534	2 775
2009	948	44 059	1 963	770	215 826	3 158
2010	902	49 613	2 217	731	239 224	3 625
2011	962	54 780	2 483	780	319 947	4 024
2012	979	63 091	2 645	848	341 841	4 307
2013	934	65 188	2 771	918	307 707	4 512
2014	837	55 838	2 790	848	386 696	4 537
2015	780	56 257	—	854	542 992	—

附表 3-2 北京市、河北省 2000—2015 年农业科技产出实际值

年份	北京市			河北省		
	发表科技论文（篇）	技术市场合同成交额（万元）	农林牧渔业总产值（亿元）	发表科技论文（篇）	技术市场合同成交额（万元）	农林牧渔业总产值（亿元）
2000	1 397	30 539	201	487	20 353	1 651
2001	1 308	31 009	213	503	16 675	1 762
2002	1 251	27 451	224	507	18 466	1 968
2003	1 208	44 180	233	525	20 898	2 184

（续）

年份	北京市			河北省		
	发表科技论文（篇）	技术市场合同成交额（万元）	农林牧渔业总产值（亿元）	发表科技论文（篇）	技术市场合同成交额（万元）	农林牧渔业总产值（亿元）
2004	1 143	50 819	238	521	26 109	2 376
2005	1 058	74 067	251	503	31 863	2 650
2006	1 028	87 529	273	527	35 684	3 036
2007	1 022	194 059	297	535	36 608	3 416
2008	1 084	202 743	315	511	37 812	3 837
2009	1 089	550 100	335	460	43 435	4 301
2010	1 037	443 270	363	493	58 132	4 857
2011	1 082	533 585	394	502	65 216	5 356
2012	1 115	248 312	413	440	67 262	5 723
2013	1 110	262 417	403	457	68 173	5 935
2014	1 020	190 812	376	471	86 262	6 019
2015	953	—	—	480	—	—

附表 3-3　天津市、福建省 2000—2015 年农业科技产出实际值

年份	天津市			福建省		
	发表科技论文（篇）	技术市场合同成交额（万元）	农林牧渔业总产值（亿元）	发表科技论文（篇）	技术市场合同成交额（万元）	农林牧渔业总产值（亿元）
2000	193	27 220	169	399	39 088	1 051
2001	188	29 696	181	404	35 592	1 078
2002	176	31 382	199	412	34 462	1 130
2003	165	31 497	218	429	36 140	1 245
2004	152	30 876	228	440	30 418	1 357
2005	130	31 258	235	433	28 555	1 423
2006	114	32 466	245	432	27 018	1 574
2007	103	35 734	263	453	32 537	1 833
2008	95	38 367	289	465	43 037	1 983
2009	89	44 377	317	457	49 372	2 158
2010	82	53 967	348	481	62 637	2 529
2011	78	66 724	379	484	65 981	2 869
2012	81	86 797	410	470	67 743	3 145
2013	86	113 515	441	474	66 798	3 402
2014	83	135 842	468	539	65 233	3 619
2015	77	—	—	549	—	3 942

附表 3-4　江苏省、上海市 2000—2015 年农业科技产出实际值

年份	江苏省			上海市		
	发表科技论文（篇）	技术市场合同成交额（万元）	农林牧渔业总产值（亿元）	发表科技论文（篇）	技术市场合同成交额（万元）	农林牧渔业总产值（亿元）
2000	1 026	106 826	1 913	237	43 042	222
2001	1 026	114 101	1 984	234	49 383	230
2002	956	125 801	1 982	225	51 530	240
2003	848	134 791	2 193	205	54 733	248
2004	738	122 842	2 498	178	60 538	242
2005	606	105 507	2 648	157	67 166	235
2006	626	95 731	2 895	148	73 014	246
2007	685	106 944	3 342	145	77 198	268
2008	739	163 017	3 705	146	77 141	282
2009	735	252 012	4 059	139	77 652	285
2010	733	354 182	4 804	135	77 916	301
2011	800	447 578	5 523	143	80 150	318
2012	837	507 327	5 983	146	80 884	323
2013	831	551 978	6 301	140	79 929	323
2014	818	569 350	6 744	129	80 001	313
2015	904	—	7 133	111	—	294

附表 3-5　浙江省、山东省 2000—2015 年农业科技产出实际值

年份	浙江省			山东省		
	发表科技论文（篇）	技术市场合同成交额（万元）	农林牧渔业总产值（亿元）	发表科技论文（篇）	技术市场合同成交额（万元）	农林牧渔业总产值（亿元）
2000	286	49 841	1 055	935	82 498	2 547
2001	277	55 667	1 078	943	85 695	2 842
2002	268	61 661	1 143	955	105 117	3 166
2003	264	57 939	1 259	985	150 186	3 550
2004	267	48 679	1 381	969	187 847	4 018
2005	258	38 654	1 425	928	121 539	4 563
2006	249	41 212	1 512	944	60 601	5 142
2007	259	44 483	1 692	996	100 260	5 795
2008	274	47 370	1 828	1 034	123 520	6 456
2009	288	49 911	2 022	1 078	150 842	7 002
2010	306	55 381	2 354	1 105	190 103	7 695
2011	323	59 897	2 596	1 131	214 850	8 334

（续）

年份	浙江省			山东省		
	发表科技论文（篇）	技术市场合同成交额（万元）	农林牧渔业总产值（亿元）	发表科技论文（篇）	技术市场合同成交额（万元）	农林牧渔业总产值（亿元）
2012	328	61 759	2 749	1 152	256 543	8 875
2013	330	63 371	2 841	1 137	344 944	9 209
2014	329	92 519	2 889	1 096	430 416	—
2015	343	—	3 041	1 008	506 350	—

附表 3-6　山西省、陕西省 2000—2015 年农业科技产出实际值

年份	山西省			陕西省		
	发表科技论文（篇）	技术市场合同成交额（万元）	农林牧渔业总产值（亿元）	发表科技论文（篇）	技术市场合同成交额（万元）	农林牧渔业总产值（亿元）
2000	102	903	203	306	21 975	491
2001	103	2 285	214	330	26 809	538
2002	105	2 965	290	345	33 714	602
2003	98	3 204	367	381	30 816	681
2004	144	4 656	462	420	31 746	804
2005	174	5 761	544	443	33 070	966
2006	173	6 973	657	496	41 193	1 118
2007	167	9 047	798	570	63 986	1 330
2008	225	14 938	959	633	94 206	1 602
2009	268	20 552	1 126	708	139 708	1 866
2010	272	22 621	1 252	814	255 607	2 163
2011	270	28 814	1 376	892	451 003	2 419
2012	285	49 897	1 451	934	721 423	2 606
2013	290	59 247	1 509	935	925 462	2 776
2014	290	59 592	—	875	1 064 831	—
2015	290	56 060	—	862	1 184 370	—

附表 3-7　安徽省、湖南省 2000—2015 年农业科技产出实际值

年份	安徽省			湖南省		
	发表科技论文（篇）	技术市场合同成交额（万元）	农林牧渔业总产值（亿元）	发表科技论文（篇）	技术市场合同成交额（万元）	农林牧渔业总产值（亿元）
2000	559	26 020	1 267	1 185	102 282	1 342
2001	564	27 360	1 382	1 057	106 983	1 516
2002	558	29 519	1 485	936	120 090	1 706

（续）

年份	安徽省			湖南省		
	发表科技论文（篇）	技术市场合同成交额（万元）	农林牧渔业总产值（亿元）	发表科技论文（篇）	技术市场合同成交额（万元）	农林牧渔业总产值（亿元）
2003	575	34 784	1 603	886	128 106	1 897
2004	590	42 817	1 793	828	131 826	2 192
2005	576	57 128	2 004	699	128 313	2 573
2006	584	72 260	2 233	607	130 695	2 854
2007	609	85 147	2 526	573	125 433	3 257
2008	610	97 158	2 882	507	115 142	3 736
2009	622	116 504	3 203	421	95 194	4 145
2010	623	149 888	3 538	376	89 882	4 580
2011	610	206 974	3 855	366	114 829	4 943
2012	644	274 509	4 088	358	153 678	5 223
2013	681	335 868	4 321	360	186 242	5 520
2014	657	380 686	—	419	200 146	—
2015	619	—	—	431	—	—

附表 3-8　江西省、广西壮族自治区 2000—2015 年农业科技产出实际值

年份	江西省			广西壮族自治区		
	发表科技论文（篇）	技术市场合同成交额（万元）	农林牧渔业总产值（亿元）	发表科技论文（篇）	技术市场合同成交额（万元）	农林牧渔业总产值（亿元）
2000	308	23 221	799	603	13 332	913
2001	335	22 760	875	610	20 948	1 032
2002	339	24 909	970	632	26 306	1 178
2003	236	28 302	1 070	684	23 043	1 356
2004	242	27 851	1 216	722	20 172	1 611
2005	287	26 456	1 377	729	13 689	1 897
2006	322	22 246	1 528	757	5 212	2 124
2007	328	21 832	1 694	800	7 304	2 390
2008	337	28 496	1 893	786	10 507	2 725
2009	333	44 511	2 075	781	10 391	2 979
2010	297	61 848	2 283	799	13 672	3 332
2011	280	71 770	2 478	799	18 628	3 635
2012	321	79 669	2 641	787	19 124	3 857

（续）

年份	江西省			广西壮族自治区		
	发表科技论文（篇）	技术市场合同成交额（万元）	农林牧渔业总产值（亿元）	发表科技论文（篇）	技术市场合同成交额（万元）	农林牧渔业总产值（亿元）
2013	312	93 107	2 828	819	23 822	4 133
2014	299	112 395	—	846	—	—
2015	315	—	—	795	—	—

附表 3-9　贵州省、四川省 2000—2015 年农业科技产出实际值

年份	贵州省			四川省		
	发表科技论文（篇）	技术市场合同成交额（万元）	农林牧渔业总产值（亿元）	发表科技论文（篇）	技术市场合同成交额（万元）	农林牧渔业总产值（亿元）
2000	240	2 436	433	1 171	38 475	1 612
2001	245	3 511	461	1 188	43 143	1 812
2002	252	4 406	500	1 212	47 576	2 047
2003	262	3 506	542	1 288	60 436	2 284
2004	268	2 480	600	1 351	74 011	2 687
2005	266	2 629	681	1 315	90 998	3 059
2006	268	2 872	756	1 362	110 799	3 359
2007	270	6 380	854	1 414	124 065	3 709
2008	287	12 975	972	1 334	139 695	4 118
2009	310	17 070	1 122	1 294	172 484	4 546
2010	324	26 186	1 315	1 297	216 698	5 036
2011	339	33 454	1 596	1 318	290 280	5 467
2012	347	44 339	2 008	1 384	408 885	5 828
2013	412	51 806	2 442	1 404	499 011	6 179
2014	501	—	—	1 409	—	—
2015	533	—	—	1 509	—	—

附表 3-10　贵州省、内蒙古自治区 2000—2015 年农业科技产出实际值

年份	贵州省			内蒙古自治区		
	发表科技论文（篇）	技术市场合同成交额（万元）	农林牧渔业总产值（亿元）	发表科技论文（篇）	技术市场合同成交额（万元）	农林牧渔业总产值（亿元）
2000	862	13 679	338	259	22 309	562
2001	874	20 294	374	262	24 256	604
2002	922	30 437	430	255	26 091	707

附录 3　各省区市 2000—2015 年农业科技产出实际值

（续）

年份	贵州省			内蒙古自治区		
	发表科技论文（篇）	技术市场合同成交额（万元）	农林牧渔业总产值（亿元）	发表科技论文（篇）	技术市场合同成交额（万元）	农林牧渔业总产值（亿元）
2003	979	40 633	495	240	27 459	840
2004	986	51 614	550	211	25 333	966
2005	964	61 826	612	190	22 240	1 112
2006	950	72 035	700	166	21 339	1 303
2007	981	85 627	794	166	26 106	1 465
2008	969	100 302	921	145	29 261	1 652
2009	1 144	125 933	1 045	119	73 240	1 891
2010	1 172	166 521	1 202	133	82 791	2 182
2011	981	207 714	1 355	145	76 795	2 459
2012	962	256 753	1 500	172	73 729	2 645
2013	922	304 529	1 620	171	30 872	2 744
2014	984	—	1 706	165	—	2 775
2015	1 001	—	—	207	—	—

附表 3-11　青海省、新疆维吾尔自治区 2000—2015 年农业科技产出实际值

年份	青海省			新疆维吾尔自治区		
	发表科技论文（篇）	技术市场合同成交额（万元）	农林牧渔业总产值（亿元）	发表科技论文（篇）	技术市场合同成交额（万元）	农林牧渔业总产值（亿元）
2000	64	1 538	62	646	32 582	503
2001	64	1 832	69	636	37 930	571
2002	66	2 107	76	690	37 713	657
2003	69	2 424	86	723	35 658	757
2004	68	3 944	93	698	29 909	822
2005	66	6 107	104	666	22 544	927
2006	65	8 763	125	666	16 627	1 044
2007	69	12 188	144	677	14 927	1 180
2008	72	15 995	172	713	12 857	1 467
2009	77	20 006	198	781	12 053	1 713
2010	80	26 894	233	795	13 430	2 028
2011	81	33 144	269	872	11 708	2 263
2012	82	43 760	301	975	10 727	2 520
2013	77	55 986	319	893	9 905	2 695
2014	67	—	329	719	—	2 839
2015	67	—	—	902	—	—

附录4 各省区市灰色预测模型及预测数据

附表 4-1 北京市灰色 GM (1, 1) 预测模型

指标	时间响应函数	平均相对误差
农业机械总动力（万千瓦）	$\hat{X}^{(1)}(k+1)=-3\,067.154\,424\,e^{(-0.097\,398\,k)}+3\,339.154\,424$	4.06%
农业技术人员（人）	$\hat{X}^{(1)}(k+1)=-1\,051\,556.548\,501\,e^{(-0.004\,391\,k)}+1\,056\,243.548\,501$	1.55%
研究与开发机构（R&D）人员（人）	$\hat{X}^{(1)}(k+1)=90\,337.394\,029\,e^{(0.050\,579\,k)}-85\,878.394\,029$	3.22%
R&D经费内部支出（万元）	$\hat{X}^{(1)}(k+1)=1\,331\,524.503\,050\,e^{(0.111\,212\,k)}-1\,173\,326.503\,050$	4.32%
技术市场合同成交额（万元）	$\hat{X}^{(1)}(k+1)=-3\,662\,823.569\,023\,e^{(-0.130\,036\,k)}+4\,044\,653.569\,023$	121.17%
发表科技论文（篇）	$\hat{X}^{(1)}(k+1)=-80\,304.899\,516\,e^{(-0.013\,635\,k)}+81\,443.899\,516$	5.69%
农林牧渔业总产值（亿元）	$\hat{X}^{(1)}(k+1)=65\,565.210\,937\,e^{(0.005\,629\,k)}-65\,250.210\,937$	8.32%

附表 4-2 北京市 2017—2025 年预测数据

年份	农业机械总动力（万千瓦）	农业技术人员（人）	研究与开发机构（R&D）人员（人）	R&D经费内部支出（万元）	技术市场合同成交额（万元）	发表科技论文（篇）	农林牧渔业总产值（亿元）
2017	144	4 468	6 678	341 163	179 734	989	385
2018	131	4 448	7 024	381 294	157 818	975	387
2019	118	4 429	7 389	426 147	138 574	962	389
2020	107	4 409	7 772	476 275	121 677	949	392
2021	98	4 390	8 175	532 300	106 840	936	394
2022	88	4 371	8 599	594 915	93 812	923	396
2023	80	4 351	9 046	664 895	82 373	911	398
2024	73	4 332	9 515	743 108	72 329	899	400
2025	66	4 313	10 008	830 520	63 509	886	403

附表 4-3 天津市灰色 GM (1, 1) 预测模型

指标	时间响应函数	平均相对误差
农业机械总动力（万千瓦）	$\hat{X}^{(1)}(k+1)=-21\,565.751\,126\,e^{(-0.028\,198\,k)}+22\,160.751\,126$	2.63%
农业技术人员（人）	$\hat{X}^{(1)}(k+1)=586\,091.354\,651\,e^{(0.004\,989\,k)}-583\,000.354\,651$	4.39%

（续）

指标	时间响应函数	平均相对误差
研究与开发机构（R&D）人员（人）	$\hat{X}^{(1)}(k+1) = 5\,658.624\,172\,e^{(0.040\,838\,k)} - 5\,410.624\,172$	2.52%
R&D经费内部支出（万元）	$\hat{X}^{(1)}(k+1) = 89\,627.669\,440\,e^{(0.085\,021\,k)} - 82\,836.669\,440$	6.87%
技术市场合同成交额（万元）	$\hat{X}^{(1)}(k+1) = 179\,941.193\,888\,e^{(0.217\,789\,k)} - 140\,452.193\,888$	5.13%
发表科技论文（篇）	$\hat{X}^{(1)}(k+1) = -11\,973.062\,500\,e^{(-0.006\,943\,k)} + 12\,067.062\,500$	4.01%
农林牧渔业总产值（亿元）	$\hat{X}^{(1)}(k+1) = 4\,335.731\,693\,e^{(0.072\,299\,k)} - 4\,053.731\,693$ $\hat{X}^{(1)}(k+1) = 4\,335.731\,693\,e^{(0.072\,299\,k)} - 4\,053.731\,693$	1.17%

附表 4-4　天津市 2017—2025 年预测数据

年份	农业机械总动力（万千瓦）	农业技术人员（人）	研究与开发机构（R&D）人员（人）	R&D经费内部支出（万元）	技术市场合同成交额（万元）	发表科技论文（篇）	农林牧渔业总产值（亿元）
2017	492	3 036	314	14 422	201 099	79	539
2018	479	3 051	327	15 702	250 031	78	580
2019	465	3 066	341	17 095	310 870	78	623
2020	452	3 081	355	18 612	386 512	77	670
2021	440	3 097	370	20 264	480 560	77	720
2022	427	3 112	385	22 062	597 493	76	774
2023	416	3 128	401	24 020	742 877	76	832
2024	404	3 144	418	26 152	923 638	75	894
2025	393	3 159	435	28 472	1 148 382	75	962

附表 4-5　河北省灰色 GM（1，1）预测模型

指标	时间响应函数	平均相对误差
农业机械总动力（万千瓦）	$\hat{X}^{(1)}(k+1) = -530\,850.242\,835\,e^{(-0.020\,669\,k)} + 540\,711.242\,835$	9.75%
农业技术人员（人）	$\hat{X}^{(1)}(k+1) = -14\,542\,501.017\,621\,e^{(-0.001\,881\,k)} + 14\,569\,279.017\,621$	1.48%
研究与开发机构（R&D）人员（人）	$\hat{X}^{(1)}(k+1) = 21\,233.905\,200\,e^{(0.062\,118\,k)} - 19\,939.599\,610$	2.40%
R&D经费内部支出（万元）	$\hat{X}^{(1)}(k+1) = 429\,989.615\,595\,e^{(0.096\,772\,k)} - 380\,889.445\,435$	7.35%
技术市场合同成交额（万元）	$\hat{X}^{(1)}(k+1) = 305\,748.437\,867\,e^{(0.135\,166\,k)} - 269\,390.428\,447$	12.35%
发表科技论文（篇）	$\hat{X}^{(1)}(k+1) = 53\,955.498\,981\,e^{(0.008\,400\,k)} - 53\,456.746\,656$	6.03%
农林牧渔业总产值（亿元）	$\hat{X}^{(1)}(k+1) = 89\,484.086\,218\,e^{(0.051\,059\,k)} - 85\,843.156\,218$	4.09%

附表 4 - 6 河北省 2017—2025 年预测数据

年份	农业机械总动力（万千瓦）	农业技术人员（人）	研究与开发机构（R&D）人员（人）	R&D经费内部支出（万元）	技术市场合同成交额（万元）	发表科技论文（篇）	农林牧渔业总产值（亿元）
2017	9 397	26 971	2 102	86 016	113 979	483	6 702
2018	9 205	26 920	2 237	94 757	130 475	487	7 053
2019	9 016	26 869	2 380	104 385	149 358	491	7 422
2020	8 832	26 819	2 533	114 991	170 974	495	7 811
2021	8 651	26 769	2 695	126 675	195 719	499	8 220
2022	8 474	26 718	2 868	139 546	224 045	503	8 651
2023	8 301	26 668	3 051	153 726	256 470	508	9 104
2024	8 131	26 618	3 247	169 345	293 588	512	9 581
2025	7 965	26 568	3 455	186 552	336 078	516	10 083

附表 4 - 7 山西省灰色 GM（1，1）预测模型

指标	时间响应函数	平均相对误差
农业机械总动力（万千瓦）	$\hat{X}^{(1)}(k+1) = -135\,246.430\,024\,e^{(-0.023\,309\,k)} + 137\,901.430\,024$	16.08%
农业技术人员（人）	$\hat{X}^{(1)}(k+1) = -9\,819\,345.633\,953\,e^{(-0.002\,503\,k)} + 9\,840\,185.633\,953$	4.42%
研究与开发机构（R&D）人员（人）	$\hat{X}^{(1)}(k+1) = -39\,163.216\,113\,e^{(-0.019\,287\,k)} + 39\,907.216\,113$	5.59%
R&D经费内部支出（万元）	$\hat{X}^{(1)}(k+1) = 117\,137.476\,412\,e^{(0.090\,418\,k)} - 105\,511.476\,412$	8.37%
技术市场合同成交额（万元）	$\hat{X}^{(1)}(k+1) = 211\,247.856\,192\,e^{(0.129\,838\,k)} - 191\,227.856\,192$	24.48%
发表科技论文（篇）	$\hat{X}^{(1)}(k+1) = 22\,640.747\,368\,e^{(0.011\,936\,k)} - 22\,377.747\,368$	2.58%
农林牧渔业总产值（亿元）	$\hat{X}^{(1)}(k+1) = 19\,157.444\,468\,e^{(0.058\,016\,k)} - 18\,248.444\,468$	4.09%

附表 4 - 8 山西省 2017—2025 年预测数据

年份	农业机械总动力（万千瓦）	农业技术人员（人）	研究与开发机构（R&D）人员（人）	R&D经费内部支出（万元）	技术市场合同成交额（万元）	发表科技论文（篇）	农林牧渔业总产值（亿元）
2017	2 647	24 117	654	20 874	72 679	296	1 718
2018	2 586	24 057	641	22 849	82 755	299	1 820
2019	2 526	23 997	629	25 012	94 229	303	1 929
2020	2 468	23 937	617	27 378	107 293	306	2 044
2021	2 411	23 877	605	29 969	122 169	310	2 166

（续）

年份	农业机械总动力（万千瓦）	农业技术人员（人）	研究与开发机构（R&D）人员（人）	R&D经费内部支出（万元）	技术市场合同成交额（万元）	发表科技论文（篇）	农林牧渔业总产值（亿元）
2022	2 356	23 817	594	32 805	139 107	314	2 296
2023	2 301	23 758	582	35 910	158 393	317	2 433
2024	2 248	23 698	571	39 308	180 353	321	2 578
2025	2 197	23 639	560	43 028	205 358	325	2 732

附表 4-9　内蒙古自治区灰色 GM（1，1）预测模型

指标	时间响应函数	平均相对误差
农业机械总动力（万千瓦）	$\hat{X}^{(1)}(k+1) = 120\,134.252\,294\,e^{(0.025\,710\,k)} - 117\,240.252\,294$	3.83%
农业技术人员（人）	$\hat{X}^{(1)}(k+1) = -804\,780.362\,438\,e^{(-0.039\,701\,k)} + 836\,924.362\,438$	6.33%
研究与开发机构（R&D）人员（人）	$\hat{X}^{(1)}(k+1) = -33\,080.664\,384\,e^{(-0.018\,577\,k)} + 33\,713.664\,384$	5.53%
R&D经费内部支出（万元）	$\hat{X}^{(1)}(k+1) = 109\,251.605\,874\,e^{(0.078\,322\,k)} - 100\,688.605\,874$	9.93%
技术市场合同成交额（万元）	$\hat{X}^{(1)}(k+1) = -693\,706.376\,378\,e^{(-0.110\,167\,k)} + 717\,514.376\,378$	75.12%
发表科技论文（篇）	$\hat{X}^{(1)}(k+1) = 1\,456.850\,785\,e^{(0.084\,056\,k)} - 1\,351.850\,785$	7.96%
农林牧渔业总产值（亿元）	$\hat{X}^{(1)}(k+1) = 34\,963.343\,977\,e^{(0.058\,062\,k)} - 33\,392.343\,977$	5.49%

附表 4-10　内蒙古自治区 2017—2025 年预测数据

年份	农业机械总动力（万千瓦）	农业技术人员（人）	研究与开发机构（R&D）人员（人）	R&D经费内部支出（万元）	技术市场合同成交额（万元）	发表科技论文（篇）	农林牧渔业总产值（亿元）
2017	3 746	23 724	535	15 400	33 466	230	3 138
2018	3 843	22 801	525	16 655	29 975	250	3 326
2019	3 943	21 913	515	18 012	26 849	272	3 525
2020	4 046	21 060	506	19 480	24 048	296	3 735
2021	4 151	20 241	496	21 067	21 539	322	3 959
2022	4 260	19 453	487	22 783	19 292	350	4 195
2023	4 370	18 696	478	24 639	17 280	381	4 446
2024	4 484	17 968	469	26 646	15 477	414	4 712
2025	4 601	17 269	461	28 817	13 863	451	4 994

附表 4-11 辽宁省灰色 GM（1，1）预测模型

指标	时间响应函数	平均相对误差
农业机械总动力（万千瓦）	$\hat{X}^{(1)}(k+1)=596\,757.125\,000\,e^{(0.004\,355\,k)}-594\,458.125\,000$	8.56%
农业技术人员（人）	$\hat{X}^{(1)}(k+1)=-4\,046\,982.813\,896\,e^{(-0.006\,035\,k)}+4\,069\,785.813\,896$	3.35%
研究与开发机构（R&D）人员（人）	$\hat{X}^{(1)}(k+1)=46\,259.709\,097\,e^{(0.044\,558\,k)}-44\,006.709\,097$	5.94%
R&D经费内部支出（万元）	$\hat{X}^{(1)}(k+1)=651\,925.841\,739\,e^{(0.098\,348\,k)}-596\,466.841\,739$	8.23%
技术市场合同成交额（万元）	$\hat{X}^{(1)}(k+1)=1\,098\,923.597\,292\,e^{(0.169\,808\,k)}-886\,094.597\,292$	14.29%
发表科技论文（篇）	$\hat{X}^{(1)}(k+1)=22\,798.313\,245\,e^{(0.032\,195\,k)}-21\,987.313\,245$	8.56%
农林牧渔业总产值（亿元）	$\hat{X}^{(1)}(k+1)=63\,090.011\,022\,e^{(0.053\,676\,k)}-60\,385.011\,022$	5.62%

附表 4-12 辽宁省 2017—2025 年预测数据

年份	农业机械总动力（万千瓦）	农业技术人员（人）	研究与开发机构（R&D）人员（人）	R&D经费内部支出（万元）	技术市场合同成交额（万元）	发表科技论文（篇）	农林牧渔业总产值（亿元）
2017	2 685	23 343	2 879	134 115	667 647	934	5 066
2018	2 697	23 203	3 011	147 976	791 213	965	5 345
2019	2 709	23 063	3 148	163 268	937 649	997	5 640
2020	2 721	22 924	3 291	180 142	1 111 186	1 029	5 951
2021	2 732	22 786	3 441	198 759	1 316 842	1 063	6 279
2022	2 744	22 649	3 598	219 300	1 560 559	1 098	6 625
2023	2 756	22 513	3 762	241 963	1 849 383	1 134	6 990
2024	2 768	22 377	3 933	266 969	2 191 661	1 171	7 376
2025	2 780	22 243	4 113	294 560	2 597 288	1 209	7 783

附表 4-13 吉林省灰色 GM（1，1）预测模型

指标	时间响应函数	平均相对误差
农业机械总动力（万千瓦）	$\hat{X}^{(1)}(k+1)=34\,400.582\,645\,e^{(0.062\,712\,k)}-32\,399.582\,645$	2.42%
农业技术人员（人）	$\hat{X}^{(1)}(k+1)=1\,524\,217.580\,098\,e^{(0.017\,587\,k)}-1\,495\,844.580\,098$	1.88%
研究与开发机构（R&D）人员（人）	$\hat{X}^{(1)}(k+1)=-1\,147\,048.348\,101\,e^{(-0.001\,562\,k)}+1\,148\,930.348\,101$	2.32%
R&D经费内部支出（万元）	$\hat{X}^{(1)}(k+1)=788\,464.795\,408\,e^{(0.052\,874\,k)}-749\,024.795\,408$	6.64%

（续）

指标	时间响应函数	平均相对误差
技术市场合同成交额（万元）	$\hat{X}^{(1)}(k+1)=1\,539\,786.610\,616\,e^{(0.032\,269\,k)}-1\,492\,706.610\,616$	10.36%
发表科技论文（篇）	$\hat{X}^{(1)}(k+1)=-38\,127.817\,976\,e^{(-0.025\,510\,k)}+39\,124.817\,976$	4.72%
农林牧渔业总产值（亿元）	$\hat{X}^{(1)}(k+1)=37\,639.612\,860\,e^{(0.055\,001\,k)}-35\,905.612\,860$	6.10%

附表 4-14　吉林省 2017—2025 年预测数据

年份	农业机械总动力（万千瓦）	农业技术人员（人）	研究与开发机构（R&D）人员（人）	R&D经费内部支出（万元）	技术市场合同成交额（万元）	发表科技论文（篇）	农林牧渔业总产值（亿元）
2017	3 453	30 587	1 771	61 987	63 296	63 296	3 128
2018	3 677	31 130	1 768	65 352	65 372	65 372	3 304
2019	3 915	31 682	1 765	68 901	67 516	67 516	3 491
2020	4 168	32 244	1 763	72 642	69 730	69 730	3 689
2021	4 438	32 816	1 760	76 586	72 017	72 017	3 897
2022	4 725	33 398	1 757	80 745	74 379	74 379	4 118
2023	5 031	33 991	1 754	85 129	76 818	76 818	4 350
2024	5 357	34 594	1 752	89 751	79 338	79 338	4 596
2025	5 703	35 208	1 749	94 624	81 940	81 940	4 856

附表 4-15　上海市灰色 GM（1，1）预测模型

指标	时间响应函数	平均相对误差
农业机械总动力（万千瓦）	$\hat{X}^{(1)}(k+1)=3\,932.817\,647\,e^{(0.026\,391)}-3\,833.817\,647$	1.36%
农业技术人员（人）	$\hat{X}^{(1)}(k+1)=329\,083.489\,778\,e^{(0.010\,812\,k)}-325\,204.489\,778$	3.63%
研究与开发机构（R&D）人员（人）	$\hat{X}^{(1)}(k+1)=-14\,420.396\,789\,e^{(-0.033\,853\,k)}+14\,889.396\,789$	6.14%
R&D经费内部支出（万元）	$\hat{X}^{(1)}(k+1)=320\,212.202\,299\,e^{(0.066\,307\,k)}-303\,849.202\,299$	11.52%
技术市场合同成交额（万元）	$\hat{X}^{(1)}(k+1)=8\,113\,197.116\,668\,e^{(0.009\,410\,k)}-8\,031\,260.116\,668$	2.65%
发表科技论文（篇）	$\hat{X}^{(1)}(k+1)=-3\,980.229\,730\,e^{(-0.037\,376\,k)}+4\,125.229\,730$	8.51%
农林牧渔业总产值（亿元）	$\hat{X}^{(1)}(k+1)=-93\,498.516\,667\,e^{(-0.003\,334\,k)}+93\,781.516\,667$	4.46%

附表 4-16 上海市 2017—2025 年预测数据

年份	农业机械总动力（万千瓦）	农业技术人员（人）	研究与开发机构（R&D）人员（人）	R&D经费内部支出（万元）	技术市场合同成交额（万元）	发表科技论文（篇）	农林牧渔业总产值（亿元）
2017	127	3 859	379	34 918	81 930	112	304
2018	130	3 901	366	37 312	82 705	108	303
2019	133	3 943	354	39 870	83 487	104	302
2020	137	3 986	342	42 603	84 276	100	301
2021	141	4 029	331	45 524	85 073	97	300
2022	144	4 073	320	48 644	85 877	93	299
2023	148	4 117	309	51 979	86 689	90	298
2024	152	4 162	299	55 543	87 509	87	297
2025	156	4 207	289	59 350	88 336	83	296

附表 4-17 江苏省市灰色 GM（1，1）预测模型

指标	时间响应函数	平均相对误差
农业机械总动力（万千瓦）	$\hat{X}^{(1)}(k+1) = 100\ 453.700\ 397\ e^{(0.038\ 468\ k)} - 96\ 642.700\ 397$	0.71%
农业技术人员（人）	$\hat{X}^{(1)}(k+1) = -1\ 578\ 960.569\ 543\ e^{(-0.017\ 748\ k)} + 1\ 608\ 712.569\ 543$	2.05%
研究与开发机构（R&D）人员（人）	$\hat{X}^{(1)}(k+1) = 79\ 196.809\ 421\ e^{(0.027\ 167\ k)} - 77\ 113.809\ 421$	3.33%
R&D经费内部支出（万元）	$\hat{X}^{(1)}(k+1) = 702\ 494.029\ 617\ e^{(0.105\ 137\ k)} - 631\ 361.029\ 617$	2.57%
技术市场合同成交额（万元）	$\hat{X}^{(1)}(k+1) = 2\ 867\ 167.824\ 809\ e^{(0.109\ 649\ k)} - 2\ 747\ 319.824\ 809$	9.14%
发表科技论文（篇）	$\hat{X}^{(1)}(k+1) = 18\ 320.730\ 425\ e^{(0.039\ 054\ k)} - 17\ 569.730\ 425$	4.28%
农林牧渔业总产值（亿元）	$\hat{X}^{(1)}(k+1) = 60\ 907.284\ 942\ e^{(0.075\ 234\ k)} - 57\ 091.284\ 942$	3.66%

附表 4-18 江苏省 2017—2025 年预测数据

年份	农业机械总动力（万千瓦）	农业技术人员（人）	研究与开发机构（R&D）人员（人）	R&D经费内部支出（万元）	技术市场合同成交额（万元）	发表科技论文（篇）	农林牧渔业总产值（亿元）
2017	5 157	24 531	2 638	162 574	715 852	959	8 058
2018	5 359	24 100	2 711	180 597	798 810	997	8 688
2019	5 569	23 676	2 785	200 619	891 380	1 037	9 367
2020	5 788	23 259	2 862	222 860	994 679	1 078	10 099
2021	6 015	22 850	2 941	247 567	1 109 948	1 121	10 888

（续）

年份	农业机械总动力（万千瓦）	农业技术人员（人）	研究与开发机构（R&D）人员（人）	R&D经费内部支出（万元）	技术市场合同成交额（万元）	发表科技论文（篇）	农林牧渔业总产值（亿元）
2022	6 251	22 448	3 022	275 013	1 238 576	1 166	11 738
2023	6 496	22 053	3 105	305 501	1 382 110	1 212	12 656
2024	6 751	21 665	3 190	339 370	1 542 277	1 261	13 644
2025	7 015	21 284	3 278	376 993	1 721 005	1 311	14 711

附表 4－19　浙江省灰色 GM（1，1）预测模型

指标	时间响应函数	平均相对误差
农业机械总动力（万千瓦）	$\hat{X}^{(1)}(k+1)=-119\,861.582\,575\,e^{(-0.021\,945\,k)}+122\,312.582\,575$	2.99%
农业技术人员（人）	$\hat{X}^{(1)}(k+1)=-1\,159\,066.191\,196\,e^{(-0.014\,961\,k)}+1\,177\,918.191\,196$	1.41%
研究与开发机构（R&D）人员（人）	$\hat{X}^{(1)}(k+1)=6\,718.881\,171\,e^{(0.060\,944\,k)}-6\,316.881\,171$	3.09%
R&D经费内部支出（万元）	$\hat{X}^{(1)}(k+1)=125\,773.391\,897\,e^{(0.098\,183\,k)}-115\,304.391\,897$	3.03%
技术市场合同成交额（万元）	$\hat{X}^{(1)}(k+1)=224\,829.926\,106\,e^{(0.162\,331\,k)}-178\,839.926\,106$	18.12%
发表科技论文（篇）	$\hat{X}^{(1)}(k+1)=13\,292.699\,519\,e^{(0.022\,678\,k)}-13\,011.699\,519$	2.31%
农林牧渔业总产值（亿元）	$\hat{X}^{(1)}(k+1)=45\,536.100\,396\,e^{(0.050\,100\,k)}-43\,662.700\,396$	2.99%

附表 4－20　浙江省 2017—2025 年预测数据

年份	农业机械总动力（万千瓦）	农业技术人员（人）	研究与开发机构（R&D）人员（人）	R&D经费内部支出（万元）	发表科技论文（篇）	农林牧渔业总产值（亿元）
2017	2 231	15 501	647	25 799	357	3 322
2018	2 183	15 270	687	28 460	366	3 493
2019	2 135	15 044	731	31 396	374	3 672
2020	2 089	14 820	777	34 635	383	3 861
2021	2 044	14 600	825	38 209	391	4 059
2022	1 999	14 383	877	42 150	400	4 268
2023	1 956	14 170	932	46 499	409	4 487
2024	1 914	13 959	991	51 296	419	4 718
2025	1 872	13 752	1 053	56 588	428	4 960

附表 4-21　安徽省灰色 GM（1，1）预测模型

指标	时间响应函数	平均相对误差
农业机械总动力（万千瓦）	$\hat{X}^{(1)}(k+1)=137\,145.664\,996\,e^{(0.038\,896\,k)}-132\,036.664\,996$	0.29%
农业技术人员（人）	$\hat{X}^{(1)}(k+1)=-18\,424\,402.798\,221\,e^{(-0.001\,121\,k)}+18\,444\,276.798\,221$	5.89%
研究与开发机构（R&D）人员（人）	$\hat{X}^{(1)}(k+1)=22\,618.540\,988\,e^{(0.069\,405\,k)}-20\,932.540\,988$	5.26%
R&D经费内部支出（万元）	$\hat{X}^{(1)}(k+1)=418\,322.996\,614\,e^{(0.115\,383\,k)}-365\,110.996\,614$	8.87%
技术市场合同成交额（万元）	$\hat{X}^{(1)}(k+1)=630\,187.025\,084\,e^{(0.198\,040\,k)}-538\,797.025\,084$	11.52%
发表科技论文（篇）	$\hat{X}^{(1)}(k+1)=279\,586.414\,634\,e^{(0.002\,262\,k)}-278\,989.414\,634$	4.27%
农林牧渔业总产值（亿元）	$\hat{X}^{(1)}(k+1)=46\,101.599\,987\,e^{(0.066\,685\,k)}-43\,519.599\,987$	2.82%

附表 4-22　安徽省 2017—2025 年预测数据

年份	农业机械总动力（万千瓦）	农业技术人员（人）	研究与开发机构（R&D）人员（人）	R&D经费内部支出（万元）	技术市场合同成交额（万元）	发表科技论文（篇）	农林牧渔业总产值（亿元）
2017	7 142	20 489	2 642	114 742	552 064	643	5 070
2018	7 425	20 466	2 832	128 776	672 972	645	5 420
2019	7 720	20 443	3 036	144 525	820 360	646	5 794
2020	8 026	20 420	3 254	162 201	1 000 028	648	6 193
2021	8 344	20 397	3 488	182 039	1 219 045	649	6 620
2022	8 675	20 374	3 739	204 303	1 486 029	651	7 077
2023	9 019	20 351	4 007	229 290	1 811 486	652	7 565
2024	9 377	20 329	4 295	257 333	2 208 222	654	8 086
2025	9 749	20 306	4 604	288 806	2 691 847	655	8 644

附表 4-23　福建省灰色 GM（1，1）预测模型

指标	时间响应函数	平均相对误差
农业机械总动力（万千瓦）	$\hat{X}^{(1)}(k+1)=86\,169.867\,537\,e^{(0.014\,345\,k)}-84\,994.867\,537$	3.05%
农业技术人员（人）	$\hat{X}^{(1)}(k+1)=1\,165\,355.655\,821\,e^{(0.010\,335\,k)}-1\,152\,108.655\,821$	3.71%
研究与开发机构（R&D）人员（人）	$\hat{X}^{(1)}(k+1)=6\,493.367\,781\,e^{(0.074\,375\,k)}-5\,959.367\,781$	3.93%
R&D经费内部支出（万元）	$\hat{X}^{(1)}(k+1)=53\,081.411\,255\,e^{(0.167\,511\,k)}-43\,095.411\,255$	2.96%

（续）

指标	时间响应函数	平均相对误差
技术市场合同成交额（万元）	$\hat{X}^{(1)}(k+1)=2\,616\,597.111\,407\,e^{(0.022\,554\,k)}-2\,578\,057.111\,407$	11.07%
发表科技论文（篇）	$\hat{X}^{(1)}(k+1)=21\,262.403\,716\,e^{(0.021\,474\,k)}-20\,801.403\,716$	6.31%
农林牧渔业总产值（亿元）	$\hat{X}^{(1)}(k+1)=26\,855.638\,128\,e^{(0.087\,570\,k)}-24\,854.638\,128$	2.42%

附表 4－24　福建省 2017—2025 年预测数据

年份	农业机械总动力（万千瓦）	农业技术人员（人）	研究与开发机构（R&D）人员（人）	R&D经费内部支出（万元）	技术市场合同成交额（万元）	发表科技论文（篇）	农林牧渔业总产值（亿元）
2017	1 377	13 014	844	31 269	69 891	536	4 537
2018	1 396	13 149	909	36 971	71 486	548	4 952
2019	1 417	13 286	979	43 713	73 116	560	5 405
2020	1 437	13 424	1 055	51 685	74 784	572	5 900
2021	1 458	13 564	1 136	61 110	76 490	585	6 440
2022	1 479	13 704	1 224	72 254	78 235	597	7 029
2023	1 500	13 847	1 318	85 430	80 019	610	7 673
2024	1 522	13 991	1 420	101 009	81 844	623	8 375
2025	1 544	14 136	1 530	119 428	83 711	637	9 141

附表 4－25　江西省灰色 GM（1，1）预测模型

指标	时间响应函数	平均相对误差
农业机械总动力（万千瓦）	$\hat{X}^{(1)}(k+1)=-35\,282.813\,278\,e^{(-0.131\,179\,k)}+38\,641.813\,278$	18.31%
农业技术人员（人）	$\hat{X}^{(1)}(k+1)=-835\,290.498\,342\,e^{(-0.025\,184\,k)}+855\,240.498\,342$	2.32%
研究与开发机构（R&D）人员（人）	$\hat{X}^{(1)}(k+1)=69\,278.061\,558\,e^{(0.013\,863\,k)}-68\,267.061\,558$	2.31%
R&D经费内部支出（万元）	$\hat{X}^{(1)}(k+1)=328\,269.711\,630\,e^{(0.049\,832\,k)}-311\,151.711\,630$	7.89%
技术市场合同成交额（万元）	$\hat{X}^{(1)}(k+1)=286\,204.552\,545\,e^{(0.159\,991\,k)}-263\,735.552\,545$	5.49%
发表科技论文（篇）	$\hat{X}^{(1)}(k+1)=43\,274.491\,379\,e^{(0.006\,886\,k)}-42\,937.491\,379$	7.01%
农林牧渔业总产值（亿元）	$\hat{X}^{(1)}(k+1)=26\,283.750\,893\,e^{(0.073\,872\,k)}-24\,526.750\,893$	2.25%

附表 4 - 26　江西省 2017—2025 年预测数据

年份	农业机械总动力（万千瓦）	农业技术人员（人）	研究与开发机构（R&D）人员（人）	R&D经费内部支出（万元）	技术市场合同成交额（万元）	发表科技论文（篇）	农林牧渔业总产值（亿元）
2017	1 732	17 416	1 066	23 774	152 180	314	3 380
2018	1 519	16 983	1 081	24 988	178 583	316	3 639
2019	1 332	16 561	1 096	26 265	209 567	318	3 918
2020	1 168	16 149	1 111	27 607	245 927	320	4 218
2021	1 025	15 747	1 126	29 018	288 595	323	4 542
2022	899	15 355	1 142	30 500	338 667	325	4 890
2023	788	14 974	1 158	32 059	397 425	327	5 265
2024	691	14 601	1 174	33 697	466 378	329	5 668
2025	606	14 238	1 191	35 418	547 295	332	6 103

附表 4 - 27　山东省灰色 GM（1，1）预测模型

指标	时间响应函数	平均相对误差
农业机械总动力（万千瓦）	$\hat{X}^{(1)}(k+1) = -1\,952\,083.239\,792\,e^{(-0.006\,371\,k)} + 1\,963\,164.239\,792$	7.72%
农业技术人员（人）	$\hat{X}^{(1)}(k+1) = -22\,892\,385.951\,282\,e^{(-0.002\,398\,k)} + 22\,946\,133.951\,282$	2.66%
研究与开发机构（R&D）人员（人）	$\hat{X}^{(1)}(k+1) = 167\,153.819\,841\,e^{(0.011\,354\,k)} - 165\,414.819\,841$	1.91%
R&D经费内部支出（万元）	$\hat{X}^{(1)}(k+1) = 843\,043.179\,505\,e^{(0.058\,708\,k)} - 803\,836.179\,505$	7.17%
技术市场合同成交额（万元）	$\hat{X}^{(1)}(k+1) = 712\,492.190\,982\,e^{(0.204\,110\,k)} - 585\,088.190\,982$	4.87%
发表科技论文（篇）	$\hat{X}^{(1)}(k+1) = -62\,032.681\,438\,e^{(-0.018\,800\,k)} + 63\,082.681\,438$	4.40%
农林牧渔业总产值（亿元）	$\hat{X}^{(1)}(k+1) = 122\,919.309\,434\,e^{(0.055\,881\,k)} - 116\,916.309\,434$	3.46%

附表 4 - 28　山东省 2017—2025 年预测数据

年份	农业机械总动力（万千瓦）	农业技术人员（人）	研究与开发机构（R&D）人员（人）	R&D经费内部支出（万元）	技术市场合同成交额（万元）	发表科技论文（篇）	农林牧渔业总产值（亿元）
2017	11 856	53 928	2 067	76 883	673 332	1 013	10 446
2018	11 781	53 799	2 090	81 531	825 798	994	11 047
2019	11 706	53 670	2 114	86 461	1 012 786	975	11 681
2020	11 631	53 542	2 138	91 689	1 242 115	957	12 353
2021	11 558	53 413	2 163	97 233	1 523 371	939	13 063

（续）

年份	农业机械总动力（万千瓦）	农业技术人员（人）	研究与开发机构（R&D）人员（人）	R&D经费内部支出（万元）	技术市场合同成交额（万元）	发表科技论文（篇）	农林牧渔业总产值（亿元）
2022	11 484	53 285	2 187	103 112	1 868 314	922	13 814
2023	11 411	53 158	2 212	109 347	2 291 363	905	14 607
2024	11 339	53 030	2 238	115 959	2 810 205	888	15 447
2025	11 267	52 903	2 263	122 970	3 446 530	871	16 335

附表 4 - 29　湖南省灰色 GM（1，1）预测模型

指标	时间响应函数	平均相对误差
农业机械总动力（万千瓦）	$\hat{X}^{(1)}(k+1) = 104\,264.213\,285\,e^{(0.044\,273\,k)} - 99\,911.573\,285$	0.69%
农业技术人员（人）	$\hat{X}^{(1)}(k+1) = 3\,649\,400.738\,464\,e^{(0.007\,510\,k)} - 3\,619\,386.738\,464$	1.73%
研究与开发机构（R&D）人员（人）	$\hat{X}^{(1)}(k+1) = -149\,379.827\,404\,e^{(-0.011\,340\,k)} + 151\,005.175\,476$	2.46%
R&D经费内部支出（万元）	$\hat{X}^{(1)}(k+1) = 1\,389\,150.123\,094\,e^{(0.024\,458\,k)} - 1\,360\,944.180\,964$	10.70%
技术市场合同成交额（万元）	$\hat{X}^{(1)}(k+1) = 507\,076.659\,763\,e^{(0.158\,758\,k)} - 398\,892.391\,663$	14.91%
发表科技论文（篇）	$\hat{X}^{(1)}(k+1) = 15\,632.651\,439\,e^{(0.022\,770\,k)} - 15\,184.127\,096$	5.92%
农林牧渔业总产值（亿元）	$\hat{X}^{(1)}(k+1) = 59\,264.681\,273\,e^{(0.066\,689\,k)} - 56\,056.801\,273$	2.71%

附表 4 - 30　湖南省 2017—2025 年预测数据

年份	农业机械总动力（万千瓦）	农业技术人员（人）	研究与开发机构（R&D）人员（人）	R&D经费内部支出（万元）	技术市场合同成交额（万元）	发表科技论文（篇）	农林牧渔业总产值（亿元）
2017	6 434	28 994	1 556	40 818	265 077	422	6 519
2018	6 726	29 213	1 538	41 828	310 685	432	6 968
2019	7 030	29 433	1 521	42 864	364 140	442	7 449
2020	7 348	29 655	1 504	43 925	426 792	452	7 962
2021	7 681	29 878	1 487	45 013	500 223	463	8 511
2022	8 029	30 103	1 470	46 128	586 288	473	9 098
2023	8 392	30 330	1 454	47 270	687 162	484	9 726
2024	8 772	30 559	1 437	48 440	805 391	495	10 396
2025	9 169	30 789	1 421	49 639	943 962	507	11 113

附表 4-31　广西壮族自治区灰色 GM（1，1）预测模型

指标	时间响应函数	平均相对误差
农业机械总动力（万千瓦）	$\hat{X}^{(1)}(k+1)=64\,866.053\,158\,e^{(0.043\,809\,k)}-62\,315.113\,158$	3.27%
农业技术人员（人）	$\hat{X}^{(1)}(k+1)=-621\,047.074\,002\,e^{(-0.034\,267\,k)}+643\,400.074\,002$	3.87%
研究与开发机构（R&D）人员（人）	$\hat{X}^{(1)}(k+1)=74\,965.017\,802\,e^{(0.015\,950\,k)}-73\,924.352\,328$	2.55%
R&D经费内部支出（万元）	$\hat{X}^{(1)}(k+1)=637\,012.145\,884\,e^{(0.042\,114\,k)}-620\,695.603\,454$	9.79%
技术市场合同成交额（万元）	$\hat{X}^{(1)}(k+1)=76\,492.837\,405\,e^{(0.140\,416\,k)}-71\,074.136\,461$	30.17%
发表科技论文（篇）	$\hat{X}^{(1)}(k+1)=-3\,611\,875.201\,443\,e^{(-0.000\,223\,k)}+3\,612\,627.474\,952$	3.42%
农林牧渔业总产值（亿元）	$\hat{X}^{(1)}(k+1)=38\,170.354\,804\,e^{(0.074\,262\,k)}-35\,789.844\,804$	2.73%

附表 4-32　广西壮族自治区 2017—2025 年预测数据

年份	农业机械总动力（万千瓦）	农业技术人员（人）	研究与开发机构（R&D）人员（人）	R&D经费内部支出（万元）	技术市场合同成交额（万元）	发表科技论文（篇）	农林牧渔业总产值（亿元）
2017	3 947	16 459	1 348	36 794	30 815	803	4 949
2018	4 124	15 905	1 369	38 376	35 460	803	5 330
2019	4 309	15 369	1 391	40 027	40 806	803	5 741
2020	4 502	14 851	1 414	41 749	46 958	803	6 183
2021	4 703	14 351	1 436	43 544	54 037	802	6 660
2022	4 914	13 867	1 460	45 417	62 183	802	7 174
2023	5 134	13 400	1 483	47 371	71 557	802	7 727
2024	5 364	12 949	1 507	49 409	82 344	802	8 322
2025	5 604	12 513	1 531	51 534	94 758	802	8 964

附表 4-33　四川省灰色 GM（1，1）预测模型

指标	时间响应函数	平均相对误差
农业机械总动力（万千瓦）	$\hat{X}^{(1)}(k+1)=60\,254.482\,530\,e^{(0.053\,360\,k)}-57\,301.482\,530$	3.45%
农业技术人员（人）	$\hat{X}^{(1)}(k+1)=-30\,459\,545.698\,964\,e^{(-0.001\,476\,k)}+30\,506\,404.698\,964$	1.38%
研究与开发机构（R&D）人员（人）	$\hat{X}^{(1)}(k+1)=66\,916.550\,680\,e^{(0.074\,932\,k)}-61\,143.237\,381$	2.43%

（续）

指标	时间响应函数	平均相对误差
R&D经费内部支出（万元）	$\hat{X}^{(1)}(k+1)=3\,573\,406.697\,874\,e^{(0.077\,888\,k)}-3\,336\,141.043\,074$	2.89%
技术市场合同成交额（万元）	$\hat{X}^{(1)}(k+1)=531\,100.603\,996\,e^{(0.250\,929\,k)}-388\,742.358\,396$	9.09%
发表科技论文（篇）	$\hat{X}^{(1)}(k+1)=42\,496.030\,436\,e^{(0.029\,553\,k)}-41\,226.746\,309$	2.63%
农林牧渔业总产值（亿元）	$\hat{X}^{(1)}(k+1)=58\,845.406\,690\,e^{(0.072\,878\,k)}-55\,155.596\,690$	3.02%

附表4-34　四川省2017—2025年预测数据

年份	农业机械总动力（万千瓦）	农业技术人员（人）	研究与开发机构（R&D）人员（人）	R&D经费内部支出（万元）	技术市场合同成交额（万元）	发表科技论文（篇）	农林牧渔业总产值（亿元）
2017	4 798	44 466	8 798	499 302	877 391	1 568	7 409
2018	5 061	44 400	9 482	539 746	1 127 640	1 615	7 970
2019	5 338	44 335	10 220	583 467	1 449 263	1 663	8 572
2020	5 631	44 269	11 015	630 729	1 862 620	1 713	9 220
2021	5 940	44 204	11 873	681 819	2 393 874	1 764	9 917
2022	6 265	44 139	12 796	737 048	3 076 651	1 817	10 667
2023	6 609	44 074	13 792	796 750	3 954 168	1 872	11 473
2024	6 971	44 009	14 865	861 288	5 081 970	1 928	12 341
2025	7 353	43 944	16 022	931 054	6 531 443	1 986	13 274

附表4-35　贵州省灰色GM（1,1）预测模型

指标	时间响应函数	平均相对误差
农业机械总动力（万千瓦）	$\hat{X}^{(1)}(k+1)=43\,162.607\,977\,e^{(0.042\,634\,k)}-41\,551.237\,977$	8.57%
农业技术人员（人）	$\hat{X}^{(1)}(k+1)=24\,351\,745.849\,774\,e^{(0.000\,988\,k)}-24\,325\,787.849\,774$	1.94%
研究与开发机构（R&D）人员（人）	$\hat{X}^{(1)}(k+1)=4\,494.118\,586\,e^{(0.104\,570\,k)}-3\,929.319\,011$	4.14%
R&D经费内部支出（万元）	$\hat{X}^{(1)}(k+1)=31\,976.225\,325\,e^{(0.190\,266\,k)}-23\,720.980\,531$	14.98%
技术市场合同成交额（万元）	$\hat{X}^{(1)}(k+1)=96\,265.386\,998\,e^{(0.192\,502\,k)}-92\,282.487\,502$	18.63%
发表科技论文（篇）	$\hat{X}^{(1)}(k+1)=2\,661.671\,749\,e^{(0.104\,343\,k)}-2\,357.910\,235$	6.36%
农林牧渔业总产值（亿元）	$\hat{X}^{(1)}(k+1)=4\,403.745\,955\,e^{(0.197\,390\,k)}-3\,528.545\,955$	2.39%

附表 4 - 36　贵州省 2017—2025 年预测数据

年份	农业机械总动力（万千瓦）	农业技术人员（人）	研究与开发机构（R&D）人员（人）	R&D经费内部支出（万元）	技术市场合同成交额（万元）	发表科技论文（篇）	农林牧渔业总产值（亿元）
2017	2 534	24 232	1 030	25 385	78 631	608	3 826
2018	2 644	24 256	1 144	30 705	95 323	675	4 661
2019	2 759	24 280	1 270	37 140	115 558	749	5 679
2020	2 879	24 304	1 410	44 923	140 088	831	6 918
2021	3 005	24 328	1 565	54 338	169 826	922	8 427
2022	3 136	24 352	1 738	65 726	205 876	1 024	10 266
2023	3 272	24 376	1 929	79 500	249 579	1 137	12 507
2024	3 415	24 400	2 142	96 161	302 560	1 262	15 236
2025	3 564	24 424	2 378	116 313	366 787	1 400	18 561

附表 4 - 37　陕西省灰色 GM（1，1）预测模型

指标	时间响应函数	平均相对误差
农业机械总动力（万千瓦）	$\hat{X}^{(1)}(k+1)=72\,071.464\,586\,e^{(0.029\,077\,k)}-70\,238.464\,586$	7.59%
农业技术人员（人）	$\hat{X}^{(1)}(k+1)=944\,631.927\,284\,e^{(0.029\,938\,k)}-916\,489.927\,284$	6.37%
研究与开发机构（R&D）人员（人）	$\hat{X}^{(1)}(k+1)=271\,909.381\,279\,e^{(0.016\,384\,k)}-267\,528.381\,279$	1.80%
R&D经费内部支出（万元）	$\hat{X}^{(1)}(k+1)=2\,725\,221.371\,583\,e^{(0.064\,851\,k)}-2\,561\,708.371\,583$	3.67%
技术市场合同成交额（万元）	$\hat{X}^{(1)}(k+1)=1\,435\,264.032\,63e^{(0.022\,616\,2\,k)}-1\,321\,004.379\,53$	27.30%
发表科技论文（篇）	$\hat{X}^{(1)}(k+1)=65\,133.975\,684\,e^{(0.012\,853\,k)}-64\,476.975\,684$	5.78%
农林牧渔业总产值（亿元）	$\hat{X}^{(1)}(k+1)=21\,711.214\,999\,e^{(0.083\,152\,k)}-20\,374.214\,999$	4.62%

附表 4 - 38　陕西省 2017—2025 年预测数据

年份	农业机械总动力（万千瓦）	农业技术人员（人）	研究与开发机构（R&D）人员（人）	R&D经费内部支出（万元）	技术市场合同成交额（万元）	发表科技论文（篇）	农林牧渔业总产值（亿元）
2017	2 606	35 401	5 038	287 493	1 773 920	922	3 369
2018	2 683	36 477	5 121	306 755	2 224 103	934	3 661
2019	2 762	37 585	5 205	327 308	2 788 533	946	3 979
2020	2 844	38 728	5 291	349 237	3 496 204	958	4 324
2021	2 928	39 905	5 379	372 636	4 383 467	971	4 699

（续）

年份	农业机械总动力（万千瓦）	农业技术人员（人）	研究与开发机构（R&D）人员（人）	R&D经费内部支出（万元）	技术市场合同成交额（万元）	发表科技论文（篇）	农林牧渔业总产值（亿元）
2022	3 014	41 117	5 468	397 603	5 495 898	983	5 106
2023	3 103	42 367	5 558	424 242	6 890 641	996	5 549
2024	3 195	43 655	5 650	452 667	8 639 340	1 009	6 030
2025	3 289	44 981	5 743	482 995	10 831 822	1 022	6 553

附表4-39 甘肃省灰色GM（1，1）预测模型

指标	时间响应函数	平均相对误差
农业机械总动力（万千瓦）	$\hat{X}^{(1)}(k+1) = 129\,100.902\,450\,e^{(0.016\,639\,k)} - 127\,277.902\,450$	9.61%
农业技术人员（人）	$\hat{X}^{(1)}(k+1) = 591\,410.000\,360\,e^{(0.041\,825\,k)} - 566\,430.000\,360$	3.88%
研究与开发机构（R&D）人员（人）	$\hat{X}^{(1)}(k+1) = 49\,327.464\,869\,e^{(0.030\,901\,k)} - 47\,853.464\,869$	5.73%
R&D经费内部支出（万元）	$\hat{X}^{(1)}(k+1) = 227\,736.436\,641\,e^{(0.126\,758\,k)} - 197\,304.436\,641$	4.35%
技术市场合同成交额（万元）	$\hat{X}^{(1)}(k+1) = 555\,546.479\,326\,e^{(0.195\,982\,k)} - 465\,781.479\,326$	6.86%
发表科技论文（篇）	$\hat{X}^{(1)}(k+1) = -30\,040.272\,860\,e^{(-0.038\,589\,k)} + 30\,965.272\,860$	8.93%
农林牧渔业总产值（亿元）	$\hat{X}^{(1)}(k+1) = 12\,986.084\,049\,e^{(0.083\,083\,k)} - 12\,110.084\,049$	3.53%

附表4-40 甘肃省2017—2025年预测数据

年份	农业机械总动力（万千瓦）	农业技术人员（人）	研究与开发机构（R&D）人员（人）	R&D经费内部支出（万元）	技术市场合同成交额（万元）	发表科技论文（篇）	农林牧渔业总产值（亿元）
2017	2 434	33 852	1 922	74 744	474 227	868	2 012
2018	2 474	35 298	1 982	84 845	576 900	835	2 187
2019	2 516	36 806	2 044	96 311	701 802	803	2 376
2020	2 558	38 378	2 109	109 327	853 746	773	2 582
2021	2 601	40 017	2 175	124 101	1 038 586	744	2 806
2022	2 645	41 727	2 243	140 873	1 263 446	716	3 049
2023	2 689	43 509	2 313	159 911	1 536 988	689	3 313
2024	2 734	45 367	2 386	181 521	1 869 754	663	3 600
2025	2 780	47 305	2 461	206 053	2 274 566	637	3 912

附表 4 - 41　青海省灰色 GM（1，1）预测模型

指标	时间响应函数	平均相对误差
农业机械总动力（万千瓦）	$\hat{X}^{(1)}(k+1)=30\,558.547\,029\,e^{(0.013\,595\,k)}-30\,157.847\,029$	1.74%
农业技术人员（人）	$\hat{X}^{(1)}(k+1)=-1\,072\,676.220\,665\,e^{(-0.008\,150\,k)}+1\,081\,529.220\,665$	3.64%
研究与开发机构（R&D）人员（人）	$\hat{X}^{(1)}(k+1)=32\,799.010\,666\,e^{(0.003\,761\,k)}-32\,686.993\,316$	7.09%
R&D 经费内部支出（万元）	$\hat{X}^{(1)}(k+1)=24\,729.936\,378\,e^{(0.076\,649\,k)}-23\,210.864\,731$	5.55%
技术市场合同成交额（万元）	$\hat{X}^{(1)}(k+1)=62\,265.000\,525\,e^{(0.244\,046\,k)}-49\,904.249\,645$	5.29%
发表科技论文（篇）	$\hat{X}^{(1)}(k+1)=-2\,392.103\,198\,e^{(-0.035\,687\,k)}+2\,464.550\,783$	6.37%
农林牧渔业总产值（亿元）	$\hat{X}^{(1)}(k+1)=2\,727.590\,771\,e^{(0.078\,386\,k)}-2\,570.290\,771$	5.81%

附表 4 - 42　青海省 2017—2025 年预测数据

年份	农业机械总动力（万千瓦）	农业技术人员（人）	研究与开发机构（R&D）人员（人）	R&D 经费内部支出（万元）	技术市场合同成交额（万元）	发表科技论文（篇）	农林牧渔业总产值（亿元）
2017	460	8 224	127	3 369	94 995	65	385
2018	466	8 158	127	3 637	121 252	63	416
2019	473	8 091	128	3 927	154 767	61	450
2020	479	8 026	128	4 240	197 545	59	487
2021	486	7 960	129	4 578	252 147	57	527
2022	492	7 896	129	4 942	321 841	55	570
2023	499	7 832	130	5 336	410 799	53	616
2024	506	7 768	130	5 761	524 346	51	666
2025	513	7 705	131	6 220	669 277	49	721

附表 4 - 43　新疆维吾尔自治区灰色 GM（1，1）预测模型

指标	时间响应函数	平均相对误差
农业机械总动力（万千瓦）	$\hat{X}^{(1)}(k+1)=22\,184.056\,999\,e^{(0.073\,588\,k)}-20\,681.056\,999$	2.10%
农业技术人员（人）	$\hat{X}^{(1)}(k+1)=4\,252\,626.337\,263\,e^{(0.006\,755\,k)}-4\,222\,500.337\,263$	2.52%
研究与开发机构（R&D）人员（人）	$\hat{X}^{(1)}(k+1)=152\,913.047\,917\,e^{(0.007\,399\,k)}-151\,953.047\,917$	4.42%
R&D 经费内部支出（万元）	$\hat{X}^{(1)}(k+1)=144\,105.089\,483\,e^{(0.104\,908\,k)}-132\,427.089\,483$	6.62%
技术市场合同成交额（万元）	$\hat{X}^{(1)}(k+1)=-212\,695.562\,683\,e^{(-0.071\,907\,k)}+216\,359.562\,683$	19.47%

（续）

指标	时间响应函数	平均相对误差
发表科技论文（篇）	$\hat{X}^{(1)}(k+1) = 62\ 245.007\ 937\ e^{(0.013\ 167\ k)} - 61\ 487.007\ 937$	13.10%
农林牧渔业总产值（亿元）	$\hat{X}^{(1)}(k+1) = 23\ 184.990\ 339\ e^{(0.079\ 058\ k)} - 21\ 886.990\ 339$	3.48%

附表 4-44　新疆维吾尔自治区 2017—2025 年预测数据

年份	农业机械总动力（万千瓦）	农业技术人员（人）	研究与开发机构（R&D）人员（人）	R&D经费内部支出（万元）	技术市场合同成交额（万元）	发表科技论文（篇）	农林牧渔业总产值（亿元）
2017	2 836	30 220	1 196	33 219	8 921	905	3 317
2018	3 052	30 425	1 205	36 894	8 302	917	3 590
2019	3 285	30 631	1 214	40 974	7 726	929	3 885
2020	3 536	30 839	1 223	45 507	7 190	941	4 205
2021	3 806	31 048	1 232	50 540	6 691	954	4 551
2022	4 097	31 258	1 241	56 130	6 227	966	4 926
2023	4 409	31 470	1 250	62 339	5 795	979	5 331
2024	4 746	31 683	1 259	69 234	5 393	992	5 769
2025	5 109	31 898	1 269	76 891	5 019	1 005	6 244

后　记

　　本书是河南省软科学项目《考虑产出滞后性的农业科技投入效率 DEA 测度研究》（项目编号：182400410256）的研究成果。本书的出版得到了河南农业大学管理科学与工程省级重点学科建设经费资助。河南农业大学管理科学与工程是河南省最早招收管理学硕士研究生的学科之一，可以追溯到 1986 年农业机械化硕士学位授权学科的农业系统工程研究方向，1993 年获批农业系统工程与管理工程硕士，1997 年学科更名为管理科学与工程。该学科 2005 年成为河南农业大学校级重点学科，2008 年起成为河南省省级重点学科。

　　全书在齐冰的硕士学位论文基础上完善而成。感谢管理科学与工程专业的研究生李梦婷、梁晓和申涵三位同学的辛苦付出，她们逐字逐句通读全文，进行语言文字的完善润色。但鉴于作者的认知和理解水平所限，文中可能依然会存在着表述不当甚或错误，还望读者批评指正。